新闻传播专业"十三五"规划教材

新闻写作

第三版

News writing

郭光华 著

中国传媒大学出版社
·北京·

第三版修订说明

本教材第一版出自 2006 年,第 2 版修订于 2014 年。从出版社的印数来看,本教材似乎越来越受到市场的青睐。应出版社的要求,这次再作修订。

每次的修订都是一次刷新。本次修订吸收了新闻理论界和业界近年来的一些新的成果。尤其是一些案例,尽量采用了近年来中国新闻奖获奖作品。这些作品不仅是记录时代的经典,也是写作上的优秀典范。

同时,这次的修订还增加了"融合新闻写作"一章。随着媒体技术的发展,多种传播媒介之间的界限已经打通,为传统的新闻写作注入了新的元素,增添了新的活力。南方报业传媒集团编辑夏偲婉参与了"融合新闻写作"一章的创作。

中国传媒大学出版社张笛责编对本书的修订提出了很好的意见,因为有了她的努力与帮助,本次修订的质量才得以保证。借此机会,我要特别感谢各位高校同行及学子们长期以来对本书的厚爱,感谢中国传媒大学出版社对本书的推介,也要感谢为本书把关的有关编辑付出的劳动!

郭光华

2020 年 3 月 29 日于广州

第二版修订说明

本书第一版自2006年付梓以来,已多次印行。本次修订主要基于以下几点考虑:首先,读者对本书的厚爱,是促进本书修订的动力。其次,新闻实践的发展真是日新月异,新媒体的出现,新的传播方式的诞生,新的传播观念为人们所接受,新的媒介化生态环境的形成,如此等等,都在促使着新闻写作从内容到形式的变革。最后,这些年新闻学研究不断取得新的成果。就我本人来说,也积累一些新的研究心得。这些,也给这次修订创造了条件。

具体来说,这次的再版作了以下修订:第一,结合新媒体出现后的"媒介融合"写作这一背景,增加和更新了一些案例,特别是吸收了近几年中国新闻奖获奖作品作为案例。第二,关注近年来新闻理论创新成果,努力运用新的理论去解释实践的创新。如增加关于新闻报道叙事形态的内容,即是出于这一考虑。第三,为了便于教学与自学,在每一章前增加了内容提要,章后增加了实训材料。这些修订是否有利于教与学,还望读者批评指正。

中国传媒大学出版社蔡开松责编对本书的修订提出过很好的意见,没有他的鼓励与督促,很难想象有这次修订版的问世。在此特表感谢!

郭光华

2014 年 1 月 2 日

目 录

第一章 新闻报道的叙事形态与写作要求 /1
第一节 新闻报道的叙事形态 /1
第二节 新闻报道的写作要求 /6

第二章 新闻报道中的信息选择 /17
第一节 信息是新闻报道的核心 /17
第二节 新闻写作中不同信息的选择 /19
第三节 信息净化与信息组块 /32
第四节 报道角度与信息选择 /37

第三章 新闻语言 /59
第一节 新闻语言的含义和特点 /59
第二节 新闻语言的基本要求 /61

第四章 新闻报道文体 /68
第一节 新闻报道文体的内在规定性 /68
第二节 新闻报道文体类型 /72

第五章 消息的结构 /77
第一节 消息标题 /77
第二节 消息导语 /80
第三节 消息主体与结尾 /101
第四节 新闻背景 /114
第五节 消息的结构形式 /121

第六章　消息写作　/128
第一节　事件性新闻与非事件性新闻　/128
第二节　事件性新闻写作　/135
第三节　非事件性新闻写作　/147

第七章　通讯写作　/161
第一节　通讯概说　/161
第二节　人物通讯　/169
第三节　事件通讯　/177
第四节　风貌通讯　/184

第八章　深度报道写作　/191
第一节　深度报道概说　/191
第二节　解释性报道　/194
第三节　分析性报道　/206
第四节　调查性报道　/215

第九章　融合新闻写作　/225
第一节　融合新闻的产生和发展　/225
第二节　融合新闻的叙事元素与文本构成　/227
第三节　融合新闻的写作　/234
第四节　融合新闻的创新与局限　/242

主要参考文献　/246

后　记　/248

第一章　新闻报道的叙事形态与写作要求

● 本章要点：
1. 终结式叙事与再现式叙事是新闻报道的两种基本叙事形态。一般来说，消息类报道主要采用终结式叙事形态，通讯特写类报道主要采用再现式叙事形态。
2. 新闻报道行为的价值取向不外乎两种：速度、深度。
3. 记住新闻写作三个最基本的要求：把事实叙述清楚，把价值凸显出来，把观点隐藏起来。

人类的一切写作活动从宏观上来说都有相通之处，但各个行业的写作活动又有其自身的独特个性，正如各个行业的工作具有各自不同的特性一样。

新闻报道的叙事形态与写作要求，是由新闻报道写作的独特个性所规定的。它既是新闻报道特有的表现形式，也是记者写作实践中应当遵循的基本规律。

第一节　新闻报道的叙事形态

何谓"形态"？形态是指事物在一定条件下的表现形式。新闻报道的叙事表现形式多样，如果再加上多媒体这一元素，就更为丰富了。但就基本形态来说，新闻报道的叙事可以分为两种：终结式叙事与再现式叙事。

与叙事形态相关的，就是新闻报道的功能取向。新闻报道的功能，概言之，一是快速报道最新事实的情况，二是深入揭示事实的真相和来龙去脉。功能取向不同，其叙事形态也就不一样。

一、叙事形态：终结式与再现式

所谓终结式叙事，就是偏重于结果的叙述。比方有人错过了一场球赛，向你打听球赛情况，你就告诉他比赛结果如何，几比几，谁胜了谁。所谓再现式叙事，就是偏重于还原事实过程的叙述。比方一场球赛，你津津乐道地向别人细说比赛的精彩过程。

在新闻报道中,消息类文体常用终结式叙事,通讯特写类文体则常用再现式叙事。

一篇报道,究竟采用哪种叙事形态,主要取决于它报道新闻事实时的内容取向。

一则新闻事实,包含着几个中心要素(何事、如何、为何),其中哪个最具新闻价值,就决定了报道的内容取向。例如,2013年2月15日,俄罗斯车里雅宾斯克州遭遇陨石雨的袭击,全世界都迅速地予以报道。以新闻的中心要素衡量:"遭遇陨石雨袭击"就是"何事"要素;陨石雨的形成与降落过程,就是"如何"要素;为什么会发生陨石雨,陨石雨的发生将产生什么影响,等等,这就是"为何"要素。作为报道者,你认为哪些要素最具新闻价值,你就会以此作为报道的主要内容;确定了报道的主要内容,你就自然会选取相应的叙事形态。如果你想迅速告诉读者发生了何事,你就应以快速报道结果见长的终结式叙事形态;如果要重点报道事实的发生过程或来龙去脉,你就应以方便再现过程发展的再现式叙事形态。

大多数情况下,报道的内容取向是由新闻事实的内在价值决定的,但有时也会受外在因素的影响。还以上面提到的俄罗斯"遭遇陨石雨袭击"这一事实为例,如果在你的报道覆盖范围内,已有媒体抢先报道了此事,那么"遭遇陨石雨袭击"这一信息就基本上不具有传播价值了。你就得考虑,此事的其他中心要素(如何、为何)是否还有报道价值。例如,陨石雨是怎样形成的,为什么会发生陨石雨,陨石雨的发生将产生什么影响,等等。

且看两则关于美国总统肯尼迪遇刺的报道:

肯尼迪遇刺丧命(主题)
约翰逊继任美国总统(副题)

> 肯尼迪总统今天在这里遭到刺客枪击身亡。
> 总统与夫人同乘一辆车,刺客发三弹,命中总统头部。
> 总统被紧急送入医院,并经输血,但不久身亡。
> 官方消息说,总统下午1时逝世。
> 副总统约翰逊将继任总统。

这是路透社在出事后几分钟内发出的急电,时效性特强。"总统遇刺"这一信息无疑是最具新闻价值的内容,路透社的报道采用终结式叙事方式,以快速报道新近发生的事实,这是最佳的选择。另一家通讯社——合众国际社失去了第一时间报道的时效性优势,在受众已经知道事件结果的情况下,不得不以事件的其他要素为报道主要内容。于是,当记者第二天报道此事时,就以事件过程为主要内容取向,选择特写这一体裁。且看报道开头几段的叙述:

> 这是一个十分迷人的、阳光和煦的中午。我们随着肯尼迪总统的车队穿过达拉斯的繁华市区。车队从商业中心驶出后,就走上了一条漂亮的公路。

这条公路蜿蜒地穿过一个像是公园的地方。

我当时就坐在所谓的白宫记者专车上,这辆车属于一家电话公司,车上装着一架活动无线电电话机。我坐在前座上,就在电话公司司机和专门负责总统得克萨斯之行的白宫代理新闻秘书马尔科姆·基尔达夫之间。其他三名记者挤在后座上。

突然,我们听到三声巨响,声音听起来十分凄厉。第一声像是爆竹声,但是,第二声和第三声毫无疑问就是枪声。

大概距我们150或200码前面的总统专车立刻摇晃起来。我们看见装有透明防弹罩的总统专车后的特工人员乱成一团。

下一辆是副总统林顿·约翰逊的专车,接下去是保卫副总统的特工人员的专车。我们就在这后面。

我们的专车可能只停了几分钟,但却像过了半个世纪一样。我亲眼看见历史在爆炸,就连那些饱经风霜的观察家,也很难领悟出其中的全部道理。

我朝总统专车上望去,既没有看见总统,也没有看见陪同他的得克萨斯州州长约翰·康纳利。我发现一件粉红色的什么东西晃了一下,那一定是总统夫人杰奎琳。

我们车上所有人都朝司机吼了起来,要他将车向总统专车开近一些。但就在这时,我看见高大的防弹玻璃车在一辆摩托车的保护下,号叫着飞速驶开。

我们对司机大喊:"快!快!"我们斜插过副总统和他的保镖车,奔上了公路,死死地盯住总统专车和后面特工人员的保镖车。

前面的车在拐弯处消失了。当我们绕过弯后,就可以看到要去的地方了——帕克兰医院。这座医院就在主要公路左侧,是一座灰色的高大建筑物。我们向左边来了一个急转弯,一下子就冲进了医院。

我跳下汽车,飞快跑到防弹玻璃车前。

总统在后座上,脸朝下,肯尼迪夫人贴着总统的身子,用双手紧紧地将他的头抱住,就像在对他窃窃私语。

整个过程由始至终一点点地展示,重心在于再现总统遇刺事件的前前后后。从"阳光和煦"直到突生险情,第12段才出现总统遇刺的场景。这样写适合详细展示"如何"这一报道要素,重在写细节,重在写现场,这就是报道内容取向决定报道叙事形态。

终结式叙事,由于它的重心在于报道结果,事实发展过程总是被省略的。突出重心、删繁就简是终结式叙事的主要特征,这就是消息写作为什么特别强调篇幅短小的原因。以写短新闻著称的记者李普是这样介绍其经验的:"一篇稿子,只谈一件事。如果一次采访涉及两方面的内容,就写成两篇稿子,不要墨守'一次采访,一篇报道'的程式。如果是有关系的几个问题,可以化整为零,写成系列报道。这样,每篇的篇幅就短了。"①

再现式叙事长于报道事件的过程,事件发展的因果联系是报道的主要内容。特别是它对事实真相由表及里的深入剖析,对事物变化规律由个别到一般,由感性到理性的把握,是终结式叙事所不及的。

终结式叙事的关键是抓住事实的重点和读者最关心的要点,这就需要记者有一定的概括能力和提炼能力。有些初写报道的人,不善于提炼与概括,往往将报道写成流水账。

来看一个反面案例。这是校园网记者写的消息,报道一家传媒公司客户总监来学校作讲座。

  3月4日下午,××传媒客户总监聂××在刘××老师的陪同下步入E205教室。经过短暂的设备调制后,刘××老师简单介绍了聂先生及其××传媒的情况。在剩下的时间里,聂××先生给在座的同学介绍了他在广告行业里面的经验。

  "什么时候消费者对媒体排斥心理小?当你处在比广告更无聊的时间以及空间!"

  聂××先生用这套"无聊"的理论,很好地解释了××传媒在与其他媒体竞争中所获得的优势。他具体分析道:户外广告是广告媒介的一种方式,×××传媒通过建立商业楼宇联播网,将受众锁定在7000万中高端人群。为了使广告有效到达上述目标受众,××传媒通过在商业楼宇安装液晶屏并循环播放客户广告,以吸引在上下班等电梯这段无聊时间的中高端人群的眼球。

  除了具体介绍新媒体××传媒的优势和传播手段外,聂××先生还向同学们讲述了自己在大学里的创业艰辛,以及如何一步步进入广告行业,成为客户总监的心路历程。

  最后的问答阶段将本次的讲座气氛推向高潮,无论是广告专业还是新闻专业的同学,都将心中的疑惑毫不留情地抛给聂××先生。一女生提问:"如何在一分钟内说服客户易主并购买××传媒的广告时间?"问题一出,想必聂××先生也知道怎么应答了,但他的回答时间却远远超过一分钟,被再三"逼问"下,聂××先生平淡地加了句:"我会在一分钟的时间内说服客户给予半个钟头的时间!"聂先生巧妙的回答赢得了全场掌声,那场面是相当壮观!

  在学生代表给聂××先生送上广告班的全家福后,本次由广告班精心策划的第一个以广告为主题的讲座取得圆满成功!

---

① 彭正普.李普同志谈短新闻[J].安徽日报通讯,1982(2).

像这样一次活动最多写一则短消息在校园网报道即可,完全没有必要再现整个过程。由于作者拎不清事实的重点,找不到新闻点,将整个讲座按时间顺序记录下来,自然就成了流水账。

二、功能取向:速度与深度

粗略地说,新闻报道的基本功能取向可分为两种:一种是速度,另一种是深度。速度取向以快速报道事实的最新变化为功能;而深度取向则以深入揭示事物变化的来龙去脉、发掘影响事物发展的内外因素为功能。

一位媒体的老总对此有一个非常形象贴切的比喻。他说,如高速公路上行驶的车辆一样,既有飞速奔驰的小轿车,也有行驶缓慢的载重车。前者少拉快跑,凸显的功能就是"快跑";后者多拉慢跑,凸显的功能就是"多载"①。新闻报道"少拉快跑"的功能取向,非常适合受众快速获取信息的需求。而"多拉慢跑"之"慢",也是难以两全的无奈选择。就像载重车,并非刻意要慢,只是相对于飞驰的小轿车而言。它的信息量厚重,从另一方面满足了人们对信息的知晓需求。

新闻报道的功能取向,也影响着报道的叙事形态。

终结式叙事,适合于"少拉快跑"的功能取向。它只要求快速向读者告知事实的最新变动即可,不去细说变动的来龙去脉,也不深究变动的因果联系。这一情况可用四个"最"字来描述:用最少的文字,以最朴素的方式,将最重要的信息,以最快的速度告诉受众。而再现式叙事,适合于"多拉慢跑"的功能取向。快速报道已不是它的首选目标,它要深入发现他人未发现的东西,揭示更多的新闻背景。

新闻报道的功能取向,是由新闻事实信息的质与量决定的。

从质上来说,我们可以大体将新闻事实信息分为两种:一种是关于事物发展变化最新动向的消息,时效性影响着它的传播价值,新闻实践中通常将此喻为"易碎品"。如"新闻没有24小时的生命""今天的新闻是金子,过天的新闻成了沙子",等等,都是描述其"易碎性"的。另一种是关于事件发展起因变化或事物发展前因后果的信息,完整性与深刻性衡量着它的传播价值,新闻实践中通常将此喻为"耐用品"。如果说终结式叙事报道追求的是时效上的"快",时间一过马上成为"易碎品",那么再现式叙事报道能以深度立足,即使时过境迁,还会给人回味与思考,是新闻作品中的"耐用品"。

从量上来说,正如前面说过的,一个是"少拉",报道以告知"何事"为旨,其他信息能省则省;一个是"多载",尽量挖掘新闻背后的新闻,承载的信息量大。一些长于快速报道事实的媒体,通常较多地使用终结式叙事;而时效性较弱的媒体,通常以深度报道为取向。比如:日报性质的报纸,消息类文体使用较多;而周报一类的媒体,更多地选

---

① 胡宏文.新概念新闻学[M].北京:新华出版社,2005:389-399.

择再现式叙事。

在实践过程中,有些报道在速度与深度二者之间有所兼顾,在叙事形态上,也将终结式与再现式两种叙事形态结合起来,这类情况在此不赘。

第二节　新闻报道的写作要求

按陆定一的定义,新闻是新近发生的事实的报道。那么,新闻报道的第一要义,就是报道好事实。但为什么报道此事不报道彼事？因为此事具有报道的价值,所以在新闻写作中就要突出事实包含的新闻价值,此为新闻报道的第二要义。新闻是关于事实的报道,那么报道者的观点倾向如何处理,这就涉及新闻报道的第三要义。这些构成了新闻写作的三个基本要求,下面依次论述。

一、叙事准确清楚

新闻写作的第一要求,就是将事实叙述得准确清楚。新闻叙事与文学叙事不同,它叙述的是真人真事,必须准确清楚地将事实的现状与真相表述出来。叙事准确清楚,也是由新闻真实性要求所决定的。

不管以何种形态叙事,写作时都要遵循以下几点:

(一)将新闻的主要要素准确写出

"新闻要素"说,最初是由美联社总编辑梅尔维尔·E.斯通提出的。1889年3月30日,记者约翰·唐宁向美联社总部发回一条消息,一开头就将新闻事件的梗概交代得很清楚,得到总编辑梅尔维尔·E.斯通的赞赏,遂将其中的主要因素归结为"五要素",即人物(Who)、时间(When)、地点(Where)、事件(What)、原因(Why),简称五个W。广播电视等媒体出现后,受众要求报纸、通讯社的报道对事实的成因及经过做深入报道。1932年,美国新闻学者麦格杜戈尔又提出新闻的第六个要素How,即"如何",从而形成了五个W和一个H构成的"新闻六要素"。

新闻要素为什么关系到新闻报道的叙事清楚,1945年12月延安《解放日报》所发专文《从五个W说起》,将这一关系说得非常清楚。文章一开头就说:"新闻必须有五个W（When——时间、Where——地点、Who——人物、What——事件、Why——为什么）,犹之乎人的头脸必须有耳、目、口、鼻一样,缺少了一件,就会不成样子。"新闻报道的这些要素,实际上与我们熟知的记叙文五要素一致,也可见它们对于事实叙述的必要性。请看2010年8月25日《云南日报》上登的一条消息:

一客机在伊春机场降落时失事（主题）
截至今晨2时已搜救出51人（副题）

本报综合新华社哈尔滨电 记者从黑龙江省伊春市了解到，24日22时10分左右，一架从哈尔滨飞往伊春的客机在伊春机场降落时冲出跑道后起火失事，机上有乘客91人（其中儿童5人），机组5人。截至25日凌晨2时，已经搜救出51人。目前，伊春市医疗卫生部门已收治20余名飞机失事伤员。

记者24日从民航局获悉，河南航空有限公司B3130号（EMB190型）飞机执行VD8387哈尔滨—伊春航班任务，于20时51分在哈尔滨机场起飞，21时36分在距伊春机场跑道1.5公里处失事。

现场搜救人员告诉记者，截至24日23时30分，飞机仍在着火。

这条短短的消息，让人越看越不明白，主要在于其中两个W（When & Where），即时间与地点不清楚。关于失事时间，报道中提出两个：24日22时10分左右和21时36分；关于失事地点，也提到两个：冲出跑道后起火失事和距伊春机场跑道1.5公里处失事。究竟是怎么回事，估计作者自己也没搞清楚，写成后也没有仔细检查。正如《从五个W说起》一文所说的："为什么会这样，一个较普遍的原因是：'马虎'。一则新闻，寥寥二三百字，道听途说，信笔撰写，可以不花多大力气。"所以说，要想叙述清楚，记者必须自己先把事实的基本要素核实清楚。

还有一种情况，即记者自己把新闻要素弄清楚了，但写作时往往忘记写出。因此，记者一定要有很强的受众意识，最好是换位思考，想想是否将读者未知而应知的要素写出来了。请看2005年11月26日《广州日报》的一则报道：

610米新电视塔开工

本报讯 昨日上午，广州新电视塔举行开工仪式。该项目总投资约22亿元，2009年建成后有望成为世界最高的电视塔，并将承担2010年的亚运会转播任务。省委常委、广州市委书记、市人大常委会主任×××在开工仪式上致辞。市领导×××、×××……，中国工程院院士×××等出席了开工仪式。

新电视塔建设用地面积17.546万平方米，其中建设用地面积13.33万平方米，道路面积4.216万平方米。总高度610米，其中塔体450米，天线桅杆160米，建成后有望成为世界第一高的电视塔。总建筑面积114 054平方米，塔体建筑面积44 275平方米，地下室建筑面积（含+0.00层）69 779平方米。新电视塔从国内外13家著名设计单位（联合体）提交的设计方案中选定英国 ARUPQualifi-cation 的设计方案为实施方案。

新电视塔工程总投资约 22 亿元，由广州市建设投资发展有限公司和广州市电视台组建广州新电视塔建设有限公司，具体负责资金筹措。其中项目资本金约 7.7 亿元，广州市建设投资有限公司占 90%的股份，广州市电视台占 10%的股份。项目投资的 65%款项 15 亿元通过银行贷款解决。目前，广州新电视塔建设有限公司已与广州市商业银行签订了贷款合同。

建设单位表示，工程将力争在 2008 年完成施工任务，2009 年开始设备调试及试运行，2010 年正式投入使用，承担亚运会的转播任务。

很明显，这条报道提供的信息没有照顾到一般的读者需求。首先，这个高塔建在哪里，这个老百姓最关心的问题居然在报道中找不到。从新闻的要素来说，它缺了一个重要要素"Where"，这不能不说是报道者的一个严重失误。而且这篇报道用较多的篇幅提供了一些读者并不需要的信息，如出席开工仪式的那串长长的领导人名单、建塔的 22 亿资金从何而来、关于建筑面积的若干数据等，完全可以精简表达。

(二) 对令人生疑的信息，叙述中要特别注意采用具有实证性的材料

具有实证性的材料有许多种。艾丰在《新闻采访方法论》一书中，按材料来源和传递情况，对新闻采访中的材料予以分类，并分析各类材料的实证性，给人很大启发。第一手材料，即记者不经过任何中转环节直接从事实那里得来的材料，包括记者的直接观察和物证材料。俗话说，耳听为虚，眼见为实，第一手材料最具实证性。第二手材料，记者从当事人那里采访得到的材料，记者与事实之间多了一个中介——当事人。这样的材料当然也具有实证性，但最好是多采访几人，多用几人介绍的情况来形成互证。即使彼此说法矛盾，也要如实转述给读者，切不可轻信一面之词。第三手、第四手材料的实证性更差，应当尽量补充一些物证材料。

我们在此处还要讨论一下新闻报道中人物心理活动的描述问题，这一情况特别在通讯特写中要引起注意。

20 世纪 50 年代，我国新闻界曾开展过一场新闻报道是否允许"合理想象"的大讨论，它是由新华社一篇关于志愿军英雄黄继光的报道引起的。这篇报道这样描写黄继光牺牲前的心理活动："一阵阵冷雨落在黄继光的脖子上，敌人的机枪仍在嘶叫，他从极度的疼痛中醒来了。他每一次轻微的呼吸都会引起胸膛剧烈的疼痛……黄继光又醒来了，这不是敌人的机枪把他吵醒的，而是为了胜利而战斗的强烈意志把他唤醒……后面坑道里参谋长在望着他，战友们在望着他，祖国人民在望着他，他的母亲也在望着他，马特洛索夫的英雄行为在鼓舞他……黄继光一跃扑上了敌人的枪眼……"这其中的心理描写就缺乏实证性，因为黄继光当时只身一人，扑上枪眼就牺牲了，那些

心理活动从何得之？只能出自记者的"合理想象"。所以，新闻界比较一致的看法是：新闻报道中尽量少写或不写心理活动；如果一定要写，应当是当事人所述的，力显实证色彩。

（三）用准确的词语，恰如其分地描述事物的状态

新闻叙事与文学作品叙事不同，后者追求的是"生动"，因此叙事中不惜用夸张变形的修辞手法。比如"白发三千丈"这样的叙述，在文学作品中是允许的，而且还为人津津乐道。但新闻写作追求的是"准确"，用夸张一类的手法，极有可能破坏新闻的准确性。

获第十六届中国新闻奖一等奖的消息《3.5万救命钱留给病友》中有这样一段文字："白血病患者彭敦辉送走病友欧阳志成回到病房后，看到了欧阳志成留给他的3.5万元现金和两封信。读罢信件，捧着救命钱，彭敦辉顿时泪雨滂沱。"作者陈国忠事后对作品中的"泪雨滂沱"一词颇感遗憾，原因在于它有些夸张，并且破坏了整篇报道的朴实文风。

前面提到的《从五个W说起》一文早就说过，笼统的表述远不如具体的表述准确有力。"比如，报道敌机轰炸，目的在激起读者同仇敌忾。你说，是用'血肉横飞''目不忍睹'等空洞字眼来形容的效果大呢？还是老老实实地报道某日某时，敌机轰炸某县某村，炸到一个几岁小孩，炸在什么地方，炸成什么样子，小孩死后家庭发生了什么事故……更能打动人心呢？抽象的、笼统的话头，只能给人以模糊的概念。只有事实，具体确切的事实，才能给予读者以经久不灭的印象，真正生动地教育读者。新闻报道的具体化和形象化，和确切、翔实是不可分的。愈是具体、确切，感人愈深，说服力愈大。往往千百篇一般性的报道，效果还顶不上一件具体确切的实地纪实，其道理也就在这里。"

新闻报道要恰如其分地描绘事物的状态，防止套话、空话。有些记者生怕事实新闻价值不够凸显，喜欢夸大其词。一些现成的套话取代了对事物的准确描述，新闻语言成了"新闻腔""新闻八股"，甚至有民谣专门嘲讽当今某些报道用语，如：

> 开幕没有不隆重的，闭幕没有不胜利的；
> 讲话没有不重要的，鼓掌没有不热烈的。
> 领导没有不重视的，接见没有不亲自的；
> 决议没有不通过的，人心没有不振奋的。
> 看望没有不亲切的，进展没有不顺利的；
> 完成没有不圆满的，成果没有不巨大的。
> 工作没有不扎实的，效力没有不显著的；

班子没有不团结的,群众永远是满意的。
　　竣工没有不提前的,节日没有不祥和的;
　　严打没有不彻底的,治安没有不良好的。
　　……

　　这些千篇一律的套话,既谈不上准确,也谈不上生动,应当坚决摒弃。

二、凸显新闻价值

　　新闻写作要把价值凸显出来,这是由新闻的本质决定的。新闻是新近发生的事实的报道,但不是新近发生的一切事实都有报道价值。所以,新闻价值成了事实选择的重要依据。新闻写作凸显事实的新闻价值,既是表明这篇报道成立的依据,也是吸引读者的必要条件。

　　如何把事实的新闻价值凸显出来?可以从以下几个方面去尝试。

(一)从多方面努力让事实的新闻价值最大化

　　面对某一事实,新闻报道者首先一定要有清醒的判断:该事实的新闻价值在哪里?如何使它的价值最大化?

　　新闻价值最大化的方法有很多,此处择其要者略举一二:

　　第一,角度的选择非常重要。一个好的报道角度,既能充分显示出事实的新闻价值,又不会给人牵强附会的感觉。不少记者都有这种体会:好的角度如暗室里的一束光亮,有了它,可使满屋子的家具熠熠生辉。

　　第二,应当强化事实的新闻价值。强化事实的新闻价值,通常有前置法和重写法。前置法,就是将其放在突出的位置。一般来说,硬新闻的写法即如此。硬新闻一般取开门见山的手法,将最能显示新闻价值的要素前置。而软新闻为了让读者充分理解事实的价值,不惜多花点笔墨,用点渲染手法。重写法,即浓墨重彩地描写,一般通讯中使用较多。

　　以上内容在本书的第二章有专门论述,此处不赘。

(二)借助背景材料说明事实的新闻价值

　　有些事实的新闻价值,读者一看就明白。如"嫦娥四号"探测器升空,其价值不言而喻。而有些事实的价值则需要适当地借助背景材料来说明。且看下例:

横跨亚欧八国,行程万余公里,开辟中国小商品出口欧洲新"丝绸之路"(引题)
马德里迎来首趟"义新欧"货运班列(主题)

本报讯 西班牙时间12月9日上午10:30(北京时间17:30),西班牙政府发展部和中国驻西班牙大使馆将在马德里Aboriginal火车站举行隆重仪式,迎接一位特殊的"新客人"———由中国国家主席习近平亲自"代言"、从万里之外的中国义乌开来的首趟"义新欧(义乌—马德里)"国际铁路货运班列,共同庆祝中欧新"丝绸之路"的诞生。

今年9月26日,中国国家主席习近平在会见来访的西班牙首相拉霍伊时说,当前中欧货运班列发展势头良好,"义新欧"铁路计划从浙江义乌出发,终点设在马德里。中方欢迎西方积极参与建设和运营,共同提升两国经贸合作水平。

在两国领导人的共同关心下,首趟"义新欧"班列上月18日从义乌出发,途经中国、哈萨克斯坦、俄罗斯、白俄罗斯、波兰、德国、法国、西班牙8个亚欧国家,全程13 052公里,成为目前世界上线路最长、途经国家最多的国际铁路货运班列。经过21天的长途跋涉及两次换轨后,这趟装载了82个标箱义乌小商品的班列顺利抵达马德里。据悉,这是中国小商品首次通过铁路方式运抵西班牙。

义乌有全球最大的小商品市场,马德里是欧洲最大的小商品集散地。近年来,两地经贸往来十分密切。目前,西班牙已成为义乌小商品出口欧盟的最大目的地国。今年1—8月,义乌小商品出口西班牙13.5亿元,同比增长18.9%。

得知首趟"义新欧"班列顺利抵达马德里,西班牙华侨华人协会主席毛峰非常高兴。毛峰说,目前有数万名华商在西班牙经营小商品,这些小商品绝大部分从义乌市场采购。以前,西班牙华商在义乌采购商品后,大多通过海运的方式运至西班牙,用时一个半月左右。现在,"义新欧"班列21天就能到达,比传统的海运节约一半多时间。相信随着时间成本和运费不断下降,越来越多的西班牙华商会选择"义新欧"班列。

中国驻西班牙大使馆代办黄亚中表示,"义新欧"班列打破了中国小商品依赖海运的出口运输方式,开辟了中西两国的商贸物流新通道,是中国"一带一路"倡议取得的重要新进展。

(2014年12月9日《金华日报》)

这是获第二十五届中国新闻奖二等奖的作品。马德里迎来首趟"义新欧"货运班列,因为是"首趟",故具有一定的显著性。但如果仅止于此,其新闻价值就不能很好地体现出来。记者将背景材料加上,其新闻价值就大不一样了。首先,这是中国国家主席习近平与来访的西班牙首相拉霍伊共同商定、共同关心的项目,体现的是国家行为。专列的开通,标志着"一带一路"倡议迈出了实质性的一步,意义非凡。其次,专列途经8个亚欧国家,全程13 052公里,是目前世界上线路最长、途经国家最多的国际铁路货运班列。这又是一个创纪录之举,其新闻价值倍增。最后,义乌有全球最大的小商品市场,而马德里是欧洲最大的小商品集散地,货运班列连接两大市场,从而开辟了中国小商品出口欧洲新"丝绸之路"。这些背景材料的交代,大大丰富了事实的内涵,提升了新闻的价值。

三、巧妙表述观点

"报道"是一种行为,行为背后有着相应的动机。胡乔木在《人人要学会写新闻》一文中说:"我们经常都会发表有形的意见,新闻却是一种无形的意见。从文字上看,说话的人,只要客观地、忠实地、朴素地叙述他所见所闻的事实即可。但是因为每个叙述总是根据一定的观点,读者就有可能接受叙述中的观点。"记者报道新闻事实,实际上有双重任务:一方面他要把某件事情告诉受众;另一方面,既然是报道,就有记者的选择和立场观点。新闻报道讲究客观性,但并不排斥记者在报道中隐含思想观点,关键在于如何实现二者的有机结合。

(一)用事实来"说话"

用事实来"说话"对于新闻工作者来说并不陌生,一些媒体甚至以此作为宗旨。这里提到的"说话",实际上就是指报道中要有记者的倾向或观点。但我们知道,新闻报道强调客观性,要求观点与事实分离。这就要求新闻报道者的立场和倾向应该寄寓在对事实的选择和叙述中,而不是明确地、特别地加以指出。事实是客观存在的,不以人的意志为转移。事实是最有说服力的,体现出很强的逻辑力量。新闻报道中的客观性,就建立在真实地报道事实这一点上。

"显果藏因法"是新闻报道中隐含思想意义最常见的做法。所谓显果藏因,即记者只需把事实摆出来,道理则让受众猜而得之或悟而得之。受众自己从新闻事实中悟到了道理,自然会心悦诚服。

这就需要记者善于选择事实。有些事实是一种必然现象,体现出事物的本质;而有些事实则只是一时一地的个别现象,与事物本质无必然联系。记者的本领就是要挑选出那些最能反映事物本质的事实来。1999年10月1日,中华人民共和国成立50周年庆典,路透社记者发自北京的一篇报道《显示自豪,展示强大》,报道天安门前盛大的阅兵式,结尾写道:

> 没有参加庆祝游行的北京人在家中收看电视现场转播。当隆隆轰鸣的飞机从电视屏幕上掠过的时候,22岁的黎宁说:"这是显示民族自豪的时刻,

我们要让全世界知道,谁也别指望阻挡我们前进。"

游行结束后,当坦克车队穿过北京大街返回基地时,成千上万人聚集在一处立交桥旁观看。身穿毛衣的工人刘韶志说:"第三代领导人不错,的确不错。"

戴着白手套的士兵目不斜视,以严格的立正姿势站在军车上。许多北京市民向他们招手致敬。一个士兵显然感动得无法自己,他不顾军规,向街道旁的群众挥了挥手,顿时人群中响起了欢呼声。

这三个材料把这场庆典写得余波荡漾,令人回味无穷。比起简单的议论,这些事实的表现力要强得多。

不直接说出作者的观点,西方新闻界通常称之为"藏舌头"。"舌头"即新闻报道中的思想观点。不善于藏舌头,效果往往适得其反。《新闻战线》曾刊登过《吴冷西同志谈广播电视新闻》一文。文章指出:"现在我们的记者不会写新闻,特别是不会用事实写新闻。"他谈到这样一个例子:徐州酒厂女工吴继玲,在碎葡萄时三根手指被机器截断后,在各方大力协助下被送到上海抢救。这一事件本身就很感人,足以说明社会主义制度的优越性,但记者在报道中偏偏加一笔:"真是社会主义好啊!"吴冷西指出:"这是新闻写作的败笔。"它违反了用事实说话这一规律。

(二)用组合材料来"说话"

新闻报道中的相关事实大都以背景材料的方式出现。这些材料在新闻中的意义体现在两方面:一是帮助读者读懂新闻;二是作者借此传达自己的倾向性。像前面提到的用背景材料说明事实的价值,属前者;此处要提及的,属后者。

用来传达作者思想倾向的背景材料有两类:对比性材料和提示性材料。对比性材料让人在事实的对比中理解新闻事实的意义,作者的情感态度同时也包含在对比之中。如新华社获第十七届中国新闻奖一等奖的消息《火车首次跨越"世界屋脊"》,报道写到青藏铁路的修建是在"重写历史"时,穿插了一段背景:"1300多年前,文成公主和亲吐蕃,从现在的西安到拉萨,走了近3年。今天,从北京到拉萨仅需48小时。"历史故事与今天的事实构成对比,凸显出新闻事实的意义,深刻地反映出沧海桑田的历史变化。记者的欣喜之情藏于字里行间,不言而喻。

用提示性材料表明观点,不像对比性材料那样褒贬鲜明,但读者同样可以从事物的不同联系中,感受到作者的态度。

如美国《基督教科学箴言报》记者奥卡所写的《逛北京的集市》一文。作者先描写了北京集市上的农民有一种眼神:我们必须多赚钱。但报道马上又引用日本朋友的观点:"我们是否比过去更富裕了呢?那当然。我们是否满意了呢?我不敢肯定。我认为,当我们还很穷的时候,我们那种有难同当的精神更多些。""要是中国既能实现现代化,又不像我们日本人民那样烦恼就好了。在日本,每个人都在关注他的邻居买了什么东西——一辆大轿车、一台高级电视机或送儿子上大学等。你想,如果八亿中国农民眼里都是那种眼神,这个国家将会发生多么大的变化!"这一背景材料,引用日本的情况为参照,提示我们在发展经济赚钱致富时,应注意到另一个方面的问题。

(三)借权威人士之口来"说话"

权威人士对某一事实的评价,往往比记者的评论要准确,从形式上看要客观得多,故也常被记者选择性地用来表明自己的观点。

引用权威人士的话,有时只是一个幌子,实际上就是记者自己的话。艾丰在《新闻写作方法论》中称之为"假引述表达方式"。"有时明明是记者自己的看法,也假借一个别人的名义。如许多西方记者在自己的报道中常用这样的句子:'此间观察家认为……''此间消息灵通人士说''此间权威人士透露',等等。实际上,这个所谓'观察家''消息灵通人士''权威人士'往往就是记者本人。"这种"假引述"的做法,只要是道出了真相,道出了本质,就是可以的。

思考题

1. 为什么说把事实叙述清楚是新闻写作的首要要求?将事实叙述清楚要注意哪些方面?
2. 新闻写作如何凸显事实的新闻价值?
3. 新闻报道中为什么要把观点藏起来?如何在事实的叙述中巧妙地包含作者的观点?
4. 终结式叙事与再现式叙事分别适合哪种情况?下面这条报道在叙事上有何问题?在文字上有何欠妥之处?如何修改?

我院"三下乡"经验交流会暨颁奖大会顺利举行

4月18日中午,我校3号楼315教室热闹非凡,我院"三下乡"经验交流会暨颁奖大会如火如荼地进行着。院党委副书记陆×老师、院学工办主任田××老师、院团委书记陈×老师以及各兄弟院社创部出席了本次会议。

会议开始,一场逗趣的双簧表演拉开了"三下乡"经验交流会的序幕。双簧表演由"三下乡"的两位成员完成。他们的表演赢得了大会的热烈掌声。紧接着,院团委书记陈×老师发表了讲话。陈×老师对新传院去年"三下乡"的情况进行了总结,并对今年的"三下乡"活动寄予期望。

在随后的会议过程里,院社创部邀请了我院参与暑期社会实践"三下乡"的优秀队长方××、肖×、费×分别进行经验介绍及成果展示,队长们通过PPT与视频展示分享了自己队伍组队、走访、调研等经历。在观看了这些经历后,大家深受感动。

接下来,院党委副书记陆×老师对"三下乡"进行了动员讲话,陆老师不仅对于本次经验交流会进行了点评,而且对我院"三下乡"的总体情况进行了总结,同时积极鼓励大家参与今年即将开展的"三下乡"活动,去体会宝贵的经历。

会议最后,我院对上年度的暑期社会实践活动中获奖的优秀团队、个人进行颁奖,三位老师为获奖人员颁发了奖状。至此,新传院"三下乡"经验交流会暨颁奖大会圆满结束。

5. 从新闻写作的实证性角度比较下面两篇同题报道。

好事多磨:点火两分钟

10时15分,金钟敲响、古乐悠扬,伴随着天籁之音,17名身着白色连衣长裙的少女面带微笑地从长城缓坡上款款走下。就在这时,一个小小的意外发生了:烽火台旁边的八达岭铁路上,一列"和谐号"动车呼啸而过,巨大的轰隆声打破了古乐的深沉,古老与现代的"撞车"让不少观礼的嘉宾也笑了。但训练有素的采火使者们并没有丝毫的慌乱,甚至连步伐的频率与脸上的笑容也没有丝毫的变化,将神圣与优雅之美展示得淋漓尽致。

10时23分,康辰晨接过采火棒,与手持火种盒的上海姑娘杨蝉一起走到凹面镜前,轻轻俯身,开始采集火种。仅仅过了20秒左右,采火棒的燃料部分就冒起丝丝青烟和点点火星,大家都以为圣火马上就可以燃了,可没想到的是,青烟越来越淡,又没有了。于是,康辰晨耐心地转动了一下采火棒,让聚焦点更加精准。一分钟、两分钟,10时25分40秒,随着采火棒上的烟雾越来越浓,黄色的火苗瞬间喷薄而出,引发现场热烈的欢呼和掌声。

(2010年10月10日《广州日报》)

两分多钟的"漫长"守候

新华社北京10月9日体育专电 耀眼的火焰在手中的采火棒上欢快地迎风跳跃,22岁的昆明姑娘康辰晨努力保持着甜美的笑容,默默驱散着由心底涌起的泪水。经过两分多钟的"漫长"守候,广州亚运会火种终于在亿万人的期盼中采集成功。

9日上午10点15分,在悠扬的古乐声中,康辰晨和另外16位白衣少女从长城坡道上缓缓走向烽火台,康辰晨接过采火棒,微笑着向大家展示。随后,她缓缓半蹲在采火盆前,将采火棒放置在凹面镜聚焦处。

一切看起来都那么顺利,康辰晨笑得很灿烂。过了一分钟,一股青烟飘起,康辰晨心中一喜。不料,采火棒并未完全引着,那股烟突然间又消失得无影无踪。

参加仪式的人群中有人扭头回望天空,天空灰蒙蒙的,太阳公公的脸半露不露。康辰晨背对着太阳,她的心里有点紧张。

"本来以为着了,结果发现没着,有点紧张。"

康辰晨努力调整着采火棒的位置,让它的顶端尽可能对准取火盆的焦点。又经过了一分钟左右的等待,采火棒终于引燃,掌声响起。

采火仪式成功结束,领导们挨个跟康辰晨握手,姑娘努力控制着自己的情绪,有人发现,康辰晨哭了。

(2010年10月10日《新华每日电讯》)

第二章　新闻报道中的信息选择

● **本章要点：**
1. 新闻报道的核心是信息，主要有事实信息与附着信息两大类。
2. 新闻报道应强化主要信息，通常有两种方法：前置法和重写法。
3. 必要信息与冗余信息在新闻报道中虽有不同的作用，但终极目的是提高传播效果。
4. 报道角度与信息选择是新闻写作的重要策略，决定着一篇报道的质量，体现了作者的业务水平。

新闻报道是信息的传播，信息是新闻报道的核心。新闻报道中的信息有多种形态，如何选择各种信息组织报道是新闻写作中的重要技巧。

第一节　信息是新闻报道的核心

一、信息的内涵

新闻报道的核心是什么？从新闻报道的最根本的功能来说，这个核心应当是"信息"。

在这里，有必要对"信息"这一概念作一界定。

广义地说，信息是物质的普遍属性，是一种客观存在的物质运动形式，一切体现事物内部或外部互动关系的东西都是信息。根据信息系统和作用机制的不同，我们可以将其分为物理信息、生物信息和社会信息。

同其他两种信息一样，社会信息也具有物质属性。但社会信息及其传播方式又有其他信息所不具备的特殊性质，即它与人的精神活动密切关联。它是物质载体与精神内容的统一、主体与客体的统一、符号与意义的统一。正如德国哲学家克劳斯所说："纯粹从物理学角度而言，信息就是按一定方式排列的信号序列，但仅此一点尚不足以构成一个定义。毋宁说,信息必须有一定的意义……由此可见,信息是由物质载体和意义构成的统一整体。"①

显然,新闻信息属于社会信息中的一类。

二、事实信息与附着信息

新闻报道中的信息分为两大类:一是关于事实状态的信息;二是传播过程中传播者和接受者在报道或接受事实信息时附着的信息。美国学者赫伯特·甘斯在《确立新闻的决定因素》一书中特别提出"新闻背后的信息"这一观点。他说:"新闻报道不只要公布现实的事件,还要有价值标准,它的陈述均有倾向性。这样,就使人们有可能从新闻背后,看出一幅它所要显示的国家和社会的图画……我发现新闻背后还有表达的信息。"对此,喻国明教授指出,"新闻背后的信息"是指稿件没有直接说出,但又或明或暗地显示出来的,那些蕴含于新闻事实之中的情感、道理或意境。"它可以是一个独立的事实,也可以是蕴含于新闻事实之中的一种情感、一个道理或一种意境。"②需要指出的是,在新闻报道中"情感""道理""意境"等信息,都只能附着在事实信息之上,它们之间是皮与毛的关系:事实不存,"毛"将焉附?

这样,"信息"这一概念既包括那些体现出鲜明思想倾向的报道,也包括那些只提供信息而不"说话"——如天气预报式的、"一只母鸡一下下三个蛋"之类的报道。既承认对有新闻价值的信息作缺乏思想性的报道的合理性,又防止为了表达某种"思想"而将事实作削足适履式的改造,从而保证了新闻报道的客观公正和全面准确。

对于通讯一类的长篇报道,"情感""道理""意境"等信息要比其在消息中更加突出。

梁衡说:"发布新闻、传播新闻是为了传播信息。传播新闻有多种方式,其中消息是最集中、最简洁、最直接的方式,它满负荷运载,信息含量高。通讯也是传播信息的一种形式,因此,它也必须含有必要的信息,就是说它要有起码的、最低的信息含量。既然消息是满负荷的信息,通讯是在这一信息基础上的延伸和开掘,那么通讯成立的先决条件,就是必须有一个消息的内核。不管一篇通讯文字有多长,形式有多么繁杂,像剥壳取核一样,剥到最后总有一个核心:这就是信息。""我们检验一篇通讯能否成立,最简单、最基本的方法,就是看它是否传播了有用的信息。如果没有,它就不是新闻,不能叫通讯,可能是一篇小说或者散文。""不管是人物通讯、事件通讯还是问题通讯,这人物、事件和问题中所含的信息,都是某一时期、某一地区读者共同关注、亟待知道的信息。"③可见,从基本功能上来说,通讯同消息一样,都是以传播事实信息为己任的。

---

① 克劳斯. 从哲学看控制论[M]. 梁志学,译. 北京:中国社会科学出版社,1981:68-69.
② 喻国明. 嬗变的轨迹——社会变革中的中国新闻传播与新闻理论[M]. 北京:中央编译出版社,1996:25.
③ 梁衡. 从消息到通讯[J]. 新闻战线,1997(12):23.

当然，比起一般的消息来，通讯类等长篇报道的思想性、感染力更强，但这一切都只能建立在对新闻事实信息传播的基础之上。通讯与文学作品最简单、最本质的区别是：后者强调"为情而造文"，前者则是"为事而著文"。而通讯与消息，正如梁衡所说，"共同之处是必须含有信息，要将合新闻规则"；它们之间的区别是，"在信息含量上，消息单一些，通讯丰满一些""在信息深度上，消息浅一些，通讯深一些""在功能上，消息只求传递信息，通讯已有审美、教化功能的介入"。这里所说的"丰满""审美""教化功能"，显然指的是附着的"情感""意境""道理"等方面的信息。

第二节　新闻写作中不同信息的选择

一、主要信息与次要信息

所谓主要信息，就是一篇新闻报道中处于主要地位的、需要新闻报道者重点传播的信息。

所谓次要信息，就是一篇新闻报道中处于次要地位的、在传播主要信息时粘连着或附带出的信息，对主要信息起辅助性作用。

举例来说。我国媒体曾转发过美联社的一条消息，报道美国总统里根之子小里根失业的事实。请看其导语：

> 美联社纽约 10 月 14 日　就在罗纳德·里根总统对全国说"美国正在走向经济复苏"之前几小时，他的儿子普雷斯科特·里根却在这里同失业者领救济金。

这条导语传达的信息显而易见：它用小里根失业这一事实与里根宣扬的美国"走向经济复苏"的"政绩"构成对比，说明美国经济并不像总统说得那么好。但是，这中间又附带传递出了另一信息：美国总统的儿子失业了。这一信息虽然很不起眼，却真实存在。在我国，曾有一些文章在谈反腐败问题时，把这个次要信息单独抽出来引用，说人家总统的儿子并不因为父亲的职权，就找好工作发大财。

这类例子不胜枚举。这与"主题"的概念不大一样，即使是一篇内容丰富的报道，它也只能有一个主题。这就是新闻报道"主题的单一性"，新闻报道的主题是从新闻事实的丰富性中提炼出的单一主题。

新闻报道之所以有"主要信息"和"次要信息"，一方面，是因为客观事物之间具有千丝万缕的联系，"拔出萝卜带出泥"。当媒体对某些事实进行报道时，与之相关的其他事实与信息就会附着、伴随着。另一方面，是由事物内部错综复杂的矛盾所决定的。事物在运动过程中，主要矛盾与次要矛盾是不断转换的。在面对事实表现出的几个方面的信息时,记者凭判断选择突出某一信息,这就成了一篇报道的主要信息;而未经强化的其他信息就成了次要信息。请看这篇获第二十八届中国新闻奖一等奖的报道:

创造港珠澳大桥的"极致"(主题)
世界最长海底隧道"最终接头" 二次"精调"实现毫米级偏差(副题)

本报讯 港珠澳大桥海底隧道工程近日完成"最终接头"的安装,已经可以步行穿越了。昨天,记者来到这条世界最长的海底隧道采访,除了兴奋之外,还得到了一个令人震惊的消息:在"最终接头"成功安装后,还进行了一次耗时34小时"返工"式的精密调整,最终误差缩小到了"毫米",建设者们说:"我们没留遗憾。"

港珠澳大桥海底隧道是世界最长的海底深埋隧道,沉管总长度5664米,由33节混凝土预制管节和1节12米长的"最终接头"组成。其中,"最终接头"所采用的"小梁顶推"技术和装备为自主研制并属世界首创。

5月2日,"最终接头"在10多位外国专家和99名媒体记者的见证下,在28米深的海水中实现成功安装,南北向线形偏差控制在正负15厘米的标准范围内,实现了"日出起吊、日落止水、滴水不漏"的奇迹。

欢呼祝贺过后,最终接头的线形偏差引起了争论。"港珠澳大桥是120年设计使用寿命的超级工程,就像之前曲曲折折的33根沉管安装一样,这一次也绝不能留下任何遗憾。"3日早上,中国交通建设股份有限公司总工程师、港珠澳大桥岛隧项目总指挥林鸣提出了一个大胆的想法——重新安装调整。

"这么好的结果,我反对再调整!"决策会上,"最终接头"止水带供应商荷兰特瑞堡公司工程师乔尔表示,"虽然止水带仍然可以再压缩一次,但是为了精调一个方向,就可能将这些来之不易的完美重新置于不确定性之中,一旦发生碰撞,不仅损失超亿元,甚至会造成重大事故。"

上午10时许,多方讨论的结果是"偏执"占了上风。乔尔被这些为了精益求精而甘愿承担极大风险的中国工程师情怀而感动,他感叹"这是一个非常艰难的决定"。

4日晚8时43分,执着的大桥建设者经过34小时的奋战,将"最终接头"的线形偏差成功缩小到东侧0.8毫米、西侧2.5毫米。

"这就是我想要的结果。"一天没上厕所、连续34个小时没合眼、指令发出上万次的林鸣终于笑了。"在我参与的15座沉管隧道建设中,这个是最棒的,没有之一,港珠澳大桥是世界造桥技术的最高体现。"乔尔感慨万千。

荷兰隧道工程咨询公司TEC是世界沉管隧道领域的佼佼者,曾笑称"中国企业不会走路就想跑"。5日,该公司发来贺电,向精准完成这一世界级难度安装的工程建设者们致敬。贺电中说,中国建设者的最终接头施工方案,是对世界沉管隧道技术的重大贡献。

(2017年5月11日《珠江晚报》)

粗粗一看,这篇报道的主要信息是"港珠澳大桥海底隧道工程近日完成最终接头的安装",记者的采访也是为此而来的。但记者在"兴奋之外,还得到了一个令人震惊的消息",原来这一工程做了一次"返工",为的是精益求精的工程质量。他马上意识到:"这是历时九年的大桥建设过程中,建设者们第一次对外透露的大桥建设的'不完美'。但也正是这种'不完美',将大桥建设者的工匠精神展现得淋漓尽致,更有力地彰显出超级工程建设中的精气神。我们敏锐地意识到,这是难得的好新闻题材。我们马上重访相关当事人,还原现场,补充细节。"[①]这样,这一信息便上升成了主要信息,而"最终接头"就降为次要信息了。这一主次的调整,体现了记者的新闻敏感,充分挖掘了事实的新闻价值。

对于要报道的主要信息,记者总是千方百计地加以强调和突出,令受众加深印象;对于次要信息,在不影响主要信息传播的前提下,记者可以尽量弱化处理,不让其喧宾夺主。

(一)强化主要信息

一则报道成功与否,关键在于信息能否成功地传播出去。为此,传播者总是千方百计对所传播的主要信息加以突出、强化,以给人强烈的感官冲击。报道中的主要信息一旦确定,新闻报道者总是努力将它做醒目处理。

在新闻报道中,强化主要信息的策略主要有两种方法:一是前置法,二是重写法。这两种方法在不同的文体中有不同的表现。

1.前置法

消息写作中,最主要的策略是前置法,如消息写作中最主流的结构方式——倒金字塔结构即是如此。按《新闻学大辞典》的解释,所谓倒金字塔结构,"即以重要程度或受众关心程度依次递减的顺序,先主后次地安排新闻中各项事实内容。一篇新闻中,先是把最重要的内容放在最前端;而在新闻主体部分,各段内容也是依照重要性递减的顺序来安排的,较重要的往前放,较次要的往后靠,不大重要的放在最后面"。

前置法在消息写作中表现得尤为突出,这就是消息特别重视导语写作的原因。它要求导语包含并突出主要信息,主要信息在导语中越靠前,越能给人以强烈冲击。请比较下面两条消息:

[①] 陈新年.好新闻是靠记者用脚"跑"出来的[N].珠海特区报.2018-11-3.

毫无疑问,防止过早死亡的最佳保护措施是富含水果和蔬菜的饮食结构。

　　为了进一步证明这一点,基于113个国家和地区数据的一项新研究结果,将在美国营养学会年度大会上公布。这项研究指出,2010年,果蔬摄入量不足导致全球约280万人死于心血管疾病。

《果蔬摄入少易死于心血管疾病》载2019年6月11日《参考消息》

　　昨日,汕头大学在广州举行2019年招生工作新闻发布会。汕头大学2019年全国招生总计划3100人,其中省内招生计划2447人,省外招生计划617人,高水平运动员计划5人,按规定预留计划31人。今年计划比去年增加800人(其中省外比去年增加70人)。

《汕大计划在省内招2447人》载2019年6月11日广州某报

第一条消息导语开门见山突出主要信息,然后才告知消息源。第二条消息先说消息源,再说主要信息。显然,从读者获取信息的角度来说,前者要优于后者。美国新闻学专家特别强调这一点:"导语的原则是把最重要的信息放在最前面。如果消息源的出现会使句子变得累赘并削减导语的节奏感,就把消息源放在最后。如果消息源很简洁,可以把它放在前面。"①

相反,在某些消息中,由于没有对主要信息做突出处理,结果让次要信息唱了主角。请看下面这条报道《电影盛会已落幕　无名英雄始登台(主题)　第三届金鸡百花电影节进行总结表彰(副题)》的导语:

　　　　第三届中国金鸡百花电影节组委会昨日在湖南宾馆举行总结表彰大会,省市领导和电影节组委会负责人××、×××……出席。

谁是今天要登台的无名英雄,应当是这条消息的主要信息,而且标题中也已点明,但导语中突出的却是哪些领导人出席了会议,这就将次要信息放在了主要位置,把本该突出的信息弱化了。这条消息最后一段才把受表彰的单位和个人说出来,可谓是"整条消息已写完,无名英雄始登台"。

2. 重写法

在通讯报道中,对主要信息的处理主要是用重写法。所谓重写,就是浓墨重彩地写。在表达方式上,常使用细描、抒情和议论;在修辞手法上,常使用排比、重复等。如西方记者写的人物通讯《难忘的英格丽·褒曼》,为了突出这位女主人公的魅力,一开头就来了这么一大段:

---

① 里奇.新闻写作与报道训练教程[M].钟新,译.3版.北京:中国人民大学出版社,2004:171.

她不施脂粉出现在银幕上，美国化妆品就马上滞销。她在影片中演修女，进入修道院的女子顿时增加。一个影迷从瑞典把一头羊一路赶到罗马作为礼物送给她。多少封信只写"伦敦英格丽·褒曼收"便送到了她手中。

这段文字通过举例，对人物的魅力做了很好的渲染。在一些消息中，为了突出主要信息也不惜做"重写"处理。请看《湖南日报》记者写的消息《只有一条横幅的庆典（引题）　长永高等级公路全线通车（主题）》的导语：

没有放彩球，没有插彩旗；没有鞭炮声，没有鼓乐声，唯有"隆重庆祝长永高等级公路第二期工程胜利竣工投产"的横幅标语悬挂在永安收费站的门楣上。8月20日，这一被称为"省门第一路"的高等级公路悄无声息地举行了全线通车"仪式"。

这条消息报道的是一项工程竣工。按一般的报道模式，这就是报道的主要信息。但这个简朴的通车典礼却引起了记者的注意，显然，记者是将后者作为这条报道的主要信息，所以在导语中使用排比句，从"没有"和"唯有"两方面反复强调这一信息，取得了很好的效果。

特写报道则是专门为了强化主要信息而创造的文体。所谓特写，就是对报道对象作镜头化、局部化的放大展示，使这一部分内容凸显，给人以强烈的视觉冲击。

（二）弱化次要信息

次要信息，是指与主要信息虽有联系，但是处于次要地位的信息。次要信息在新闻报道中可分为两种情况：一种是在消息中起辅助作用的，如消息中的背景材料；一种是在生活中与主要信息存在联系，但在报道中对主要信息无辅助作用的内容。

前一种次要信息，在报道中虽有一定的必要性，但与主要信息相比，它处于"宾"的地位。处理得好，则"宾""主"相得益彰；处理得不好，则有可能喧宾夺主，分散读者对主要信息的注意力。为了不让它对主要信息产生干扰，对它做弱化处理是十分必要的。

对这类信息的弱化处理，通常有两种方法：后置法和简缩法。后置法，前面提到的倒金字塔结构同样是典型。它采用先主后次的策略，将重要内容前置，对次要内容按程度不同排列，将最不重要的内容置于最后。简缩法，如新闻界流行的"掐枝去叶法"：将主要信息与辅助性的背景材料喻为"红花与绿叶"的关系——少量的绿叶可衬托红花，过多的绿叶则可能掩盖红花——故有必要对过多的绿叶做掐枝去叶的删节处理。且看下面这条消息：

立足山地发展经济　企业助力产业扶贫

××县大浦镇作为生态发展区、革命老区，多年来，坚持"生态立镇"的发展战略，大力引导群众发展山林经济，助力产业扶贫。

大浦镇有着良好的竹产业优势,但始终处于怀抱金鸡却无法下金蛋的困局中。为实现破局,大浦镇党委、政府立足本地优势,精准施策,从产业扶贫入手,用好用活扶贫产业帮扶资金,鼓励广大农户,特别是精准贫困户,加强竹林经济开发,迅速摆脱贫困,摘掉贫困帽。

　　该镇英山村和坪山村村民积极响应号召,充分利用广阔的山地资源,种下麻竹约1万亩、油单竹约2万亩。连片的竹林早在几年前已进入丰产期。望着茂盛的竹林,村民们信心满怀。但是,由于没有龙头企业收购竹笋,望着满山遍野的竹笋,村民们只能望洋兴叹,眼巴巴地看着大量的鲜笋长成竹子。坪山村村民王小明说:"我们家共种植了60亩竹林,去年竹笋长势很好,如果销路畅通的话,仅此一项收入可上几万元。卖不掉,就变不了钱。希望有个大老板来收购。"

　　为解决村民这一困难,大浦镇党委和政府成立了产业扶贫合作企业大峡谷食品有限公司,定点收购竹笋等农产品。今年盛夏,又是一年麻笋生长时,往年寂静的竹林,却热闹非凡,在英山村的竹林中,时不时传来村民采笋的吆喝声。是什么原因促使村民热情高涨,顶着烈日在采麻笋?经了解,原来是大峡谷食品有限公司正在大量收购麻笋,而且价格还比往年高,收购价格为0.8元/斤。为了将麻笋卖上好价钱,避免麻笋在山林中长成麻竹,才会有村民早出晚归、顶着烈日采笋的情景。

　　昨日,记者在大浦镇产业扶贫合作企业大峡谷食品有限公司坪山村竹笋收购点看到,这里也是一片热火朝天的场景。一个个村民熟练地将鲜麻笋过称、计数,然后领现钱,脸上洋溢的是丰收的喜悦。该公司负责人表示,村民采笋的积极性极高,供应量从300斤/日增加至现在的3000斤/日,过段时间将有望突破6000斤/日。大浦镇麻笋供销的实例表明,农户们切实得到了实惠,企业的生产也解决了原材料供应的问题,拓宽了产业扶贫道路。

　　从消息提供的信息看,多年前,这里依托山地发展了竹笋产业,但长期苦于收购难,村民们只能看着竹笋长成竹子。所以,"立足山地发展经济"是多年前的事情了,属于新闻背景,是辅助性材料。"企业助力产业扶贫",进山收购竹笋,这是新的变化,是新闻事实,是报道的主要信息。这条消息将次要信息前置,写得有些啰唆,无论从后置法还是简缩法来看,都不太合适,没有对次要信息进行弱化处理,不利于主要信息的突出和强化。

　　另一种次要信息,当处于素材状态时,它与主要信息有某种联系,但由于记者写作行文时没有将二者的联系表现出来,故在报道中显得与主要信息无关。对这样的信息,我们应该视情况而定,要么删除,要么进一步将它与主要信息的联系挖掘出来,并将其转化为有用的辅助性信息。请看下面的报道:

广州增强肉类、蔬菜、瓜果等供应保障（引题）

多家超市"菜篮子"供足价稳（主题）

本报2019年9月16日讯 生菜1.99元/斤、鸡蛋5.99元/斤、新疆无核葡萄9.99元/斤、水蜜桃6.98元/斤、鲜光鸭11.9元/斤、鲜清远鸡17.8元/斤、猪上肉17.99元/斤、草鱼6.88元/斤……中秋节前，记者走访市场发现，多家超市推出中秋节庆促销优惠，肉菜价格总体平稳，水果价格开始下降。

9月12日8时，在华润万家五羊新城店，17.99元一斤的新鲜猪上肉一摆出来，就被选购的市民围了起来。排骨早市抢购价25.99元/斤，比原价下降14元/斤，也受到市民的青睐。此外，部分土鸡品种买一送一，78元可以买两只，有的市民干脆搭伴买。

记者在超市看到，应季水果葡萄、柚子、水蜜桃、鲜枣等热销。水果价格比上半年整体下降10%—15%，应季水果柚子、蜜桃、火龙果、红提等销量较好。"节前超市促销活动多，市民也喜欢在节前买水果，所以销量很好。"猪肉有7家供应商供货，主要是鲜肉和冷鲜肉，广州150多家门店每天的供货量达到近百头生猪，量近10吨；家禽、海鲜的销售量有10%左右的增长，价格比较稳定。

为满足市场供应，广州市制定《广州市推进建立供穗猪肉产销合作机制实施方案》，与生猪产区政府有关部门签订协议，引导组织肉品供应企业到生猪产区采购对接；积极开拓澳大利亚、欧洲、南美等新的肉类进口来源地，提高冻肉通关效率，扩大肉类进口规模；加强广州市屠宰生猪流向监控和生猪产地检疫监管，保障生猪供给安全；支持家禽、水产养殖提高规模化现代化养殖水平，积极发展禽肉等替代品生产，丰富肉类产品供应。

此外，广州市加强蔬菜水果等商品的生产供应。推动粤港澳大湾区"菜篮子"建设，将市外优质蔬菜引入广州市。发展本地生产，加强技术指导，扩大蔬菜播种面积。9月后，广州市进入蔬菜生产旺季，每月蔬菜产量力保不低于30万吨，市场蔬菜供应充足，近七周蔬菜价格总体呈回落态势。培育提升一批水果生产基地，与外地建立产销合作协议，引进国外优质水果，保障全市水果供应。

同时，广州市发动连锁经营协会、肉菜市场协会及沃尔玛、华润万家、胜佳、猎德肉菜市场等企业与温氏集团、壹号食品集团、双汇、雨润等大型供货商开展产销对接。通过供给、流通、市场监管等各个环节共同发力，共同有效保障市场供应和物价基本稳定。

据发改委透露，广州市在全市开展价格专项检查整顿，严厉打击查处教育、医疗、旅游景区、农贸市场、农副产品流通等重点领域经营者不执行政府指导价或政府定价、哄抬物价、串通涨价、借机炒作等价格违法行为。市民发现乱涨价可拨打举报电话12345、12358举报。

广州市市场监管局等有关单位组成检查组,近日对高速公路收费、生猪屠宰、冷冻猪肉储存等生猪流通领域场所进行了价格检查,暂未发现违反价格政策或优惠政策落实不到位问题。下一步将充分发挥各区执法力量,加大检查力度,不断规范市场行为,助力广州市稳价保供工作。

广州市发改委还及时启动物价补贴联动机制,向低收入群体发放价格补贴。据统计,今年1—8月,全市共发放价格临时补贴超2600万元,惠及国家定期抚恤补助的优抚对象、城乡低保对象、特困人员在内的六类困难群体约48万人次。(对原文有删节)

这篇报道的主要信息是关于"菜篮子"供应的。从报道的前面部分可以看出,品种丰富、价格合理、市民满意,是紧扣这一主题的。但报道后面部分的信息已经超出了"菜篮子"的范围,涉及教育、医疗、旅游景区等方面,还有给低收入群体发放价格补贴之类的内容。这部分信息与主要信息关联不大,故应净化掉。通观全篇,我们可以发现报道实际上提供了三个方面的信息:一是积极组织货源,保障"菜篮子"市场供应;二是稳定物价;三是发放补贴。显然,这是广州市政府打出的一套惠民"组合拳",有关部门推出多项惠民措施,解决百姓生活中的实际问题。如果将"组合拳"这一信息调整为主要信息加以突出,那么以上三个方面的信息就有了关联,立意也能有所提升。

二、必要信息与冗余信息

信息可以减少或消除不确定性的内容,新闻要减少或消除不确定性就必须交代必要的信息,使传播的信息更为明晰。在报道中,我们不但要注意突出主要信息,而且要注意交代相关的信息,消除受众对信息可能产生的疑惑。同时,我们要适当保持和控制好冗余信息,使报道的信息既简明又饱满,给受众留下深刻印象。

(一)交代必要信息

所谓必要信息,就是指能消除主要信息的不确定因素,与主要信息密切相关的其他信息。它能使新闻传播的信息成为有效信息,真正为受众所掌握。

具体来说,必要信息的功能主要表现在两个方面:其一是使事实报道清楚,信息传达明白,读者读后不生疑惑;其二是使事实的新闻价值体现出来,加深读者对事实意义的理解。

实践中,某些报道由于必要信息交代不清,读者读后反生疑问。如《人民日报》曾有一篇关于江西庐山修筑"观瀑路"的报道,其中提到"为了使游人真切地观看'飞流直下三千尺,疑是银河落九天'的奇景,专门修筑的一条通往庐山秀峰黄岩瀑布的道路,于 5 月中旬完工交付使用。这条观瀑路宽 1.8 米、长 1800 多米,沿此路步行 45 分钟即可到达瀑布崖"。

由于这条报道对一些必要信息交代不够,易使读者对这一工程的情况产生疑惑。著名语言学家吕叔湘批评道:"这一则报道有两点没交代清楚。首先,这条路光有终点没有起点,1800 米从哪算起? 其次,1800 米的路步行要 45 分钟,合 25 分钟 1 公里。如果修的是现代化道路,步行 1 公里要不了 25 分钟,只要一半时间。如果修的是爬山的石级路,应该说明,免得读者疑惑 45 分钟这个数字有错。"

吕叔湘先生批评的现象在一些报道中还不少,原因不外乎两个:报道者在采访过程中虽然自己对新闻事实有了一定的了解,但报道时没有从受众的角度出发,将一些本该向受众交代的信息省略了或故意隐去;或报道者自己也没有完全将信息弄清楚,以己之昏昏,自然不能使人昭昭。

《北京日报》曾刊登《媒体,你到底怎么了?》一文,对新闻报道缺少必要的信息交代表示不满。文章说,前些天的报纸上有条消息,说华南沿海某户人家,看了 7 年的电视机突然爆炸,一个 10 岁的男孩子不幸丧生。尽管这条报道有时间,有地点,有事情的发原始末,但令人感到疑惑的是:消息把读者最想知道的一点——这台电视机到底是哪里生产的——有意地"忽略"掉了。这样做给人的感觉是为生产厂家留面子,但却是对受众的不负责任。可见交代必要信息的重要性。

在一些报道中,必要信息说明或暗示着事实的价值,帮助受众对报道进行深层次理解,这类必要信息大都表现为相关背景的交代。请看下面的这条导语:

> 一位 29 岁的美国留学生今晚在这里主演了中国京剧优秀传统剧目《贵妃醉酒》。京剧过去是一种只有中国演员才演得了的戏。主角魏莉莎出生在美国的堪萨斯州,现在南京大学学习。

这里的主要信息是美国留学生主演中国京剧传统剧目,其他都是背景材料。这些相关信息的交代非常有必要,读者将它与主要信息联系起来理解,自然就能加深对这一新闻价值的认识。

《湖南日报》记者熊先志说:"有些事很平淡,如果不加解释,不讲背景,你就听不出这是新闻。但是一旦解释,就成了重大新闻。比如我在怀化通道采访,主人在餐桌上摆出一种野菜,称作'薇菜',样子平平,味道也平平,看不出什么特色,嚼不出什么口味,大家吃上两筷子也就觉得够了。这时,主人说道:'第二次世界大战期间,美国在日本丢了两颗原子弹,爆炸所及的地区,几乎所有生命,包括绿色植物都炸死了,唯独有一种小草仍保持着绿色,这就是我们餐桌上的薇菜。如今,这种薇菜畅销韩国、日本,卖价很高。通道办起了薇菜加工厂,效益甚好。'主人这样一讲,背景一衬托,我们又将筷子伸到了薇菜碗,而且也激起了我采写薇菜稿件的劲头。背景就是这般神奇,它不仅衬托主题,渲染主题,有时候简直要靠它来决定新闻是否有价值。"①

(二)控制冗余信息

冗余信息又称多余信息。这一概念是信息论创始人香农(Shannon)首次提出来的,指在信息中根据使用规则所必需的,而传播者又不能自由选择的部分。

提到冗余信息,有必要先说说学界流行的关于新闻作品信息量的计算公式,该公式的简要表述是:

$$新闻作品的信息含量 = 新闻信息/信息符号$$

照此计算,在信息不减少的情况下,作品的篇幅越短,信息量就越大,这是不错的。但在使用此公式时,一定要注意对"新闻信息"这一概念做宽泛理解。如前所述,新闻作品的信息包括事实信息和附着信息两大类。在一些著述中,将公式中的"新闻信息"简单地理解为"事实信息"。这样,一些篇幅较长、附着信息较多的报道就有可能被认为"信息量不大",而那些附着信息也会被视为"多余的话"。正如喻国明教授所言:"倘若新闻信息仅仅存在于'告之以事'这样一个层次,那么,增大作品信息含量的任务就会变得异常单纯,只要在不损伤原意的情况下尽量删词减句就可以了。实际情况却完全不是这样。"②

冗余信息对于一篇报道来说并不是必不可少的,因为少了它,报道可能仍然是完整的。但冗余信息可以抵消传播渠道中的干扰,因此,一个优秀的传播者要在信息编码时找出最佳冗余度,以抵消传播渠道中的干扰,提高传播的效果。

语言具有冗余性,这是一个客观事实。有人计算出英文的冗余度在67%—80%。一般认为,各种发达语言的冗余度超过50%。由于冗余信息在传播中具有两面性,因此,适当控制报道中的冗余信息就显得十分必要。这就涉及语言冗余信息的容忍度。"语言冗余信息的容忍度,是指语言使用人运用、控制语义性冗余信息时掌握的分寸。释放适当的冗余信息,或者说掌握冗余信息的分寸,便是适当冗余信息策略。"③

语言冗余信息的容忍度可分为三种情况:

第一种是容忍度为零,力求简明扼要,彻底删除多余信息。最典型的情况如发电报,七个字能写完的电报就不用八个字。一则外国故事说,一个贫困的青年给女友发电报,因为手头拮据,缺三个字的电报费,只好将"亲爱的"三个字舍去。这三个字便可视为冗余信息。这方面的例子还有中央人民广播电台报时用语的变化。1985年以前,在报时信号最后一响之后,播音员说的是"刚才最后一响,是北京时间××点整";1986年开始,中央人民广播电台对"刚才最后一响"采取零容忍态度,将其删去,只报

---

① 熊先志.新闻采写术[M].北京:新华出版社,2000:341-342.
② 喻国明.嬗变的轨迹——社会变革中的中国新闻传播与新闻理论[M].北京:中央编译出版社,1996:26.
③ 钱冠连.汉语文化语用学[M].北京:清华大学出版社,1997:216.

"北京时间××点整"。

当然,完全不容忍冗余信息并不一定是适当的。如果容忍度为零但传播不成功,那么这个容忍度就不适当。上例中那位外国青年给女友的电报中删去了"亲爱的"三字,电报营业员就认为不妥,自己掏腰包给补上了。

第二种是容忍度很大,对语言冗余信息采取纵容态度。这种情况最典型地表现在文学作品里。大量的冗余信息可以制造一种特殊的语言环境,传达一种言外之意。且看王蒙小说《来劲》中的一段文字:

> 您可以将我们的小说的主人公叫作向明,或者项铭、响鸣、香茗、乡名、湘冥、祥命或者向明、向铭、向茗、向冥、向命……以此类推。三天以前,也就是五天以前一年以前两个月以后,他也就是她它得了颈椎病也就是脊椎病、龋齿病、拉痢疾、白癜风、乳腺癌,也就是身体健康益寿延年什么病也没有。

有人说这是一种语言瀑布,也有人认为这是语言垃圾,不管怎样,它还是取得了一种特殊效果。但这种泼墨式的语言现象,在新闻报道中是不能容忍的。

第三种是较小容忍度。新闻报道一般就采取这种情况。它追求用语简练,啰唆、冗长是报道的大忌。这一点特别在消息报道中体现得十分突出。有人做过比喻,写消息如发电报,所以控制篇幅是很重要的。胡乔木曾经在《短些,再短些》一文中指出:"新闻要五分之四是五百字左右的。"追求简短,惜墨如金,这是一个方面;另一方面,为了避免信息在传播过程中的耗损或为了强调某一信息,报道者往往也要给一定的冗余信息。如前面提到的《只有一条横幅的庆典 长永高等级公路全线通车》,主要信息就是"只有一条横幅的庆典",导语中一开始那段"没有……"的叙述,就是可容忍的冗余信息,它起的强调作用是很重要的。

合理控制冗余信息,既能使新闻报道简短明了,又能使其血肉丰满,增强感染力。请看下面这则消息:

> 新华社北京 11 月 16 日消息 河南洛阳近日出现百年不遇奇观,洛阳耐火材料研究院办公楼前花坛内的一株赵粉牡丹在雪中怒放。
>
> 时值全国评选"国花"步入紧锣密鼓之际,这株已有 10 余年花龄的越冬牡丹似地下有知,在今年第一场瑞雪中盛开。
>
> 历史上曾有武则天责令百花在冬季开放,唯独牡丹无视淫威不肯从命的故事。牡丹也确未有过冬季开花的记载。但在争评"国花"的今年,洛阳牡丹开了先例,不仅耐火材料研究院的这株赵粉牡丹在雪中开放,而且洛阳的东关和邙山已有三株洛阳红在九十月份开放……

这段文字除报道了牡丹在入冬时开放这一主要信息外,还加了"评选国花""武则天令百花冬季开放"两个材料。这是作者的神来之笔,大大增添了报道的情趣和内蕴。

其效果不言而喻。

一些报道为了强化读者对主要信息的印象,常常将一些抽象性内容变成形象可感的信息。如曾有记者报道中国有10亿人口,这"10亿"是个怎样的概念呢?记者写道:"如果10亿人都玩老鹰捉小鸡,从头到尾可绕地球25圈。如果把10亿人的出生证叠起来,有12个珠穆朗玛峰高。"这样的信息完全是对主要信息换一种说法,虽然没有增加新的信息,但它对读者理解报道内容起到了很好的效果。喻国明教授形象地将此称为"酶",他说:"为了提供给读者借以'消化'新闻信息的'酶',消除相对熵,我们常常要多费一点笔墨,信息论把这叫作'多余度'。显然,这种多余度对信息的有效传播是必需的。"[①]

不同的报道对冗余信息的容忍度也有所不同。通讯及一些篇幅较长的深度报道,对冗余信息的容忍度要大于消息类的短篇报道。这是因为深度报道在报道事实的基础上还要表达更多的情感和思想。喻国明教授将"新闻中最小的可以自由运用的基本单位"称为"单元新闻信息"。他指出,"单元新闻信息可以是一个独立的事实,也可以是蕴含于新闻事实之中的一种情感、一个道理或一种意境"。显然,如果新闻报道想在事实之外多说点"话",就会增加冗余信息的量,就会不惜用铺陈、渲染、衬托等手法。这在通讯类报道中就很明显。人们对此有过比喻:写消息如发电报,写通讯如写信。电报总是努力以最少的文字简明地传递信息,而书信则可以通过适量的文字来传情达意,增强传播效果。

如此便牵扯出消息写作中的"三重复"问题。

所谓"三重复",是指主要信息简单地在消息的标题、导语、主体中重复。先看下面这条消息:

我国选手获得奥运会第一块金牌

新华社洛杉矶7月29日电 中国在奥运会历史上"零的纪录"的局面在今天11时10分(北京时间30日凌晨2时10分)被中国射击手许海峰突破。许海峰以566环的成绩获得男子自选手枪冠军,夺得了奥运会的第一块金牌。

中国体育代表团副团长陈先在许海峰获得金牌后对新华社记者发表谈话说,这对中国运动员是极大的鼓舞。这是中国在奥运会历史上得到的第一枚金牌,实现了"零的突破",在中国体育史上具有深远的意义。他表示感谢运动员和教练作出的艰苦努力。

许海峰今年17岁,是安徽省供销社的职员。他在获得金牌后对新华社

[①] 喻国明. 嬗变的轨迹——社会变革中的中国新闻传播与新闻理论[M]. 北京:中央编译出版社,1996:31.

记者说,这还不是他最好的成绩,只不过是正常发挥技术。他最好的成绩是583环。他表示要不骄不躁,继续努力,争取今后取得更好成绩。

对这条消息,严介生指出它"美中不足"之处:"导语已写明了许海峰夺得这枚金牌的意义,既是中国奥运史上金牌的'零的突破',又是本届奥运会所有金牌中的第一块。紧接着第二自然段转述陈先副团长谈话时,又把这些意思复述一遍。这样,读者从标题读起,到第二自然段结束,二百多字中,三次读到'第一块金牌',两次读到'零的突破'。尽管这些词语是令人振奋的,但由于是不必要的重复,还是会使读者感到腻烦。"①

复旦大学李良荣教授在谈消息"头重脚轻式结构"时,针对这种结构存在的"重复"现象指出:"在一条消息中,标题必须概括全文的精华和主题,而导语的使命也是这样(事实上,编辑起标题往往从导语中概括出来),主体部分再做详细的铺叙,常常是导语的扩大和延伸而已。这样,在短短的一条消息中,造成标题、导语、主体的三次重复,而信息量并未增加,既浪费版面又空费读者时间……这并非是作者的写作技巧问题,而是这种结构本身的缺陷。"②

两位学者都对这种重复现象持否定态度。不同的是,严介生认为这是某条消息的个别现象,而李良荣则将其作为这种结构与生俱来的毛病。我们认为,严介生对这条消息在写法上的批评,是有一定道理的。因为它在文字表述上重复过于简单;但如果在表述上做点变化,将"得到第一块金牌"这一信息在不同的地方换成不同的说法,就不应视作重复。而对"头重脚轻式结构"必然造成"重复"这一观点,笔者保留不同意见。我们知道,"头重脚轻式结构"是将消息中最重要的信息加以突出,符合人们快速获取信息的要求。标题是突出新闻中最主要的信息,导语是在这一基础上再稍加展开,而主体又是对导语内容的进一步展开和补充。表面上看来,这的确会造成"三重复",但是从信息冗余的容忍度来看,这不是一种无用的重复。还以上面这条消息为例,如果将冗余信息的容忍度降为零的话,那么只需发一条标语新闻,即"我国选手获得奥运会第一块金牌"即可;或者发一条一句话新闻,只报道导语的内容。但事实上,读者是不会满意这种报道方式的。读者需要一定的冗余信息,变换角度充分理解主要信息的含义。"头重脚轻式结构"对主要信息的重复,笔者认为只要不是如严介生批评的简单的重复,或是将某句"得意话再说一遍",而是貌似重复,实则步步围绕主要信息扩大相关的必要信息范围,让读者加深对主要信息的理解——只要控制在冗余信息的容忍度之内,那是完全可以的。

新闻传播中,如何控制好信息的冗余度,有待在实践中进一步探索。施拉姆等人曾提出:"冗余度的数量是传播遇到的伟大战略决定之一:多长时间必须重复一次,应

---

① 严介生.美中不足——评析七十二篇好新闻的疵点[M].北京:中国广播电视出版社,1993:160-161.
② 李良荣.中国报纸的理论与实践[M].上海:复旦大学出版社,1992:116.

详尽到什么程度?"我国也有学者指出:"一条新闻没有必要的冗余度,就不能提供有效的信息;如果冗余度过大,则是对于节目时间和受众精力的浪费。"①可以说,根据不同信息、不同文体而选择不同的信息冗余度,是新闻写作的重要技巧。

第三节 信息净化与信息组块

主要信息是一篇报道的中心。对信息做净化处理,有利于突出主要信息,而将一些相关信息组织到一块,往往能充分体现主要信息的深层内涵。因此信息的净化与信息的组块同样是信息传播中重要的技巧。

一、信息净化

为了让传播的信息准确清楚,对夹杂在信息中的杂音、噪音进行净化是十分必要的。早在1946年4月23日,新华总社向各地发出的《电讯要简练》的信中,就指出新闻报道中信息杂乱的情况:"材料不知取舍。一条新闻什么都有,这也要,那也要,琐碎的事实堆了一大堆,成为一篇流水账和一盘杂货摊;而不知掇其精华,弃其糟粕,文字冗长啰唆,而真正典型和重要的内容反而无法突出。"

新闻报道中的杂音、噪音可分为三种情况:一是有损主要信息的负信息,二是湮没了主要信息的乱信息,三是没有实质性内容的空信息。

(一)报道中的负信息,与主要信息产生抵触,大大影响了传播效果

有些负信息,记者在使用时并未意识到,但读者结合一定的社会语境,就有可能读出与记者传播意图相悖的信息来。徐光春先生称此为"正打歪着"现象②。范敬宜在谈关于"铁法官"谭彦的报道时说:"铁法官谭彦的事迹确实很感人,但是我认为过多地描写了他如何有病不肯休息、不肯治疗、坚持工作这一方面。最近有好几个典型人物都突出了这一方面。这就会在导向上出现一个问题:一方面,我们大力呼吁要保护中青年知识分子、干部的健康,指出近几年英年早逝的知识分子过多;另一方面却赞扬他们有病未治。这在宣传上是矛盾的,而且也容易给读者造成领导对他们太不关心的印象。比如这位谭彦,办公室在四楼,'上一层楼像爬一次长城',既然如此困难,领导为什么不把他的办公室调到一楼呢?谭彦的肺'已烂得像蜘蛛网'(这明显是夸大,我已删去),领导怎么还让他继续工作?而且,这种开放性的肺结核,对周围人的健康不构成严重威胁吗?"③可见,负信息不仅会干扰主要信息的传播,还会产生负面效应。

---

① 方毅华.有效传播论[J].现代传播,2000(3):25.
② 徐光春.注意正面宣传中的负面效应[J].新闻战线,1995(12):14.
③ 范敬宜.总编辑手记[M].北京:人民日报出版社,1998:251.

(二)报道中信息太杂乱,可能湮没主要信息

信息过于杂乱,会让读者不得要领或不知所云。请看这条报道《广外在日修学学生暂未有受伤报告》:

> **本报讯** 国内发生地震,在中国学习工作的日本人也心急如焚,希望能尽快与家人获得联系。记者昨日从广东外语外贸大学获悉,该校正紧急联系在校的日本留学生和外教,确认家中亲人是否平安。同时,还成立紧急领导小组,联系在日修学的学生。
>
> 广外负责留学生工作的王老师介绍,学校有日本留学生20多人,除去无法联系上的,仅有2人还未与日本家人取得联系。记者获悉,地震发生后,广外立即组织国际交流处、东语学院等单位,以最快的速度联系日本留学生和日本外教,确认家中情况。东语学院还成立紧急处理领导小组,联系在日的交换生,落实师生是否平安。据悉,广外在日修学学生有34人,在日访学教师1人,截至记者发稿时,暂无受伤报告。
>
> 来自日本东京石奈川县的桥本司是广外的日语外教,为4个班接近100人授课,其学生分别为大二和大三的本科生。昨天下午,他在网上得知日本发生地震的消息,还没等他联系家人,学校已打来电话,询问其家人情况。他先后拨打5次家中电话,但一直无法接通。不过,从小经过多次地震考验的桥本司并没有特别的担心,"生命应该不会有什么问题",他说。日本一般都是这样,他每年回两三次日本,都会碰上地震,今年寒假回去的时候都有发生地震。不过,能在东京引发海啸的地震还是很少见,他通过网上消息得知,东京的地铁和电车都停了。
>
> 桥本司家中有父母和一个弟弟。父母都已退休,却选择返休工作,父亲负责安全管理,母亲在超市工作。弟弟也已工作,不过具体什么工作他倒还真不清楚。桥本司平时与家人也会网上联系,他今天下午还没有收到新邮件。昨天他告诉记者,晚上回到家中以后会再给家人发邮件试试。

全文近700字,通篇信息混乱,令人不知所云。主要问题是:

第一,标题与正文信息错位。这篇报道的标题为《广外在日修学学生暂未有受伤报告》,但正文主要说的却是在广外的日本留学生与日本教师关注日本国内地震。文章导语一开头就说:"国内发生地震,在中国学习工作的日本人也心急如焚,希望能尽快与家人获得联系。记者昨日从广东外语外贸大学获悉,该校正紧急联系在校的日本留学生和外教,确认家中亲人是否平安。"再看第二段,主要内容为:"广外负责留学生工作的王老师介绍,学校有日本留学生20多人,除去无法联系上的,仅有2人还未与日本家人取得联系。记者获悉,地震发生后,广外立即组织国际交流处、东语学院等单

位,以最快的速度联系日本留学生和日本外教,确认家中情况。"第三段与第四段则是写广外的一位日语外教桥本司先生对地震的关注以及他家里的情况,与"广外在日修学学生"完全无关。在新闻要素的选择上,这篇报道的标题与正文围绕不同的 Who(何人)来写。记者仅在正文第二段最后一句话写道:"据悉,广外在日修学学生有 34 人,在日访学教师一人,截至发稿时,暂无受伤报告。"但这段文字占全文篇幅还不到二十分之一,完全不是报道中的主要信息,拿它作为标题,显得很不专业。

第二,出现大量无关的废信息。这条消息花了约五分之三的篇幅报道日籍外教桥本司,实际上只要说明他对家中的关注以及对地震的看法即可。但报道中出现了大量无关的废信息。如"(桥本司)为 4 个班接近 100 人授课,其学生分别为大二和大三的本科生""桥本司家中有父母和一个弟弟。父母都已退休,却选择返休工作,父亲负责安全管理,母亲在超市工作。弟弟也已工作,不过具体什么工作他倒还真不清楚"。这些信息大量出现,湮没了主要信息。

(三)报道中的空信息主要表现为套话、大话、空话

这样的信息从内容上来说并无错误,但读者读完后不知所云,一无所获。有人撰写《看不懂的报纸》批评道:有香港朋友拿起一内地报纸直摇头。问他为什么,他竟然说:"看不懂。"一句话使我突然意识到:自己平时看报也会摇头,许多报道文字也看不懂。例如:"××在会议上强调,要按照'强化一个意识、完善两种机制、实现三个转变'的工作思路,牢牢把握'一个中心'、'两个职责'、'三个原则'和'四个要求'……"与会者是否明白另当别论,但作为报纸的读者来说,既不明白其中的"一个中心"、"两个职责"、"三个原则"和"四个要求"指的是什么,也不明白它要按照什么"工作思路"和"牢牢把握"什么东西。这话说了等于没说,成了一句空话。

这并非个别现象,值得我们注意。尤其在对外报道中,这样的报道如翻译成外文,就会发现这些言词难以与国际接轨,或者是找不到合适的词语来翻译。

二、信息组块

信息组块是指报道中由几个单位信息构成的一个信息组织。它通过信息与信息之间不同的组织方式,构成一个新的信息系统,传达出新的意义。它是新闻报道中基本信息单位的升级,可以增大信息的容量,丰富信息的含义。

按照信息组块的结构方式,信息组块可以分为同类合并式和相关黏合式两种。

(一)同类合并式

同类合并式是由若干同类信息集合而成的组块。一些零散的信息,单独出现可能不具备报道价值,但一旦构成组块,其价值就显现出来了。量的增加达到一定的度,就

有可能产生质的飞跃。如消息《我国影坛崛起一代女导演》，就是将一些散落的信息聚拢而成的。许多人看过电影《泉水叮咚》《原野》《夕照街》《红衣少女》等，谁都没有注意导演的性别，一些报纸也曾介绍过好几位女导演，但都是分别在每个人身上做文章，从来没考虑到将这些信息组合起来。而《文汇报》发表的这条消息，通过对信息进行组块，发掘了一条重要新闻。

通讯和一些集纳式、综合性报道，大都采用同类合并式来形成一个意义鲜明的信息板块。如获第二十八届中国新闻奖一等奖的通讯作品《"我在中国社区矫正的日子"——三名境外社区服刑人员在义乌接受社区矫正的故事》。全篇由三个故事组合而成。故事一的主人公是伊拉克商人古斯，他因买卖国家机关公文罪（买卖报关单）被判刑。之后，他在义乌接受社区矫正。他开始对处罚很不理解，有两个困惑：一个是"为什么有人那样做了没有受到惩罚，我那样做了却被判刑？"另一个是为什么矫正期间不能离开义乌，这给他的生意带来一些不便。在司法人员对他做了解答后，古斯非常满意，表示自己会安心矫正，争取早日回归正常生活。故事二的主人公为印度客商佳奇。他因销售假冒注册商标商品罪被判刑，然后接受社区矫正。他虽然认为社区矫正比在监狱服刑要自由多了，但思念在印度的妻子和孩子，希望与家人团聚。义乌市司法局、出入境管理局结合佳奇社区矫正的表现，为他的妻子、孩子来义乌提供了便利。故事三说的是土耳其商人欧力的故事。他也因销售假冒注册商标商品罪被判刑，然后接受社区矫正。欧力能够坦然面对这件事，认为中国的相关部门既做到了严肃、公正，又坚持文明执法，还在生活上很关心他。他打算等社区矫正期满后，在义乌开一家外贸公司，继续在中国创业，还希望娶一个中国姑娘，把家安在中国。这三个故事组合在一起，让人看到境外服刑人员在中国接受社区矫正的情况，所强化的信息，正如这篇通讯后附的司法专家评论所言："在中国司法备受外界关注的大背景下，境外社区服刑人员社区矫正工作就像一扇透视中国司法公平公正、开放透明的窗户。通过这扇窗户，外界既看到了法律面前人人平等的刑罚原则，又感受到了充满人性化关怀的司法温度……"

同类合并式不在于单元信息的数量之多，而在于信息的质量和形成信息组块后的结构特性。如上面这篇通讯，写了三个在华经商的外国人的故事。三个故事虽然共同强化了主要信息，但又是从不同角度来表现的：故事一着重体现司法的公平公正，故事二体现了司法的人性化关怀，故事三体现的是司法感化的力量。强化而不重复，这是信息组块要特别注意的。老一辈的记者魏巍曾谈及他修改通讯《谁是最可爱的人》的经过：初稿写了20多个例子，修改中发现"例子堆得太多了，好像记账，哪一个也说得不清楚、不充分"。几经删除，留下三个，"事实告诉我：用代表一般的典型例子来说明本质的东西，给人的印象是清楚明白的，也会是突出的"。①

---

① 魏巍. 我怎样写《谁是最可爱的人》[M]//蓝鸿文，展亮，赵赜. 中外记者经验谈. 北京：中国人民大学出版社，1983：321.

(二)相关黏合式

生活中有些信息之间的联系不是那么明显,需要通过发掘才能找到它们之间的联系。相关黏合式就是在联系中阐发事实之间的意义。通过黏合,往往能产生两种效果:一是强化主要信息,二是产生新的信息。从正的方面黏合有关信息,可强化主要信息。如《"聂旋风"扫倒加藤正夫"王座"》,主要信息是聂卫平赢了日本名将加藤正夫,结尾附带交代了聂卫平下次与日本另一棋手藤泽秀行决战一事。"藤泽秀行原来说过,这场比赛,他如果输了就剃光头。这次表示'已和理发员约定好了,准备剃头'。"这一黏合信息大大渲染了"聂旋风"的威慑力,仿佛是在说:"聂旋风"下败了一个,也吓败了一个。

从正的方面黏合相关信息,还可以产生新的信息。请看下面这条消息:

> 中国和英国关于香港问题的第二阶段第二十二轮会议,今天上午在钓鱼台国宾馆开始举行。
>
> 上午九时,中国代表团团长周南和英国代表团团长伊文思等进入会议室。周南说,再过五天,中国人民就要欢庆一年一度的中秋节了,这是个亲人团聚的日子。他说,中国有句俗话:"人逢喜事精神爽,月到中秋分外明。"
>
> 周南说,大使先生是今年来北京上任的。你已经经历了冬、春、夏三个季节,现在到了收获果实的秋天了。
>
> 伊文思说,英国人在9月也有庆祝秋收的传统节日。

周南的话和伊文思的话,孤立地看,得不到多少明确的信息,倒有点像寒暄。但将其组成信息块后,读者自然就会从中读出对会谈情况的暗示信息。

从负的方面组合有关信息也会产生出新的信息。请看2005年11月20日《参考消息》上登载的一则外电《日最高法院驳回中国妇女性侵害诉讼》:

> **路透社东京11月18日电** 日本共同社今天报道,日本最高法院驳回了多名中国妇女提出的诉讼请求,这些妇女要求日本政府对她们在二战之前和期间遭到日本军人强暴的事实作出赔偿。
>
> 此前,低一级法院拒绝了原告的赔偿要求,最高法院的这一判决成为终审判决。该诉讼是由10名来自山西省的妇女提出的,其中包括已经过世的受害者的亲属,她们要求日本赔偿2亿日元。
>
> 虽然低一级法院拒绝了她们提出的赔偿要求,但法院在2003年4月和今年3月作出的判决都承认,这些当年一二十岁的年轻女子在1940年到1944年期间多次遭到日本军人的强奸。
>
> 共同社说,这些女子有的是在家中被强暴的,有的则被带到日军基地遭

到蹂躏。其中一些人从此疾病缠身,有的人失去了生育能力。

低一级法院称,根据战前的日本宪法,日本政府没有义务对战争期间的行为作出赔偿。

这篇报道先说日本最高法院驳回中国妇女的诉讼,但报道的后三段所加的背景材料告诉读者,此前法院的判决都承认中国妇女惨遭蹂躏的事实,日本共同社也证实了这一事实。这样,"日本政府没有义务对战争期间的行为作出赔偿"这一说法就让人感到,日本的宪法和最高法院的判决坚守的是强盗逻辑。

信息组块的构成,必须讲究信息之间的黏合性。实践证明,黏合性越强,传播效果也就越强。而这种黏合性的实质,就是信息之间的内在联系。如果不注意各信息单位之间的内在联系而随意"拉郎配",就等于在信息组织中掺入了杂质,增加了噪音,不仅不能强化传播效果,反而会形成内耗,使传播效果大减。

第四节 报道角度与信息选择

一、报道角度的内涵

报道角度是指新闻工作者在采写报道时的观察点与侧重点。新闻工作者选择什么样的报道角度,直接关系到报道中的信息处理。一篇报道强化什么信息,弱化什么信息,突出什么信息,隐藏什么信息,都受制于报道角度。因此重视报道角度的选择,对于新闻报道的信息处理有着非常重要的意义。

报道角度,从微观来看,与记者个人对新闻事实的价值判断有关。记者选择什么样的报道角度,实际上反映着他对某个事实的认识水平,也就决定了他在新闻报道中将对事实的哪方面信息做突出处理。他站的角度正确,看问题就不会囿于一隅,对主要信息就会把握准确;反之,如果他本身的认识水平有限,报道的角度就难以选准,对事实的信息处理就会出偏差。不妨来剖析一个例子:

广州110日均接警1.5万宗(主题)
110协同互联网,去年成功寻回150余人,成功量全国第一(副题)

昨日是广州市公安局110报警服务台33岁生日,目前,广州市公安局110接警大厅拥有80个接警座席,日均接警量达到1.5万宗。此外,110在移车便民服务和互联网技术寻人方面成效日益显著。

去年全年广州110共受理各类群众报警求助电话500.13万起,救助群众数万人次,协助基层单位破案3367宗,抓获嫌疑人8665人,奖励群众

2647名。

  一年以来,广州110优化"互联网+失踪人员寻查"机制,将接报的60岁以上老年人、16岁以下(含16岁)未成年人和精神病智力障碍患者三类社会困难群体人员的失踪警情,推送给今日头条,由其利用地域定向精准推送技术,向走失人员走失地周边5至10公里范围的头条用户弹窗推送寻人启事,协助公安机关和帮助群众查找走失的亲人。2018年,广州110互联网协同寻人已寻回失踪人员150多人,成功量高居全国第一。

  同时,广州110积极与114号码百事通、互联网企业合作开展移车便民服务。群众遇到占用车位、阻碍出行等情况,可拨打114或通过"广州公安"微信公众号实现一键自助移车服务,全年一共指引16.07万名群众完成自助移车服务。

  在活动现场,警航直升机与水警摩托艇在广州塔对出江面上进行了联合表演。除了有大型特战车辆展出外,排爆机器人、远程爆炸物销毁器、侦查机器人、抛投机器人、潜水灯、潜水仪表、水下无线对讲系统、水下电视系统等警务"神器"也一一亮相,展示了广州公安立体化联勤指挥体系。

(2019年1月11日《广州日报》)

  该报道的主标题为"广州110日均接警1.5万宗",细心的读者会发现,这样的报道《广州日报》几乎每年都有,每年都是将接警量作为报道的主要信息。如该报2004年10月7日的报道为《广州110日均接警1.2万宗》。年复一年,每年的报道只是接警数字的变化,15年前是1.2万宗,15年后是1.5万宗。按一般人理解,平安无事才是社会安定,而接警电话一年比一年多,说明了什么呢?仔细看报道的内容方知,报警量的增多,原来是警方扩大了服务范围,增多了为民办事的项目。老百姓事无巨细,都来找110求援了。接警电话的增多表明警方辛苦了,群众方便了。记者应当从这一角度去报道,才能准确把握接警量上升这一数字变化的内涵,读者才能真正理解这一事实的新闻价值。同时从信息净化的要求来考虑,确定了这样一个角度,一些无关的信息(如最后一段提及的"联合表演")完全可以删除,从而使得主要信息更加鲜明。

  从宏观来看,报道角度的选择还与社会语境、文化背景有着深层联系。有人曾对新华社与美联社的报道做过比较,发现双方在报道角度的选择上都深受各自传统文化和思维方式的影响。例如美联社记者写的《美国大兵比卡尼克和他的妻子成了住房短缺的牺牲品》,讲述的是一起危房倒塌的灾难事故,其中写道:

  他们一家住在凑合着搭起来的房子里。昨天大雨倾盆……被泥水泡松的山坡塌了下来。泥土压在他们的房子上,两个孩子——12岁的艾利森和他3岁半的小妹妹朱迪安被活埋在12英尺厚的废墟下面。……比卡尼克发疯似的用手扒又湿又重的泥土。……消防队和铁路抢险队闻讯赶到,他们动用推土机干了12小时,才把废墟的泥土清除干净,找到孩子的尸体。在被砸坏的床上,两个孩子并排睡在一起,男孩子用胳膊护着小妹妹。两个孩子的身上盖着床单,看来,他们在生命的最后一刻想用这床单挡住不断落下来的泥土。

我们可以设想,如果换成新华社记者,会以怎样的角度报道此事呢?"他一定会突出营救人员如何克服困难进行抢救,突出遭受打击的比卡尼克夫妇如何得到安慰和帮助,从而弘扬一种道德风尚。但在美联社记者笔下,新华社记者可能突出的部分全部被一笔带过,而对于后者可能弱处理的灾难发生的触目惊心的细节都做了强处理,让读者心中充满一种绝望的毁灭感。"新华社记者高晓虎写的《在烈火的考验面前》可作为参照比较。这篇报道讲述了云南安宁市发生的森林大火,在救火中,有56人牺牲。文中写道:"事后人们在收拾烈士烧焦的遗体时,发现他们有的手中还紧攥着砍刀,有的双臂高举过头,都保持着奋勇扑火的英姿……"里边虽然也有关于灾难场面的描述,但不会使人产生恐怖的感觉,且最后落脚点在英雄烈士的高尚人格上。文章的结尾写道:"这就是我们的人民,他们在烈火中用信念、勇气、忠诚谱写的壮美的歌,永远回荡在云南高原的大地上……"

因此有研究者认为:美联社记者面对灾难造成的悲剧,常常注重极其仔细地描摹事实,他们用大量笔墨赤裸裸地表现灾难对人的摧残,强烈、直接地表现出人的痛苦、悲惨境地以及被毁灭的命运。而新华社记者却习惯于"哀而不伤",他们虽然也暴露人的悲惨处境,但着眼点却是反映灾难中人的精神,用人的"战天斗地"去消解事件的悲剧性质,实现一种"事实的悲"向"精神的乐"的转换。①

由于报道角度的选择既与报道者个人的认识水平有关,也与社会语境、文化背景有关,因而可以说,选择好报道角度,是记者业务水平与政治水平的综合体现。

二、报道角度的选择

那么应该如何选择新闻的报道角度呢?这要从宏观与微观两个方面来讨论。

(一)观照宏观世界的角度

从宏观世界来说,世界之大,范围之广,"新近发生、发现的事实"之多,不可能一一加以报道,这就需要选择。选什么?选标志点、切入点和相关点。这些都是报道角度的具体体现。

1.选标志点

所谓标志点,就是某一事实在同类事实中极具代表性、标志性的地方。俗话说"以

---

① 李楠.历史的追寻,文化的沉思——新华社与美联社新闻写作比较[J].现代传播,1996(6):48.

"一叶知全秋",这"一叶"就是"全秋"的标志。生活中这种标志性的事实比比皆是,它们蕴涵的信息量是同类事实中最高的。如我国20世纪50年代的消息名作《上海把最后两辆人力车送进博物馆》。我们知道,人力车是旧中国交通落后的象征,而人力车工人更是生活在旧中国最底层的贫困者。不少文学作品都以此作为创作素材,如胡适、沈尹默的同题诗《人力车夫》,又如老舍先生的长篇小说《骆驼祥子》。如今上海最后两辆人力车被送进博物馆,无疑标志着一个旧时代的结束,一个新时代的到来。所以这最后两辆人力车,就是一种标志,具有象征性的意义。

又如我国京九铁路全线铺通,1995年11月17日的《中国青年报》头版头条新闻的主标题为"京九拧上最后一颗螺栓",而中央电视台对拧这最后一颗螺栓还做了长时间的现场直播。突出这一具有标志性意义的"点",比诸如"京九铁路全线竣工"之类的标题醒目得多。

再如《150年来伦敦泰晤士河第一次出现海豹》:

  路透社伦敦5月1日电 最近,一只海豹沿着泰晤士河逆流而上,游进了议会上下两院所在地。此事引起极大的轰动,电视台向全国播放了海豹吞食河鱼的镜头,报纸也做了报道。

  这是150年来人们第一次看到海豹出现在这条一度有毒的历史名河中。

  人们对此兴高采烈,认为这是对这条污染了几百年的河流治理20年后,终于完成的世界上同类工作中最为成功的一项工作的认可。

  泰晤士河管理局把"死"去的泰晤士河变成了一条令人喜爱的河,吸引来成千上万的钓鱼爱好者和游泳爱好者。许多人原先都说,这项任务是无法完成的。

  在20世纪50年代中期,这条河从生物学的角度上说是"死亡"了。它的含氧量为零。今天,这条河流处于最宜生存状态,含氧量达98%,适宜100多种鱼生存。

  泰晤士河大规模污染是从18世纪末开始的。

  在19世纪,人口越来越多,工业污染日益严重,加上伦敦沼泽地排放积水建造码头,使这条河成了一条肮脏、毫无生气的臭河。

  从1849年到1854年,伦敦几次发生霍乱,约有4万人死亡。1856年是特别糟糕的一年,以"臭气熏天"而著称。泰晤士河的气味腐臭难闻,以至于面临泰晤士河的议会大厦的窗子都不得不悬挂用消毒水浸泡过的窗帘。

  伦敦人开玩笑说,掉进泰晤士河的人还没被淹死就被毒死了。

  1964年伦敦开始了首次大规模的河流整治工作,通过立法,控制排放工业污水。这些工业污水占污染的30%。

  一项调查表明:1200万人口和数千家工厂每天向河中排放污水418万

立方米。专家制订计划,重建和延长伦敦的下水道。

整个泰晤士河流域现在同453个污水处理厂连接在一起,每天处理9.4亿加仑污水,变污水为清洁水。

垂钓爱好者争相捕捞到泰晤士河来产卵的大鲑鱼,当局已难以控制甲壳动物的繁殖,甚至连海马也回到了泰晤士河。

从消息中我们可以看出,泰晤士河治污成功,既可从数据指标中看出(含氧量达98%),也可以从453个污水处理厂的工作情况看出,还可以从垂钓者和游泳者的行为中反映出来。记者选择一只海豹的洄游为标志性事实,向读者说明泰晤士河已由一条有毒的河彻底变成了水生动物的家园。

这类例子不胜枚举,总的来说,报道选择的标志性的点,往往是衡量某一社会变动内容的尺度。通过它,我们可以直观感受到事物最新发生的质的变化。

2. 选切入点

切入点即记者把握报道对象的接触点,犹如医生号脉时的触脉点。对生活有着敏锐眼光的记者,往往可以从一些不起眼的小事感受到时代的巨变。

我们从第二十七届、第二十八届的中国新闻奖作品中抽取4篇为例。这4篇作品分别是《老郭脱贫记》(2016年12月25日《人民日报》)、《羊小平砸缸》(新华社兰州2016年4月7日电)、《寸土寸金地 让与贫困户》(2017年9月6日《湖南日报》)、《35名贫困村第一书记申请留任》(2017年4月10日《安徽日报》)。党的十九大以后,我国吹响了脱贫攻坚的号角,贫困地区的脱贫工作成了这一时期党和国家工作的重要任务。这4篇报道的主要信息都与这一主题关联密切。

《老郭脱贫记》的主人公是河南封丘县王村乡小城村农民老郭。因儿子长期患病花光了积蓄还借了不少钱,他成了当地有名贫困户。他所在的县是国家级扶贫开发重点县。在政府的帮扶下,老郭与一些乡亲种起了中药地黄。政府帮助他们成立种植合作社,请专家"把脉"指导种植,还与安徽企业达成协议,以优惠价回收药材,让农民吃上定心丸。如今,老郭全家年收入5.6万多元,家里6口人年人均纯收入9300多元。

《羊小平砸缸》报道的是羊小平一家生活的变化。羊小平一家世世代代生活在甘肃省甘南藏族自治州临潭县冶力关的山上,靠天吃饭、土里刨食,生活贫困。山旱缺水,挑水要走很远的山路,家里就置办了6口大缸来储水。从祖父到父亲到羊小平,最重要的活就是挑水把家里的6口大缸装得满满的。几口大缸,像是世代传下的魔咒,将羊小平牢牢地拴在了大山上,也击碎了他的致富梦。甘肃省作为自然条件薄弱的贫困大省,搬迁扶贫是主要的扶贫方式之一。在政府部门的帮助下,羊小平一家搬到了山下的移民新村,并制定了"种植——养殖——住宿——农家乐"一条龙的脱贫方案。羊小平终于脱贫了,昔日生活中不可或缺的水缸再也用不上了,被他全砸了。

《寸土寸金地 让与贫困户》报道的是湖南省宁乡县沩山乡有一块土地,是开发商愿意以2000万购买的开发项目。这笔钱对经济不太发达的汭山乡来说当然是非常诱人的。但为了易地扶贫搬迁工作,当地政府决定把这"寸土寸金地"让与贫困户建房。他们认为,要算经济账,更要算民生账。扶贫是第一民生工程,政府就要拿最好的资源来帮扶。

《35名贫困村第一书记申请留任》报道,安徽省有35名派驻贫困村的第一书记向组织递交"请战书",申请能再工作一个任期,带领贫困群众实现稳定脱贫。"村民不脱贫,我们不撤离",这是申请留任的35名贫困村第一书记的共同心愿。贫困村干部群众也热切期盼优秀的选派干部能留下来。申请留任的干部表示与村民结下深厚的感情,心已经在这里了。

这4篇作品都是从很小的侧面入手,生动体现了各地在扶贫攻坚战中取得的成就。各地的具体做法不同,但都是对"扶"字的生动诠释,体现了党和政府对人民群众的关爱之情。

新闻报道要选好切入点,从艺术的角度来说,就是一种以小见大的方法。这种方法的优势在于:首先,它能将人们身边发生的一些小事与更大范围内发生的大变化密切联系起来,具有接近性。其次,它将重大的主题巧妙地寓于具体而生动的事实中,报道内容不空泛,可读性强。最后,正因为是以小见大,所以,唯其"小",故篇幅不长,唯其"大",故信息重要。这样一来,作品的信息密度增大了,更有令人回味之处。

寻找一个好的切入点,为的是以一种更巧妙的方式去接近事物的本质。面对同一报道主题,从不同的切入点入手,最终会产生英雄所见略同之妙。如上述4篇报道,写的是4个地方:河南、甘肃、湖南、安徽,虽切入点各有不同,但均通过一件小小的事、一个小小的窗口,反映了党和政府坚决打赢脱贫攻坚战的决心,真可谓条条大道通罗马。

3. 选相关点

相关点又称相关系数,是指两个或两个以上的变数之间存在的关联性。这种关联性牵制着变数的各方,它们互为依存,某一个变数增加或减少,另一个也跟着发生变化。选相关点,就是利用事物之间的这种联系,通过对此事物的报道,由此及彼地去间接表现彼事物,即古人所说的"以烟霞写山之精神,以草树写春之精神"。有些事物从正面直接表现往往费力不讨好,从侧面间接表现,着墨不多,却能获得事半功倍的效果。请看《中国青年报》发表的小通讯《罗小红帮了省长一个忙》:

> 湖南省长沙民政学校15岁的学生罗小红不久前做了一件好事,连她自己也没想到,这回会帮到省长头上。
>
> 4月27日上午,罗小红和20多名同学一道来到长沙火车站协助长沙市公交二公司检查公共汽车。罗小红和同伴郑勇波一道上了一辆12路公共汽车。上车不久,罗小红看到身边站着一个60多岁的老人,老人穿得很破旧,提着一个破烂的蛇皮袋。售票员过来要老人买票时,老人听不懂售票员的普

通话,售票员也听不懂老人的湘西土话。罗小红见状,马上将座位让给老人,并在老人面前连连打手势,老人终于明白了售票员的意思,哆哆嗦嗦地从口袋里掏出一张皱巴巴的伍角钞票。在与老人交谈时,老人说他叫杨正清,要去省政府找一个叫杨正午的弟弟。

老人是第一次从乡下来长沙,也不知道弟弟杨正午在省城干什么工作。罗小红也不知道"杨正午"是什么人,但想到这位老人是第一次来长沙,人生地不熟,罗小红决定与同伴一道将老人送到省政府,尽管她也不知道省政府在什么地方。

经售票员提醒,罗小红与同伴搀扶着老人在省政府门口下了车。武警战士拦住了他们,要他们出示身份证或介绍信,可他们都没有。值勤的战士听老人说要找"弟弟杨正午",杨正午可是省长啊。他们看到老人这身打扮,一点也不相信,便问:"你弟弟在省政府干什么呀?"老人直摇头。杨正清老人一辈子没出过远门,只知道弟弟杨正午在省城当大官,可具体当什么官,他从没有听正午讲过。

值勤的战士被罗小红缠不过,便说:"杨省长今天休息,住在省委,你们去找吧!"

罗小红与同伴领着杨正清老人来到省委大门口时,再次被值勤的战士拦住……值勤的战士被罗小红纠缠得没办法,便将此事向保卫科领导作了汇报。没多久,保卫科出来了几位同志,他们要杨正清老人回答一些问题。保卫科的同志听了,就往杨正午省长家挂了个电话。杨正午省长的爱人彭文翠接到电话后,马上就跑出来接杨正清老人。老人连忙把蛇皮袋松开,从里面抓了两大把花生,硬要塞给罗小红,嘴里一个劲地说:"好人呐,好人呐。"

当小罗跑回长沙市公交二公司时,已是下午1点了。她领着老人跑了整整3小时,公司领导正为小罗去向不明着急呢。

原来,杨正午省长于26日接到大哥的电话,知道哥哥杨正清在26日会来长沙。当天早上,他便叮嘱妻子彭文翠去火车站接第一次来长沙的大哥。彭文翠早上6点半就在火车站等,一直没见杨正清老人的影子。

罗小红做了这件事后,从来没有跟任何人讲过,直到5月28日她跟一个同学聊天,偶然谈起了这件事,被班主任成奋华老师听到了。

5月29日,长沙民政学校将此事打电话告诉了杨正午省长的妻子彭文翠,此时杨正午夫妇还在寻找这位不留姓名的小同学。6月3日,彭文翠执意要酬谢小罗,小罗红着脸腼腆地说:"我只是做了一件我应该做的极普通的小事。"

该报在发表这条报道时说:"罗小红无意间帮了省长杨正午一个忙。对于罗小红来讲,这只是她做过的许多好事中的一件,然而,透过这位15岁少女的眼睛,我们似乎

可以看到一些更有意味的东西。"这些更有意味的东西是什么？那就是报道中始终未露面的省长身上表现出的我党的优良传统。这篇报道显然是抓住了党风廉政建设这样一个大主题。但报道并未直接表现，读者是从省长的哥哥身上读到这一点的。在报道中，我们可以看到这位省长的哥哥"穿得很破旧，提着一个破烂的蛇皮袋""从口袋里掏出一张皱巴巴的伍角钞票"，等等。谁能相信他是省长的哥哥呢？无怪乎他在省政府大门口要吃闭门羹了。这个相关点的表现力显然要远远强于直接写省长本人。

通过相关点去由此及彼报道事实，往往是由小窥大，以具体来表现抽象。一个好的相关点如同阿基米德支点，通过这一支点，报道可以四两拨千斤之势，从小角度举重若轻地写出大主题。所以这类报道篇幅虽小，但信息量大，并且它贴近读者，可读性强。如解放战争期间的报道《桌上的表》《西瓜兄弟》等，分别以手表、西瓜作为相关点，来表现我军战士爱护群众财产，严守"三大纪律，八项注意"的风采，主题十分深刻。

(二)观照微观世界的角度

从微观的角度看，即使是同一个事实，也有不同的观察角度。一个事实所包含的意义可能有多个，一篇报道不可能全部涉及，报道者必须对事实中所含的诸多信息作出选择。正如我们从众多新近发生、发现的事实中，挑选出某一个事实来报道一样，报道者也会对一个事实的所有信息作出主次选择。

那么该怎样选择？可以从以下几个方面入手：

1. 选择与社会语境最和谐的点

记者有时面对事实，虽然觉得很有报道价值，但不知从何入手。这时候，记者首先可以考虑如何与社会语境相和谐的问题。所谓社会语境，就是广大受众最关心的话题。新闻工作者常说要"吃透两头"，既要了解党和政府的意图，又要了解人民群众的意愿。据《湖南日报》记者熊先志说，该报曾收到一篇通讯员写的稿子，标题为《德才兼修　品学兼优　湘大寝室七女毕业生全入党》。报社一见此稿就认定这是新闻，应该见报，但觉得报道角度还要调整。"因为当今大学生要求入党已成大势，不算什么新闻，当然，在党的生日'七一'前后发一发也可以。当今大学生的热点话题，是分配难，特别是女大学生分配难。"因此，编辑经过与通讯员沟通，将报道角度作了调整，改标题为《不怕找不到工作　就怕自己没本领(引题)　湘大一寝室7名女生品学兼优分配很俏(主题)》。熊先志说："我到中班时见到这个标题，首先的印象是改得好，觉得是条鲜活的新闻。但细一想，觉得还可以改，第一，可以简练点，去掉'品学兼优'四个字并不损其意；第二，现在的标题是站在校方角度说的，'湘大一寝室7名女生品学兼优'这是校长的话、同学的话，要改一改角度，站在社会的角度说话，就更客观、更好了。我建议将'分配很俏'改为分配走俏，中班的老同志接受了这个意见，于是就有了第二改的见报标题。两改标题，实质是两改角度，将角度从'全入党'改为'分配很俏'，又从学校认为的'分配很俏'改为社会认定的'分配走俏',这一改就提升了新闻的价值。"①

　　新闻报道角度之所以要考虑与社会语境相和谐,这是由新闻的本质所决定的。新闻对社会的感知是最敏感的,新闻作品被人们称为"时代的艺术"。郭梅尼回忆她刚参加工作时的情况说:"为什么我积累了那么多材料却写不出来,我和笔下的人物那么近却并不了解他?后来我注意总结自己成功和失败的经验教训,逐渐明白了,并不是每一个好人任何时候都可以拿到报上不定期宣传的。生活中可歌可泣的人很多,报纸上要歌颂的人物是能促进解决时代存在的主要思想矛盾、能够代表时代精神的人物。这些经验教训使我懂得了作为一名记者,首先要有一双时代的慧眼,心中要有一杆时代的秤,要把你采写的人物放到时代的大背景下来衡量,放到时代的天平上来称称,才能比较准确地判断出报道的新闻价值。"

　　选择一个合适的角度充分体现新闻事实的时代特征,有一个前提,就是必须充分尊重事实,千万不能牵强附会,给新闻事实贴标签。艾丰将新闻报道中那些不能说明问题、不能说明事物本质的材料称为"废象"。如"一个农村丰收了,可能丰收的原因主要是今年的气候比较好,但是记者非要把这个丰收的成绩记到某项工作的账上。在'文化大革命'期间这类报道很多,一会说丰收是'批林批孔'的胜利,一会说是'反击右倾翻案风'的胜利……其实都不是,是老天爷帮忙。"②这种乱戴帽子、乱贴标签的做法,是严肃的记者所不屑的。"对于记者来说,巧选角度是至关重要的,但选角度又必须尊重整体事实。如果角度新,又符合整体事实,那是上等;如果角度新,不符合整体事实,甚至有损整体事实,那就只能放弃这个角度,而另选符合整体的角度。从这个意义来说,应该是事实第一,角度第二。"③

　　2. 选择最能体现事实价值的点

　　人们常以苏东坡《题西林壁》中的两句诗"横看成岭侧成峰,远近高低各不同",来描述从不同的观察角度得出对事物的不同认识。从什么角度来观察,才能最大限度地体现事实的新闻价值,也是记者在选择报道角度时特别要考虑的。请看下面这条消息:

长沙有人开"自杀"玩笑

　　一名女青年爬到一栋8层楼顶上,叫嚷着跳楼自杀,引来数百人围观。110接到报警后,立即调动警员赶到现场,在群众协助下救出了该名女青年。这是7月5日下午5时至6时,发生在长沙市石油宿舍区的一幕。

　　据指挥救援的110干警介绍,女青年叫周艳,今年19岁,系长沙县伍龙村人。这次是她今年以来在长沙城内的第4次"自杀"。今年5月30日(端

---

① 熊先志. 新闻采写术[M]. 北京:新华出版社,2000:326.
② 艾丰. 新闻写作方法论[M]. 北京:人民日报出版社,1994:105.
③ 熊先志. 新闻采写术[M]. 北京:新华出版社,2000:304.

午节)上午9时30分,开福区公安局110接到上级指令,奔赴松桂园人行天桥,搭救欲跳桥自杀的女青年周艳。在干警们的说服下,她从栏外跨回到天桥上,干警当即把她带回总部,安排梳洗后,问她为什么要跳,她拒绝回答,但流利准确地讲述了个人基本情况和家庭地址。干警们好言相劝,耐心细致地开导她。中午吃完饭后,她情绪基本稳定。干警应她的要求,同意她自己回家。下午1时左右,110中心又接到有女青年准备在湘江二桥上跳桥自杀的电话。汪建国中队长连忙再次率人赶到现场,发现仍是周艳。带回警局大队后,她还是不讲为什么要跳。副大队长唐建国见状,征得她的同意,和队友曾长明一起来回驱车80多公里,把她送回安沙镇家中。据唐建国讲,她家里很清贫,一家4口,弟弟念中专,父亲务农,母亲双目失明。她极不安于务农生活。据悉,原先有人怀疑过她有精神障碍,后经精神病医院检查鉴定为正常。6月份,市第4巡警大队也因为同一原因,通知她在长沙城内的亲戚接回过她一次。

这次搭救她时,110干警史军被她打了一巴掌,吐了一口痰。当晚,周艳已被强制送到市收容所。唐建国说,面对这样的胡闹,他们真有点说不出的滋味。

这篇报道的事实是长沙县一农村女青年4次来长沙"自杀",被干警搭救。报道还特别指出,这位19岁的女青年经精神病医院鉴定无精神障碍,只是极度不安于农村生活。显然,她的行为有胡闹性质,如果是从她"开自杀玩笑"这点来报道,新闻价值并不大。而且这样的报道对于农村青年的成长,对人们理解农村生活可能会产生误导。但仔细观之,这一事实中最有新闻价值的内容,因为报道角度所限没有突出出来,那就是110干警高度负责的精神。如换成这个角度报道,其意义就不一样了。

3. 选择最接近受众利益的点

我们知道,新闻价值中一个重要的要素就是接近性,具有接近性的新闻,容易获得受众的青睐。因此,选择最接近受众利益的点来入手,无疑能获得最佳的报道角度。

过去,由于受众意识不强,一些报道特别是有关政府工作的报道、经济报道等,纯粹从工作的角度出发,结果把一些本来与受众利益息息相关的新闻事实,弄得仿佛与之很遥远,受众产生不了兴趣。这引起了新闻界的高度重视。范敬宜在担任《人民日报》总编辑时,多次提到要"从距离群众最近的角度来报道经济工作""找到最贴近群众的那个'点'"。他以《人民日报》上的一个头版头条《节日追踪问菜价》为例,指出从群众最近的角度报道经济工作,是搞活经济宣传的重要一环。像菜价这样的问题,如果单纯从政府工作的角度来报道,也未尝不可,但体现不了报纸与群众的心心相印。比如该报1995年8月23日的《我国杂交小麦育种获重大突破》在这方面就做得不够,因而其价值未能得到最大发挥。范敬宜说,这是一条与亿万人民有密切关系的重要新闻,但是写法上过于专业,与群众贴得不紧,读起来很枯燥,恐怕很少有人能读完。其实,这样的报道完全可以写得很贴近群众,写得亲切、有味。范敬宜鼓励记者们都来琢磨如何找到最贴近群众的那个"点",并提出如果自己写这条报道,其导语可能是这样的:

> 几年前,一位农业技术员告诉农民,现在国家正在培养一种麦穗一尺多长、亩产可以达到千斤的杂交小麦,当场遭到一阵讪笑,认为这又是"大跃进"式的吹牛(这不是虚构的情节,而是记者亲身经历的场面)。可是今天,这种神话般的麦子对西北地区农民已不陌生。①

又如1999年年初,关于长株潭一体化的报道,不少湖南媒体从长沙、株洲、湘潭三城一体化的规划、设想,以及一些政策、技术上的问题等方面加以报道。这些虽然告诉了人们有关三个城市一体化的规划情况,但说的大都是政府行为,读者感到与自身利益关系不大。但另一家不起眼的报纸却以"三市'融城'究竟能给老百姓带来哪些好处"入手,以系列报道的形式分别告诉读者"居民用电更便利""居民出行更便捷""居民存取款更快捷""拨打电话更简便""就业机会更多"等。这样读者就能感受到省委、省政府的这一决策是一项造福于民的工程,读者对这样的新闻也就特别关注。②

4.选择人无我有的最新颖之点

新闻记者常常面对的是同一个信息源,如果都按常规思维,写出来的报道极有可能千篇一律。因此,怎样才能不重复他人的报道角度,是记者们需要经常思索的一个问题。《经济日报》记者詹国枢曾谈到他采写全国人民代表大会开幕式的一次经历。报道这样重大的会议,各路记者云集一堂。他心里很清楚,这是各大报一显身手的采写活动。如何才能不重复他人?他苦苦思索要寻找个新的角度。结果,他别的不记,专记总理作政府工作报告时,哪个段落能在大会堂引起掌声,掌声响亮的程度和持续的时间,并以此写成特写《大会堂里的掌声》。通过这一角度,既写出了大会堂里的气氛,又把代表们关心什么、拥护什么、迫切希望解决什么间接地表达出来了。选择人无我有的新颖之点,必须打破常规的思维定式,用求异思维和逆向思维来看待事物。

(1)求异思维

当别人习惯于从某些角度去观察某些问题时,求异思维总是设法从新的、不同的角度去观察事实。这种另辟蹊径的做法往往是对人云亦云的思维方式的挑战,是一种积极的创造性思维方式。

请看一实例:

---

① 范敬宜.总编辑手记[M].北京:人民日报出版社,1998:194,198.
② 郭光华.舆论引导艺术论[M].长沙:湖南人民出版社,2000:206.

湖南省人民政府召开庆功会,庆祝袁隆平院士获世界粮食奖。

这件事具有新闻价值,省会长沙的几家媒体都对此作了报道。对于这样的会议新闻,如何报道更好?比较4家媒体的报道,可以分出高下。

先看4家媒体报道突出的是什么。第一家:《50万元奖给"杂交水稻之父"(主题) 省府为袁隆平获世界粮食奖庆功(副题)》;第二家:《湖南50万元奖励袁隆平》;第三家:《省长三祝袁隆平(主题) 省政府为袁隆平荣获世界粮食奖庆功(副题)》;第四家:《袁院士,请您坐中间(主题) 省府庆祝袁隆平获世界粮食奖,周伯华省长亲自为功臣换座(副题)》。谁的标题做得最活?显然,要数第四家。第一家与第二家强调的是50万元的奖励,重奖科学家,当然可以作为报道的价值依据,但如今这样的报道已不鲜见,无新鲜感,何况这一信息已通过所配的大幅照片表现出来了(照片就是袁院士双手接过50万元的支票)。第三家和第四家的报道并没有在标题中将这一元素写入,前者突出的是"省长三祝",后者突出的是"省长让座",给人耳目一新之感。而在"省长三祝"和"省长让座"之间比较,"省长让座"触人情怀,更胜一筹。

从4篇报道的内容看,第一篇报道《50万元奖给"杂交水稻之父"》完全是按旧式会议报道的写法,导语先说省政府在哪儿开了一个什么会,然后说哪些领导参加,在列举完领导名单后,才提到"袁隆平以及广大科技人员代表参加了庆功会"。省政府为袁隆平庆功,主角是谁?当然是袁隆平。但这篇报道突出的是省政府的领导,这种主次不分的做法在强调改革会议报道的今天,显得很不合时宜。第二篇报道《湖南50万元奖励袁隆平》比起第一篇报道来,虽然也是一种程式化的写法,但它有了些进步。它没有在导语中罗列领导名单,而是让袁隆平唱了主角,介绍袁隆平得到了什么奖励等。第三篇报道《省长三祝袁隆平》以省长的"三个祝愿"为报道的主要信息,比起前两篇来,在信息选择上有些许新意,打破了会议报道程式化的套路。值得注意的是,它的导语中已经有了省长给袁院士让座的内容,可见,记者还是能抓住新鲜的事实写入报道的,遗憾的是未能将它在标题中突出。因为"让座"比"祝愿"更有表现力。第四篇报道《袁院士,请您坐中间》抓住了这一点,既将它作为主标题,又在导语中突出,显得独具匠心。这则报道获湖南省好新闻一等奖,请看全文:

袁院士,请您坐中间(主题)
省府庆祝袁隆平获世界粮食奖 周伯华省长亲自为功臣换座(副题)

本报11月8日讯 "让我们请袁隆平院士坐中间。"今天下午,省政府隆重召开袁隆平院士获世界粮食奖庆功大会,周伯华省长走上主席台时发现袁院士的座位未在中间,马上亲自动手把写有"袁隆平"三字的座位牌放到主席台正中,并恭请袁院士入座。看到这一幕开场插曲,会场上响起热烈掌声。

周伯华省长在庆功会上发表了热情洋溢的讲话,他祝贺袁隆平院士获得世界粮食奖,祝贺由其主持的超级杂交稻课题组提前一年实现了超级稻中稻研究第二期目标(即育成大面积亩产800公斤的水稻品种)。

周伯华强调,为了选拔培养一批像袁隆平一样的世界一流专家院士,湖南的科技工作在资金使用上将突出重点项目、突出重点人才。

会上,省政府对袁隆平院士奖励50万元。袁隆平院士在致辞中说,自己仍有老骥伏枥的雄心壮志,争取在2010年完成超级杂交稻大面积亩产900公斤的第三期攻关目标。

今天,袁隆平还正式将世界粮食奖的12.5万美元奖金悉数捐献给了袁隆平农业科技奖励基金会。

(2004年11月8日《三湘都市报》)

(2)逆向思维

采用逆向思维也是获得新颖的报道点的途径之一。它是从相反的方向或角度来考察事物,从而发现别人没有注意到的新鲜事物和新颖内容。逆向思维对认识对象的态度是否定性的,它敢于在众人诺诺之中发谔谔之言。如获第二十八届中国新闻奖二等奖的报道《多吃主食死得早?多吃肥肉活得长?某些自媒体别再一本正经地胡说了!》(2017年9月7日《扬子晚报》),针对国内一些自媒体对国际著名医学杂志《柳叶刀》上一项关于饮食方面的新研究的解读提出质疑。当时,在知乎网站上,有文章对《柳叶刀》上这一成果作解读,说是研究表明"多吃主食死得快""多吃肉才健康"。因为这篇外文论文太专业,大多数读者只能依赖这些"解读",所以这篇文章瞬间引爆网络,在自媒体上广为流传。记者发现,自媒体上的这些解读极具"颠覆性",与中国、美国、欧洲和联合国有关组织推出的《居民膳食指南》上的观点大相径庭。带着疑惑,记者就上《柳叶刀》杂志网站,把与这项研究有关的两篇论文原文都下载下来细读,发现并没有"多吃主食死得快""多吃肉才健康"之类的内容。记者还采访到论文作者之一、中国医学专家、国家心血管病中心医学研究统计中心主任李卫,询问自媒体对《柳叶刀》的解读是否可靠。专家说,这些解读完全是胡说八道的"瞎起哄",《柳叶刀》上的研究与中国和联合国等方面发布的膳食指南并不矛盾,它强调的是均衡膳食,不要过于极端。记者又采访求证了另一些专家,得知目前大部分中国人的碳水化合物摄入量并不超标,因此没有必要刻意减少或严格控制。相反,不吃主食或极少吃主食与大量吃主食都对健康不利。所以"多吃主食死得快""多吃肉才健康"之说完全误解了《柳叶刀》这项成果的原意,有制造和传播谣言之嫌。《扬子晚报》上的这篇报道敢于对自媒体上火爆的文章提出质疑,以求证的态度还原真相,以正视听,在今天这个"人人都拥有麦克风"的时代,有着特别的意义。

思考题

1. 怎样理解新闻报道中的事实信息与附着信息？
2. 什么是新闻中的主要信息和次要信息？
3. 什么是新闻报道中的必要信息与冗余信息？它们对于新闻报道的意义分别是什么？
4. 一个事实包含的意义可能有多个，报道者如何对事实中所含的诸多信息作出选择？

下面这组报道由一篇通稿与三篇发表稿组成，试比较三篇发表稿对通稿的信息选择。

通稿

广东广电媒体及高校播主专业首次聚首共商"大计"

10月27日上午，广东省播音与主持艺术专业首届教学与实践研讨会在广外大学城校区八角楼举行，美丽的语心湖畔迎来了广东省广播电影电视协会会长胡××，广东省广播电影电视局副局长、广东省广播电影电视协会常务副会长何××，著名节目主持人、省广电协会播委会会长王××，中国广播电视协会理论部主任、中央电视台研究员靳智伟，以及广东省各地区电视台和各高校代表等重要嘉宾，广外校长仲××等学校领导出席了研讨会。会议就广东省高校播音与主持艺术专业的教学、实践、特色等问题进行了讨论，这是广东省首次举办这类研讨会。

领导专家：强调播主专业特色办学的重要性

仲××校长在开幕致辞时表示，教学与实践相结合很重要，人才培养不仅要适应社会需求，同时要有一定前瞻性。他介绍，广外播音与主持艺术专业于2007年建立，起步较晚，但经过几年"业界合作，学生自主实践"的教学模式探索后，逐步形成"双语播音与主持"的国际化教学特色，教学成果显著。第一届毕业生就业率为100%，其中从事新闻事业的占70%，教学成果得到了社会的广泛认可。他表示希望借助研讨会，可以搭建学校、媒体和家长三方交流平台，探索开放式办学模式。

"名牌播音员不够"是何××对广东省播音主持行业现状的看法。他指出，虽然目前广东省在岗在线的播音员有将近1500人，但真正有品牌影响力的主持人为数不多。为此他提出，各个院校在人才培养方面，应该充分了解业界的发展和需求，将教学和实践结合起来，培养出思想更高、业务更精、能力更强、采编播更全面的人才。

暨南大学新闻与传播学院副院长张××，简述了各校播主专业的特色发展模式，肯定了广外双语播音的教学特色。他倡议各高校应该齐心协力、经验共享。同时，他提到，新闻媒体也要大力支持和积极参与高校的播音与主持艺术专业的建设与发展。

靳智伟：媒体人要有社会责任感和公共意识

中央电视台研究员靳智伟就播音员的能力、表现和价值三方面，给观众做了题为

《中国受众需要怎样的播音主持》的主题报告。讲座中,靳智伟认为新闻播音员主持人应该有强烈的社会责任感与公共意识,拥有"一个好人、可信度高、守望价值、创造价值、学习能力、懂得节制、语言能力、爱的能力、交流能力"九大基本能力;符合该行业传播能力层、趣味结构层、传播功能层、专业技术层、专业素养层五大评价体系的评价;满足社会圈、工作圈、家庭圈三大圈层的要求,并在工作学习中强调共识,形成满足公共利益的多元传播。靳智伟认为,媒体新闻人不应利用公共话语权宣泄个人情绪,需要怀有善意,业界同时也应有自律公约,熟悉高级语态的运用。他同时强调了标准的普通话发音在新闻传播中的重要性。

靳智伟精彩的演讲引起了强烈的反响。大会最后,靳智伟回答了与会嘉宾与同学们的提问。当被问到如何理解"限娱令"时,他表示,"限娱令"对于限制不健康的娱乐泛滥有积极意义,是我国公共事务二次调节的重要一环。他提到,"没有人会去毁灭娱乐,但要懂得节制,不能使娱乐节目夜店化"。

与会代表:高校与媒体应进一步交流合作

下午的讨论由广外新闻与传播学院院长郭××主持。围绕播音与主持艺术专业出现的教学实践问题,各媒体和高校代表进行了交流互动,共同探讨播音与主持艺术专业的发展良策。

深圳大学传播学院应××教授从自身丰富的教学经验中总结了播音与主持艺术专业的学生中普遍存在的"三无"现象,并作了破解之道。他以极富表现力的语言和肢体动作向大家展示了"无气"、"无笑"和"无情"三种情况,又将"耳语发声法"等自创的解决方案介绍给大家,并将"坚持"作为自己教学中的关键字眼。

随后,广州广播电视台频道总监尹×谈到了电视台需要的两种播音主持人才类型。一种是天生拥有独特条件适合从事这一行业的一般性人才;另一种是如同白岩松一样,也许在外形和语音上并不是特别突出,却由于自身综合素质强而走得很远的主持人,这样有潜质的主持人是招聘单位最渴求的。与此同时,她也强调了双语学习的重要性,赞赏了广外播音与主持艺术专业的培养人才模式。

会议由广东省电视台播音主持专业指导委员会主任委员王××总结,他强调了播音员主持人的人才培养的必要性以及播音与主持艺术专业基础知识的重要性,"一定要有基础,再种植,再收获",并对此次交流会给予了肯定。

会议结束后,与会代表均表示,希望以后学校间、学校与媒体间以多种形式进行进一步的交流合作。

报道1

学界业界首次聚首　众多大腕共商"大计"(主题)
广东省播音与主持艺术专业首届教学与实践研讨会在我校召开(副题)

10月27日上午,广东省播音与主持艺术专业首届教学与实践研讨会在广外大学城校区举行。广东省各市电视台领导和各高校专业负责人共50余名代表出席会议。

广东省广播电影电视协会会长胡××,广东省广播电影电视局副局长、广东省广播电影电视协会常务副会长何××,著名节目主持人、省广电协会播委会会长王××,中国广播电视协会理论部主任、中央电视台研究员靳智伟,以及我校校长仲××、校党委副书记金××、副校长刘××等出席了上午的开幕式。仲××、何××分别致辞。

中央电视台研究员靳智伟在会上做了报告,题为《中国受众需要怎样的播音主持》。他指出,新闻播音员主持人应该有强烈的社会责任感与公共意识,应当具备"一个好人、可信度高、守望价值、创造价值、学习能力、懂得节制、语言能力、爱的能力、交流能力"九大基本能力。靳智伟还指出某些新闻媒体人不应利用公共话语权宣泄个人情绪。

在下午的交流会上,来自媒体及高校的11位代表围绕播音与主持艺术专业出现的教学实践问题做了主题发言。媒体和高校代表进行了交流互动,共同探讨播音与主持艺术专业的发展良策。随后,代表们还观看了我院播音与主持艺术专业的汇报演出。

报道2

中国需要这样的主持人(引题)

你准备好了吗(主题)

我省播主专业首届教学研讨会在我校召开　代表热议专业人才培养之道(副题)

广播电视播音员主持人已经成为社会引人瞩目的职业,播音与主持艺术专业也成了高校热门专业。可你知道,什么样的主持人最受媒体欢迎吗?10月27日,广东省播音与主持艺术专业首届教学与实践研讨会在广外大学城校区八角楼举行。这一话题成了会议的主题。

中国广播电视协会理论部主任、中央电视台研究员靳智伟做了报告,题为《中国受众需要怎样的播音主持》。靳智伟提出新闻播音员主持人应当具有九大基本能力:一个好人、可信度高、守望价值、创造价值、学习能力、懂得节制、语言能力、爱的能力、交流能力。

著名节目主持人、省广电协会播委会会长王××做了题为《媒体需要什么样的主持人》的报告,特别强调了主持人的说话能力、沟通能力、思维能力。清远电视台总编辑、播音主持界专家郭××根据地方台的实际提出,好的播音员主持人应当具有较高的综合素质,除了掌握播音主持专业知识外,还要具有采、写、编、评、策划的能力。

代表们普遍认为,只有具有扎实内涵的播音员主持人,才能走得更远。这一点来自业界的代表强调得更多。

本次会议由广东省播音与主持艺术专业指导委员会与我院承办。广东省广播电影电视协会会长胡××、广东省广播电影电视局副局长、广东省广播电影电视协会副会长何××、广东外语外贸大学校长仲××等50余名嘉宾出席了会议。

报道3

央视研究员靳智伟认为：（引题）

主持人叫明星为"大哥"不可取（主题）

新快报讯 "娱乐是必须的，但娱乐节目不能夜总会化，娱乐节目应该有所节制，过度纵欲只会导致早衰。"昨日，广东外语外贸大学新闻与传播学院召集众多专家学者共话"新闻"，中央电视台研究员靳智伟如是评说"限娱令"。

近日，国家新闻出版广电总局下发《关于进一步加强电视上星综合频道节目管理的意见》，被外界称为"限娱令"。靳智伟表示，"限娱令"的叫法并不准确。

"娱乐是必须的，健康的娱乐有助于提升人民的幸福感。但是，娱乐节目不能夜总会化。为了博得观众的眼球，哗众取宠，大肆在节目中宣扬'娱乐至死'，这是很糟糕的一件事，"靳智伟说，"娱乐节目应该有所节制，过度纵欲只会导致早衰。国家出台管理意见是对公共事务的二次调节，这在美国、日本乃至欧洲都有先例。"

此外，靳智伟还提到，主持人采访明星大腕，喜欢叫人家"哥"，比如称呼成龙先生为"成龙大哥"。"这是不可取的。你叫他哥，受众也跟着叫，这是不好的示范。"

5. 报道角度对于新闻报道有何意义？如何选好报道角度？比较下面三条同题报道，看它们在报道角度上的优劣差异。

报道1

广州110日均接警1.2万宗

本报讯 现在市民遇到危难，或者有难事、苦事、烦事，都会想到110。广州市公安局110报警服务台有两个"第一"：全国第一个110报警服务台、全国规模第一的110应急联动中心。市公安局指挥中心指挥处指挥二科长杨蕴华说："我经历了3代110报警服务台，看着110由18年前的日均接警只有10多宗，发展到现在日均接警1.2万宗。"

第一代：开通时每天接10多个电话

新中国成立后，全国都设置了01电话，俗称"匪警"电话或"盗警"电话，专门受理各种刑事案件的报案，是110报警服务台的雏形。广州市公安局也设置了一部报警电话。当时电话不普及，这个电话不是经常响。

改革开放后,广州治安压力增大。市公安局决定建立一个集报警、指挥、处警于一体的110报警指挥中心。1986年1月10日,市公安局在全国公安机关中率先开通了110报警服务电话。

加入警队一年多的杨蕴华成为广州首批110接警员。她回忆说:"开通的当天,110只接到一个报警电话,就是景园酒店财物被盗案。以后,110接警量最多也就是每天10多宗。当时接警员接听市民报警后,用笔记下接处警情况。为了确认报警是否属实,必须要求报警人清楚说明姓名、地址和电话号码,再根据电话号码打电话确认。"

1996年3月,经国务院发展研究中心市场经济研究所正式确认,广州市公安局110报警服务台为"全国首家开通110电话报警服务台",并载入"中华之最"荣誉大典,还被纳入"名城之光———广州之最"。

第二代:电脑接警替代手工操作

进入20世纪90年代,110的接处警量猛增,由平均每天几十宗增加到两三百宗。1995年,市公安局对原来的110报警服务台进行总体设计、改造。改造后的110有60路电话中继线,全天24小时录音。一旦报警电话打入,接警员就能根据电脑自动显示的资料,记录下打进电话的号码、所属公安分局和派出所,以及就近的警力分布,并根据市民报案或求助的情况,将警情迅速转达到有关分局或直接作出处理。

第三代:日接处警容量近3万

去年12月28日,110应急联动中心正式启用。110接处警大厅主要负责接听所有110报警求助电话,并对一般的警情进行处理。大厅面积600平方米,容纳接处警平台单元80个,报警受理系统年接处警设计容量为1000多万,日接处警容量近3万。这个接处警容量在大中城市中处在前列。

(2004年10月7日《广州日报》)

报道2

广州110日均接警1.1万宗

本报讯 "有紧急危难,打110",这已成为越来越多的广州市民的共识。记者昨天从警方获悉,自从110应急联动指挥系统开通以后,广州110的日均接警量达到1.1万宗。

据悉,针对市民群众反映110难打的问题,广州市于2003年12月开通了在国内处于领先地位的城市110应急联动指挥系统,110报警服务台直接延伸到报警求助频率高的供水、供电、供气、医疗急救等24个相关社会联动成员单位。凡属相关的报警求助,110报警服务台马上通过系统网切换到所属职能部门的分控中心。各个职能单位迅速调动本部门的人力、物力、财力,进行快速处理,大大提高了社会联动的工作效率和质量。

新的 110 应急联动指挥系统开通一年来,110 报警服务台共接报各类警情 377 万多宗,其中社会联动 130 多万宗,每一宗 110 接处警指令下达到全市 200 多个警区的任何位置,平均仅用 2.3 分钟。

据了解,广州 110 报警受理系统是按照年接处警容量 1800 多万、日接处警容量约 5 万来设计的。目前,广州 110 报警服务台有 170 名警员和接线员实行五班三运转,日均接警量达到 1.1 万宗,基本解决了群众报警难的问题。

广州 110 报警服务台有关负责人表示,现在,110 不再是简单地应对公安日常接处警,而是定位在城市治安管理和应急防控指挥调度的"应急联动"。一旦有重大突发事件,600 平方米的城市紧急状态指挥大厅可供 24 个联动单位使用,68 个席位的决策指挥台都可升起电脑,开通有线、无线和网络传输。应急中心的网络与联动单位的指挥系统全部联网,能够快速调出各职能部门的数据库、预案库和决策应用软件。

(2005 年 1 月 10 日《羊城晚报》)

报道 3

广州 110 成立 33 周年,如今日均接警量达到 1.5 万宗

本报讯 "您好,广州 110。"全天候守护在报警电话那头的这个声音,已经陪伴广州街坊 33 年了,如今日均接警量达到 1.5 万宗。昨日是广州市公安局 110 报警服务台 33 岁生日,广州警方在海珠区广州塔二楼平台举办以"警民牵手 110,共创平安迎大庆"为主题的宣传日活动。

日均接警量达到 1.5 万宗

1986 年 1 月 10 日,广州公安在全国首创 110 报警服务台,如今已从当初的"一人一电话"格局,发展成为全时空应急联动、决策指挥调度数字化的接处警系统。110 接警大厅拥有 80 个接警座席,日均接警量达 1.5 万宗。

据悉,去年广州 110 共受理各类群众报警求助电话 500.13 万起,救助群众数万多人次,全年协助基层单位破案 3367 宗,抓获嫌疑人 8665 人,奖励群众 2647 名,有效提升了群众打击犯罪的积极性,有力维护了广州社会治安环境。

活动现场,警航直升机与水警摩托艇向市民群众进行动态展示。除了有大型特战车辆展出外,排爆机器人、远程爆炸物销毁器、侦查机器人、抛投机器人、潜水灯、潜水仪表、多波速侧扫声呐、水下无线对讲系统、水下电视系统等多种先进小型装备也和市民群众见面,展现了广州公安立体化联勤指挥工作成果。

海珠区公安分局还与中国联通广州分公司举办了"5G 赋能智慧新警务"战略协议签约仪式,合作打造一系列"智慧新警务"应用,为"平安智慧海珠"注入强劲新动能。在现场,一辆 5G 警用无人车格外引人注目,车顶安装了摄像头等警用设备。据民警介绍,这是一辆概念车,尚未批量生产和投入使用。

当天,除了主会场外,各区公安分局也在辖区内同步举办现场宣传活动。

优化"互联网+失踪人员寻查"

据介绍,广州110在全省率先与今日头条开展公益寻人项目合作。一年以来,广州110优化"互联网+失踪人员寻查"工作,将接报的60岁以上老年人、16岁以下(含16岁)未成年人和精神病智力障碍患者三类社会弱势群体人员的失踪警情推送给今日头条,由其利用地域定向精准推送技术,向走失人员走失地周边5至10公里范围的头条用户弹窗推送寻人启事,协助公安机关和帮助群众查找走失的亲人。据统计,2018年,广州110会同今日头条已寻回失踪人员150多人,成功数量高居全国第一,得到社会和群众广泛赞誉。

此外,广州110以社会群众需求为导向,与广州车行易科技有限公司、中国电信114号码百事通合作,进一步整合内外资源,盘活公安业务数据。群众遇到占用车位、阻碍出行等情况,可拨打114或通过"广州公安"微信公众号实现一键自助移车服务,达到让"数据多跑腿、让百姓少跑腿"的社会效果,全年一共指引16.07万名群众完成自助移车服务,优化便民利民服务质量。

(2019年1月11日《信息时报》)

6.信息组块的方式有哪些?比较下面两条同题报道,看它们在信息选择与组块上有什么不同。

报道1

华农五山校区一中年男子被撞死(主题)
校方有关人士称,男子疑为肇事车在校内带路者(副题)

新快报讯 昨天上午8时30分许,华南农业大学南门处发生一起交通事故,一辆黑色小车在进校时将一名中年男子撞倒,致其当场身亡。据校方有关人士称,肇事者和死者均不属校内人员,具体情况有待警方调查。

昨天上午10时许,记者赶到现场时,被撞男子的遗体已被运走,事发地面被清洗干净,但仍有残留的血迹。据目击者郭同学称,由于昨天是该校全日制自考新生报到日,所以人流量较大。事发时,他正坐在新生迎新点里,突然听到"砰"的一声巨响,转头望去看见一名男子倒在了马路边,血流满地。"那个男的40多岁,当时没有走在人行道上。"郭同学说,肇事车辆的速度很快,撞人后又开出了十多米才被学校保安拦停。

郭同学称,肇事车辆的车牌为"粤H",被拦停后,一名身着黑色衣服的20多岁男司机下车查看,车上还有一名满头白发的老年乘客。"他们可能是参加东七实验楼职业考试的吧,开得比较急,人一多没留意就撞上了。"郭同学说,医护人员到场后证实被撞男子已死亡,而肇事者随后被警方带走调查。

校方有关人士表示,死者生前疑为肇事车辆在校内带路,但不知何故被撞死,肇事司机和死者均不是学校的学生或校工,与学校并无关系。而记者昨日驾车进入该校时,并未有保安询问进校原因。

事故发生后,记者采访了该校学生刘同学。他表示,校区内有对进入车辆限速15公里/小时的规定。"校园内人来人往,如果超速行驶,将会造成严重威胁。"刘同学表示,希望学校能加强对进入校区的车辆管理,避免事故的再次发生。

目前,事故的具体原因仍有待警方进一步调查。

报道2

华南农大校园车祸 男子被撞身亡

信息时报讯 前日上午8时30分左右,华南农业大学南门处,一辆黑色本田雅阁轿车在进校时,将一名中年男子撞倒,男子当场死亡。

记者调查发现,校园内虽然有交通警示标识,但由于学校没有执法权,这些标识没有法律效力,形同虚设。省人大代表朱列玉呼吁,交通管理应该延伸到校园。

事发在华南农业大学刚进南门20米处,记者赶到现场时,死者的尸体已经被殡仪馆车拉走,肇事车辆也被警方扣留,现场只留下冲洗现场的水迹。

事发时,郭同学正坐在校门内迎新点迎接新生。他说,8时30分左右听到一声巨响,看见一名中年男子倒在了地上,鲜血直流,而肇事的黑色本田雅阁车撞人后还冲出了一二十米。120救护人员赶到后,证实男子已死亡。

"那辆车速度非常快,过了关卡后冲进校门。"另一名目击同学称,肇事车挂的是粤H肇庆牌照,开车的是一名穿黑色T恤的年轻男子,车上还坐有一位老人。昨天东七实验楼正进行某场职业资格证的考试,"他们可能在赶考场"。

事发后,肇事男子及车辆均被警方扣留。校方有关人士称,死者并非华农学生或职工,肇事车是肇庆车,司机也不是在校人员,而死者是给肇事车带路的,死者的具体身份也未查明,具体情况有待警方调查。

这起华农校园车祸并非唯一一例,2006年6月20日中午,一名骑自行车的女大学生被一辆小客车撞倒死亡。

昨日记者走访了多个大学校园,发现虽然校园内都有限速的标识,如限速、禁鸣喇叭、禁止停车等,但是因为这些交通标识没有法律效力,几乎变成了摆设。一进入校区内,司机行车快慢全凭自觉,校园内的交通安全也因此存在隐患。

昨日上午,记者来到暨南大学看到,一进校门就能醒目地看到限速20公里和禁止停车、禁鸣喇叭的图案。但在体育路上,一辆车在下坡时快速驰过,时速不低于20公里。

在中山大学南校区逸仙路上,一进门就可醒目地看到禁止停车图案,但在外国语学院门口,停着4辆小车,堵塞了出口。一名保安骑着摩托车巡逻发现后,在4辆车上贴了警告条。警告条上的落款是"广州市城市管理执法支队海珠支队中山大学中队",并盖有中山大学综合治理监督办公室的公章。而记者了解到,由于学校没有执法权,并不会对车主进行罚款等处罚,车主去认个错便可放行。

在大学城的周同学说,大学城的道路非常宽敞,虽然有限速标志,但车的行驶速度仍然非常快,看到路上有学生时有的还会鸣喇叭。

第三章　新闻语言

● **本章要点：**
1. 新闻语言是新闻报道的载体，它与文学语言的价值取向有很大区别。
2. 新闻语言的特点体现在三组矛盾之中。
3. 准确、具体、简明、易读、生动是新闻语言的基本要求。

传播离不开语言。新闻传播，不管是通过电子媒介还是纸质媒介，都离不开语言。特别是纸质传播，文字语言是其最为重要的载体。所以，谈新闻写作，必须重视新闻语言的使用。

第一节　新闻语言的含义和特点

一、正确理解新闻语言

新闻语言即新闻作品的语言。从传播学的角度来讲，新闻传播是传者与受众之间的双向互动，这种互动媒介就是信息符码（code）的编码与解码过程。通过什么样的文字语言把有价值的信息传达出来，从而让受众理解和接受，是新闻语言的艺术。然而，在一些作家的嘴里，新闻语言是一个贬义词。它成了公式化、概念化语言和大话、套话、空话的代名词。如语言大师老舍先生就对"新闻笔调"提出过尖锐的批评，他说，什么叫作"新闻笔调"呢？就是写得很肤浅，什么事都只写上几句，对人物思想感情缺乏深入的分析，甚至很庸俗。他举例说明新闻语言的贫乏：凡是说到火光时，必定说"火光熊熊"；凡是说到天亮时，必定说"天空已作鱼肚色"。老舍先生的批评是公正的。的确，我们有相当一些新闻作品的语言非常糟糕。著名语言学家吕叔湘先生就曾经多次从像《人民日报》这样高档次的报纸上找出一些语句方面的错误和用词不准、词语搭配不当的错误。

但是，这些都不是我们要提倡的新闻语言。新闻作品在语言方面存在的毛病，只是新闻语言中的毛病而已,不应该看成是新闻语言的本身和全部。

要明确"新闻语言"的内涵,首先应把它与"新闻腔"加以区别。美联社编辑雷内·卡彭在一本书中将新闻语言分为两类:一是夸夸其谈、装腔作势的语言,二是平易朴实的语言。他把前者称为"新闻腔",主张新闻报道应取后者,即平易朴实的语言,坚决抛弃那种夸夸其谈、装腔作势的"新闻腔"。在我国新闻界,"新闻腔"具体表现为一种浮夸的、装腔作势的大话、套话,如"在……形势下""在……鼓舞下""在……基础上""大家一致认为""受到一致好评",等等,这类"新闻腔"与我们所说的新闻语言是格格不入的。

新闻语言应当是表达、传播新闻事实时的规范化语言,它有自己鲜明的特点。

二、新闻语言的特点

新闻语言的特点,体现在三组两难困境的矛盾之中,这几组矛盾具体表现为:

第一,报道对象的专业性和报道传播的广泛性的矛盾。新闻报道的对象取材于个别事实,往往限于某一专业、行业和部门,而报道的受众面却是超越行业和部门的。这组矛盾反映到新闻语言中表现为:一方面,新闻语言如没有专业化色彩,往往难以准确地报道新闻事实;另一方面,如果过于专业化,会使众多的受众看不懂,又会影响传播。在这两难困境中,新闻语言应该优先照顾受众广泛性这一点,因此不得不在语言的"专门性"上做出某些牺牲。

《经济日报》曾刊登过一篇《从煮饺子说到规模经济》,是这样来介绍"规模经济"和"产品经济规模"的:

> 朋友,如果我向您提一个小的要求,请您帮我煮一个饺子,地道的韭菜、肉末、虾仁做馅儿,精白粉做皮儿的三鲜饺子;但不要多,只煮一个。您一定会说,别开玩笑了,要吃,咱就好好地下一锅,只煮一个,谁那么傻?
>
> 是的,即使只煮一个饺子,也得买菜、剁馅、擀皮儿、包馅、生火、烧水、下饺子……一道程序不能少,饺子虽然还是饺子,那"成本"恐怕就高得令人咋舌了。
>
> 但是朋友,您可知道,在咱们一些地区、一些企业,过去、现在(或许将来),还在干"只煮一个饺子"的傻事呢!
>
> 不过那不是煮饺子,而是办企业、出产品。
>
> 这就引起了"规模经济"和"产品经济规模"的话题。

"规模经济"与"产品经济规模"是经济学方面的专业名词,如何向一般读者解释其含义就需要动动脑筋了。作者詹国枢巧妙地将它与老百姓日常生活中的"煮饺子"联系起来,使之变得通俗易懂。

施拉姆认为,有效的传播必须依赖于传受双方的经验范围。将专业性强的内容转换成通俗的内容,是巧妙地以受众的经验为桥梁,从而完成新的信息传递。

第二,内容的准确性与语言的生动性的矛盾。新闻报道的语言首先应当为内容服务,即准确真实地反映报道对象,不能有任何虚构和夸张。从这一点来看,新闻语言在生动性上不及文学语言。但新闻作品同样要讲文采,在表达上也要追求感染力,否则不算是好的新闻作品。在新闻语言中,准确性与生动性是对立统一的。当二者处于对立状态时,准确性是第一位的。

第三,报道的时效性与表达的精练性的矛盾。新闻作品是"站着写"的作品。在报道过程中,记者往往要争分夺秒抢时间把信息传播出去。在这种情况下,语言表达要做到反复推敲显然是不现实的,语言的粗糙也就在所难免。但我们不能以此为由不考虑表达的精练性。对于同样是"站着读"的读者,只有那些用精练的语言表达的新闻作品才能真正为人们所接受。报道的时效性与表达的精练性虽然也构成一对矛盾,但实际上是既求速度又求质量的高标准要求。解决这一矛盾的根本,在于记者平时多练语言基本功,临阵时才能得来全不费功夫。

第二节　新闻语言的基本要求

新闻语言的基本要求,是由新闻报道的特点所决定的。我们知道,新闻报道的时效性强、篇幅有限、读者面广。为满足新闻报道这些基本特点,新闻语言的基本要求可归纳为五个方面,即准确、具体、简明、易读、生动。

一、准确

语言准确,指新闻作品必须用准确的语言表达事实,既不能添枝加叶,也不允许措辞不当的现象存在。

准确是新闻语言最明显的特点之一。新闻界历来把"准确、准确、再准确"奉为写作格言。新闻报道中的准确,包括事实准确、思想准确、措辞准确几个方面。措辞准确与否直接影响其他两个方面的准确性。新闻语言的准确性与新闻的真实性是密切相关的。

新闻语言要准确,必须注意这几个问题:

第一,少用形容词,多用动词。"少用形容词""要像挑选宝石与爱人一样挑选形容词",这是外国新闻学教授给学生立下的新闻写作规则。在新闻写作论著中,常见忌用形容词的警告:"形容词太多是危险的""只有懒惰而又蹩脚的记者才会在报道中堆砌形容词"。有一位报纸主编甚至对一位新手说:"你若要使用形容词,事先必须得到我的同意。"

为何要提倡少用形容词呢？因为形容词往往带有主观感情色彩，在使用时如失之分寸，在效果上就会走向反面。诸如"极大的鼓舞""深刻的教育"等，往往被读者斥为空话、套话，令人反感。

《美联社语法和用词的十条规定》就曾明确指出："牢记一个句子中至少要有一个实体动词，这个词语应该是句子中最重要的词。"因为用形容词来表述事物的性质和状态没有动感，只有把动词用好才能增强行文的流动和变化，从而使文字展示出生动和优美的气韵，提高感染力，调动受众的阅读兴趣。

用准确的动词表现对象，这一情况同文学写作的要求是一样的。陀思妥耶夫斯基曾把"有一个小银圆落在地上"改成"有个小银圆，从桌上滚了下来，在地上叮叮当当地跳着"。用几个简单的动词和平常的象声词把句子稍加扩充，便有了动感，增加了声音，韵律和美感也出来了。

第二，注意词义的本义，分辨词义的差别。一些记者在写报道时，爱套用旧说和典故，但又往往不顾词的本义，牵强附会，造成表述不准确。如某人在体育比赛中得了冠军，报道就说"某某问鼎冠军"，某队失利，就说"某队未能染指金牌"，如此等等，经不起推敲。由于历史的积淀，一些词语的意义是不能轻易变动的。举某报两例：一篇名为《学法为犯法，"卧虎"卧囚笼》的报道，写到绑架犯骆晓勇被湖南省桂阳公安局的民警抓获时，所用的小标题为"虎落平阳"。"虎落平阳遭犬欺"是有固定含义的，用在这里，仿佛告诉人们犯人与民警的关系是虎与犬的关系，这显然是站不住脚的。又如《希波肉串"绿帽"名不副实》，说该产品不是绿色食品，自称绿色食品只是"自戴'绿帽'"。这也是词语乱用，"绿帽"一词有固定含义，将其与绿色食品标识等同，既不准确，也有失严肃。

福楼拜说过："不论我们所要描写的东西是什么，只能用一个动词使对象生动，一个形容词使对象的性质鲜明。因此就得去寻找，直到找到这个动词和形容词，而决不要满足于'差不多'，决不要利用蒙混的手法。"新闻语言也要注意措辞不能以"差不多"来搪塞，有时即使一字之差，也会出现失真。

第三，不用含混不清的、笼统的词语。新闻报道中，尽量不要用"不久以前""最近"等打马虎眼的时间概念，尽量不要用"许多""难以计数""极少"等笼统的词语，尽量不要用"差不多""也许""可能"等模棱两可的词语。

应当指出的是，新闻语言要求准确，一就是一，二就是二，但并不排斥"模糊语言"。此处说的"模糊语言"是指语义所体现的概念外延，因为概念的边缘区域没有泾渭分明的界限，而在中心区域，此概念与彼概念的区分是十分清楚的。如"早晨"与"中午"、"青年"与"中年"、"胖"与"瘦"等，这些词语所表示的概念外延，虽然没有可以"一刀切"的明确界限，但它们的中心区域是分明可辨的。在所有的文章和口语中，都存在模糊语言，新闻语言也不例外。如"南京市的绿化工作搞得好，近来到这里学习绿化的人越来越多。""前些天，北京的街头巷尾都在议论，酱油为啥脱销？"其中表时间的"近来"

"前些天";表程度或范围的"搞得好""越来越多""街头巷尾都在议论"等,都是模糊语言,用得都很恰当。可见,模糊语言并不等于模棱两可,它是依靠语义的模糊性而获得思想表达的确定性,是模糊与准确的辩证统一。

二、具体

所谓具体,就是原原本本地描述事物的情况。新闻语言要做到具体,就必须克服概念化的毛病。概念化的语言缺乏表现力。如"气温高达38摄氏度",比"天气很热"要明确有力;"掌声持续达10分钟",比"掌声经久不息"更具体。

具体的语言是血肉丰满的语言,概念化的语言是干瘪无力的语言。新闻语言要具体,在写作时应注意:

第一,尽量化抽象为具体。在消息报道中,适当的概括是必要的,但如果通篇消息都是概括性、抽象化的语言,读者读后可能没有一点印象。如一位记者报道我国进行的人口普查工作,这次普查在世界范围内都是规模空前的,但记者如果光说"规模空前"则较为抽象,他巧妙地将其化为具体数字:"光是进行人口统计的人就住满一个大城市。7月1日等着500万人口普查员去完成的任务在规模上是空前的,因为他们要统计世界上人口最多的国家中大约10亿人口。"这样就具体形象多了。

第二,多用子概念,少用母概念。母概念外延较大,内涵较小;子概念则外延较小,内涵较大。一般来说,越是小的子概念,就越具体,越是大的母概念,就越抽象。如:

- 一个人在吃东西。
- 一个孩子正在吃水果。
- 一个婴儿正在吮吸杨梅。

这三句话,一句比一句具体,原因在于两组概念:人—孩子—婴儿,东西—水果—杨梅,由母概念不断走向子概念。子概念通常是实指,而实指能给人具体可感的印象。

普通语义学奠基人、波兰裔美国哲学家柯日布斯基曾提出著名的"抽象阶梯"(abstraction ladder)原理。他以苹果为例,作了如下说明:

- 放在桌上的那只苹果。
- 一般性的苹果。
- 水果——从苹果、橘子、梨子等抽象出来的共同点。
- 食物——从水果、蔬菜、肉类等抽象出来的共同点。
- 生活程度——从食物、房屋、汽车等抽象出来的共同点。
- 经济制度——从生活水平、机械化、金融事业等抽象出来的共同点。

可见,语言可以在不同的层次上展示,从比较具体到越来越抽象,层次愈高愈抽象。新闻语言应该多用具体可感的概念,即抽象阶梯较低的用语,增强文字的感染力,最大程度地实现传播效果。例如美联社的《美联社日志》用了一个示例来说明该通讯社对语言的具体要求：

> 不要说"乔治·华莱士神经紧张"，要像某一篇稿子那样描写："在一次40分钟的飞行中间，他嚼了21根口香糖，洗了一副牌，数了数，又洗了一遍。他看了看头上和脚下的云彩，系紧安全带，又把它松开了。"

第三，从写实出发，不轻易给报道对象作一般性的评语。一位记者在报道原子弹爆炸时，完全从写实出发，说"用以放置原子弹的钢塔完全被融化""强光把整个试验地照得比最明亮的白天还要亮""爆炸气浪把10公里外的两个人猛地推倒在地上"等。这样写，比"巨大的威力"一类的评语要具体得多。新华社的一位老同志在评价这篇新闻时说："这样写，比用一千个一万个形容词更有力，更能说明问题。"

新闻语言的具体不是细描式的，而是白描式的。白描的特点是用朴素、洗练的笔法，将描写对象的主要特征表现出来，重在传神。好的具体的新闻语言，话不在多，以一当十。获第十三届中国新闻奖的消息《楚米镇一封村民举报信从垃圾堆回到村民手中》，报道村民联名写信举报某些村干部侵占集体财产。信于6月15日交到县纪委信访室，结果被一个小孩子从镇党政办公室里的垃圾堆里捡到了。消息抓住这样一个细节：举报信上加盖了"中共桐梓县纪委信字76号2002年6月17日"的红章，并写有"转楚米镇党委某某书记阅"。本应在6月19日就摆在楚米镇党政主要领导案头处理的举报信，却在6月20日被一个小孩捡到。这里的红章与批示具体真实，文字不多，却具有很强的实证性和表现力。

三、简明

简明即简洁明了，新闻语言的简明要求，体现了新闻简短性的原则。

简洁明了的特点，在新闻报道中随处可见，如：

> 欧洲大战于昨天拂晓爆发！
> 德国于今日黎明时分对荷兰、比利时、卢森堡不宣而战！
> 日本投降了！
> 人类今天登上月球。
> 伦敦瘫痪了！

这些都是记者写的一句话导语，抓住要害，简洁明了，适合新闻快节奏的传播。

简明是新闻语言长期以来形成的文风，它的精髓在于要言不烦。如何做到简明？可以从几个方面来下功夫。

首先，要在思考的能力上下功夫。能准确把握事物的本质和要害，像医生扎银针一样找准穴位。把重要的内容表现出来，不重要的东西就可以去掉。司马迁在《史记》里说："约其辞文，去其烦重。"清人刘熙载在《艺概·文概》里说："当无者尽无，当有者尽有。"记者的思考能力对于语言简明的意义就在于能准确区分"当无者"和"当有者"。鲁迅也说过:"把可有可无的字、句、段删去。"如果分不清轻重主次,胡子眉毛一把抓,这个也重要,那个也重要,就无法做到删繁就简。

其次,要相信和尊重读者。读者一看就懂的内容,不必反复解释;读者一猜就中的内容,只要点到为止。

最后,努力用最简短的文字去表达较多的内容。一家晚报有条新闻,开头一句长达百余字:

> 市纪委筹备组昨天就长宁区粮食局原副局长、党委委员董耀祖利用职权、伙同他人非法取得20余套公房的支配权,进行私分和私自处理,从中接受贿赂,并将公房交换到的私房出售,与他人共同侵吞售得的赃款,以及盗卖公家建筑材料、贪污公款的典型案件发出通报。

编辑做了修改,字数大大缩短:

> 长宁区粮食局原副局长董耀祖,利用职权,伙同他人私分公房20多套,从中贪污受贿,得到了可耻的下场。市纪委(筹)昨天就这一典型案件发出通报。

两条导语比较,后者显然简明些。

语言是内容的载体,新闻语言的简明不仅指用字少,而且要求负载的信息量尽可能大。记者在追求简明的同时,一定要学会扩大语言的容量。干巴巴无内容的语言,简是简了,但信息也少了,不算是好的新闻语言。

四、易读

新闻报道要让人们容易阅读。可以说,易读是新闻语言与生俱来的一大特点。人们有一形象的说法,即新闻报道是记者站着写、读者站着读的。

新闻语言的易读性主要表现为句子简短、意义明了。为了方便读者阅读,西方新闻界普遍遵循的原则是:"宁用短字,不用长字""宁用短句,不用长句""宁用简单句,不用复合句""每句最长不超过25到30个(英文)字",等等。合众国际社曾就句子用词的长度作了具体测量:

最易读的句子	8个词以下
易读	11个词
较为易读	14个词
标准句子	17个词
较难读	21个词

难读	25 个词
很难读	29 个词以上

简单的短句给人一种简洁明快和轻松之感,非常适合快速阅读。美国著名作家海明威曾在堪萨斯城的《明星报》工作过,当时这个报纸的写作规范小册子的第一句话便是:"用短句子,开始的几段也要简短。"海明威对此评价甚高:"这是我学习写作时学到的最好的规则。"

五、生动

说到生动,也许有人认为它只属于文学语言,新闻语言只要把事实说清楚即可。其实,新闻语言同样追求生动。当然,它不同于文学语言的生动,新闻语言通常是以朴实无华的语言去表现事实本身所包含的生动活泼的因素。如"最后一个英国士兵撤离埃及",记者改为"最后一个英国士兵默默地撤离埃及",马上就生动了。"默默地"是英国士兵撤走时的神态,同时也令人联想到埃及人民的扬眉吐气。这种生动从文学上来看很平凡,但它形象地表达出了描写对象的特征,非常富有表现力。

为了使语言生动,写作时要注意:

一是形象化,即使用形象化的语言报道事实,努力使新闻报道有"可视感"。请看第二十七届中国新闻奖作品《海军组织航母编队实际使用武器演习》中的描写:

> 11 时 20 分,伴随着编队指挥员的指令,新型预警机和警戒直升机相继升空。在预警机成功实现与编队指挥所组网建链之后,一张无边无形的侦察预警大网,悄然在海天之间铺开。
>
> "发现目标!""歼－15 飞机出击!"巨大的引擎轰鸣声中,3 架歼－15 战机依次从辽宁舰滑跃升空,对来袭之"敌"实施空中拦截。
>
> 在预警机的精确引导下,歼－15 战机进入攻击航路。锁定目标,装订发射数据,飞行员果断按下了发射按钮。随着战机腹部火光闪烁,空空导弹呼啸而出,由靶弹模拟的来袭"敌"机,瞬间凌空开花。

这样的文字描述形象地再现了新闻现场,非常有动感。让读者如临其境,在视觉和听觉上都得到了满足,甚至比静态的照片还要有表现力。

二是寓庄于谐,表现生活中的情趣。这一点,在西方的新闻报道中表现得尤为突出。如《基辛格——三面人》中的一段:

> 基辛格夫妇仔细观赏从古墓中出土的文物。中国向导说:"墓中的骨头表明,墓主人有不止一个妻子。"基辛格点头同意。向导又说:"中国古代,有的妇女可以有一个以上的丈夫。""一个妻子有几个丈夫吗?"基辛格望着妻子说:"我可不喜欢那个时候!"基辛格夫人大笑起来。……一位摄影记者请他

在一匹同真马一样大小的陶马前摆好姿势照张相。基辛格说:"是不是要我骑上它跑到大门外?"在场的中国人无不捧腹大笑。当基辛格夫人中途告辞去商店购物时,基辛格把脑袋凑上前去,对夫人的中国向导说:"请你们把贵重商品统统藏起来好吗?"

身居要位,又从事严肃国事访问的基辛格,谈话却充满幽默与生活情趣。记者敏锐地抓住这一点,朴实地将其言谈记录下来,恰到好处地表现了基辛格的另一面。这样的内容十分生动,可读性极强。

思考题

1. 如何理解新闻语言的特点?
2. 新闻语言的基本要求有哪些?
3. 怎样使新闻语言准确?
4. 怎样使新闻语言具体、生动?

第四章 新闻报道文体

● 本章要点：

1. 新闻六要素可分为标识要素与中心要素两类。前者包括何时、何地、何人；后者包括何事、如何、为何。
2. 新闻报道文体的划分分别对应三个中心要素。

新闻文体，大致包括新闻报道文体和新闻评论文体两大类。本章只涉及前者。

新闻报道文体是新闻文体中最为活跃的一个大类。它是指新闻体裁中以文字表现的各种报道形式。

第一节 新闻报道文体的内在规定性

一、从新闻六要素谈起

新闻"要素说"始于美联社记者约翰·唐宁和编辑梅尔维尔·E.斯通。1889年3月30日，唐宁向美联社发回一条长消息，其开头部分将新闻事实的梗概交代得很清楚：

> 萨摩亚·阿庞亚3月30日电 南太平洋沿岸有史以来最猛烈、破坏性最大的风暴，于3月16日横扫萨摩亚群岛。结果，有六条战舰和十条其他船只要么被掀到港口附近的珊瑚礁上摔得粉身碎骨，要么被掀到阿庞亚小城的海滩上搁浅。与此同时，美国和德国的142名海军官兵有的葬身珊瑚礁上，有的则在远离家乡万里之外的无名墓地上，为自己找到永远安息的场所。

这一部分清楚交代了时间、地点、人物、事件、原因，给了读者一个相对完整的事实信息。这一写法得到美联社主编斯通的倡导。他将时间、地点、人物、事件、原因等称为新闻五要素——何时（When）、何地（Where）、何人（Who）、何事（What）、为何（Why），即五个W。斯通认为，一条新闻必须具备这五个方面的信息，才能把新闻事实说明白。他提出:美联社记者所发的每一条新闻报道都必须具备新闻五要素。20世纪20年代以前,新闻五要素一直是新闻写作的基本原则。1932年,美国新闻学者麦格杜戈尔又提出了新闻的第六个要素"如何"(How),从而形成"五个W"和"一个H"的"新闻六要素"说。

"五个W"和"一个H"这六个要素对于一条新闻的确十分重要,但并不是说每一个要素在每一篇报道中都扮演着同样重要的角色。按照它们在新闻报道中所起的作用,我们将它们分为两大类,如表4-1所示:

表 4-1　新闻六要素

标识要素	中心要素
何时(When)	何事(What)
何地(Where)	为何(Why)
何人(Who)	如何(How)

所谓标识要素,是指该项要素在报道中的功能是标明事实的实有性。新闻六要素的何时、何地、何人三个要素,其功能实质上就是对事实真实性所做的一种标识,是对事实实有性的确定。这三个要素就如同三条缆索,将新闻事实这一船只牢牢地锚定在"真实、实有"这一区间。

正是因为何时、何地、何人三个要素有着标明"真实、实有"的功能,所以,写作时要求非常精确具体。任何打马虎眼的标识,都会直接影响人们对新闻真实性的认可。这个道理,当年延安《解放日报》上的《从"五个W"谈起》就有过论述。文章对那些在时间、地点、人物等指示性标识上打马虎眼的做法提出了尖锐的批评,"说到时间,就常常可以看到'不久以前''上旬''日前''同时'这类笼统的话头,有时甚至连这些'大概'的日期都没有一个……说到地点,许多村庄、小据点,属于何县、居何方位,常常不加标明,有的虽然标了一下,但范围很大……说到人名,往往有名无姓,有姓无名,有头衔无姓名,有姓名无略历",这样的报道"道听途说,信笔撰写,可以不花多大力气……可是,新闻的确实程度却因此大大打了折扣"①。

新闻报道中如这些标识要素不明确,就会给人欠真实之感。以曾获全国好新闻奖的《马下双驹》为例。"马下双驹"是罕见之事,为了让人确信其事,更应该对具有标识性功能的要素严格加以确认,但这篇作品提供的地点是"内蒙古自治区镶白旗草原"。"旗"相当于一个县的建制,下面还有公社、大队、生产队,但文中都没标出。对此,高级编辑严介生提出了很中肯的意见:"奇事珍闻报道中的一个重要问题是置信度,写明白具体地点,对增加置信度来说是相当关键的。"严先生还对作品未交代马的"归属"问题提出了批评:"它是哪个生产队或哪位牧民家的?作品只标出镶白旗草原上一匹甘草

---

① 从"五个W"谈起[N].解放日报,1945-12-13.

黄骠马生下了双驹,好像报道的是一头无主的野生动物产仔。"①

所谓中心要素,是指该类要素在报道中处于中心地位,是报道要传播的主要信息。

标识要素客观存在于事实之中,不受记者主观因素的影响,记者只须在报道中如实记下即可。也就是说,同一事实中的标识要素,不管是在哪个记者的报道中都应该是一样的,除非报道失真。中心要素则不然,它可能会因记者的观察角度不同而有所差异。比方说,对某一事实(何事)的报道,记者可选择不同的角度报道。对事实过程的展示,不同的报道在某些环节上的详略取舍是不完全一样的。又如对某一事实的原因(为何)的探析,有些报道抓的是直接原因,有些抓的是间接原因;有些报道抓到了主要原因,有些只抓到次要原因,如此等等。

二、中心要素与报道文体

何事、如何、为何三个中心要素,总是分别在不同的报道中扮演中心角色。

有学者对新闻的六要素从认识的角度作了三个层次的划分:

"何事"与何人、何时、何地要素属于第一层次。它们确定了一事物的基本特征,规定了一事物在时间、空间上的具体存在。

"如何"是认识的第二个层次,叙述事物的运动轨迹和状态。

"为何"是认识的第三个层次,探寻的是事物之间的本质联系,对促成事物的内因和外因进行推测解释,溯其根源,求其真相,判其出路。

"同认识上的这三个层次相适应的,在新闻写作中便出现了不同的新闻体裁:侧重于全过程概括的消息、侧重于事物发生原因探索的新闻调查和解释性新闻、侧重于运动状态描述的通讯。"②

很明显,何事、如何、为何三个要素在不同的报道中分别处于中心地位。并且我们还可以看到,报道的中心要素实际上形成了报道的旨趣,它们与报道文体关联密切。也就是说,消息类报道是以"何事"为中心,通讯类报道是以"如何"为中心,而解释类报道则是以"为何"为中心。

下面分别对三个中心要素与不同报道文体的联系情况作一简单的分析。

(一)以"何事"为中心要素的报道

这方面,洪天国先生有过精当的描述,他将以"何事"为中心的报道中新闻六要素之间的关系设计成"太阳系图式"。他认为,"在通常情况下,何事和何时两要素最为重要,两者又以何事最突出,它是新闻的核心,就像太阳系中的太阳。另外几个要素次要

---

① 严介生.美中不足——评析72篇好新闻的疵点[M].北京:中国广播电视出版社,1993:258-259.
② 胡欣.新闻写作学[M].武汉:武汉大学出版社,1998:14.

些,常常是补充、解释何事的,是太阳系中的行星"①。洪先生所说的以"何事"为中心的报道,很切合纯客观报道的情况。在纯客观报道的"六要素"中,前四个 W 能构成一个完整的信息,传递事实的现状。How 处于次要地位,Why 处于从属地位,往往可以简略。美国资深报人乔治·A. 霍夫在《新闻写作》一书中指出,纯客观报道的"六要素"中,What 最重要,紧接着是 Who,再次是 Where 和 When,Why 和 How 虽然也重要,但一般隶属于其他四个 W。②

以"何事"为中心的报道,一般都只满足于事实表层信息的传播,以动态类的事件性消息最具代表性。

(二)以"如何"为中心要素的报道

无论是中国的通讯,还是西方的特写报道,在详细展示事物的发展过程方面都有着特殊的功能。按照通行的说法,通讯即"运用多种表现方法比较深入而又详细地报道真实的客观事物的新闻文体";特写则是"以形象化手法,将新闻事件、人物、场景、动作等具体、生动地再现出来的报道"③。显然,这类报道的旨趣在于充分展示对象的"如何"。

从信息层次上来看,"如何"这一层次的信息比"何事"的信息要深入一层。梁衡在谈消息与通讯的异同时说,能写成通讯的内容,必定能写出一条消息,这是因为"通讯中必须有一颗消息的内核";但能写成消息的内容,却未必能写出一篇通讯,其中一个重要原因就是通讯比消息更集中、更典型。"消息可以是某一点刚露头的信息,可以是事物的一瞬,是枝叶花絮;通讯无论长短必须有完整的思想、形象、过程,是一个独立的整体。消息是靠真实、新鲜、适用而取悦读者的,而通讯在完成这层功能时,又特别强调个性的魅力。说到底,通讯是更集中化、个性化、典型化的信息。对消息来说,我们不能要求它每一条都是典型。它的主要任务是要新、要广、要快,而许多也许符合新、广、快标准的信息却不能拿来写通讯。因为它不典型,不能反映深层规律和本质。如许多突发事件、珍闻、趣闻就是这样。"④显然,仅仅报道"发生了什么事"而没有深入到"事实是如何发生的"这一层次,是难以反映出事件的深层次规律和本质的。通讯特写类报道的旨趣就在于将报道对象的"如何"展示得详细而生动,以吸引读者。因此,有些报道以时间顺序为结构线索,为的是清晰地展示事物的发展过程;有些报道着意设置悬念,为的是将事物的发展过程写得波澜起伏、引人入胜;有些报道抓住某一典型的生活片段精雕细刻,以充分发掘这一生活片段中每一处细节的信息量。

---

① 洪天国. 现代新闻写作技巧[M]. 北京:中国新闻出版社,1986:4.
② 樊凡. 中西新闻比较论[M]. 武汉:武汉出版社,1994:223.
③ 甘惜分. 新闻学大辞典[M]. 郑州:河南人民出版社,1993:158,160.
④ 梁衡. 从消息到通讯[J]. 新闻战线,1997(12):22.

（三）以"为何"为中心要素的报道

这类报道围绕"六要素"中的"为何"展开，以解释性报道最为典型。刘明华教授指出：回答"为何"，是解释性报道的基本特征。也就是说，与传统的客观报道相比，二者的"重心"不同。传统的客观报道要求说明五个 W 和一个 H，重心是"何事"，而"何时""何地""何人""为何"这几个新闻要素，都是用来说明"何事"的。"为何""如何"这两个要素，一般只作简单的交代，解释直接的或者部分的原因，用来补充新闻中的"何事"这一要素。而解释性报道则是以"为何"为中心，说明造成某一事实的根本原因。①

以"为何"为中心要素的报道还有分析类报道和调查类报道，它们都以揭示事物深层次的原因为报道旨趣。如果说以"何事"为中心的报道就像一道数学题，只告诉读者运算结果，以"如何"为中心要素的报道重在将演算过程演示给读者，那么以"为何"为中心要素的报道则重在揭示事物的成因。可以说，"何事""如何"类报道是务实性报道，而"为何"类报道则是务虚性报道。它绝不只是简单地摆出事实，而是要作进一步的解释、分析，或是作出深入的调查研究，解剖事物的实质。

从上面的分析中可以看出，中心要素与报道文体关联密切。反过来说，不同的文体适合以不同中心要素为重心的报道。

以"何事"为中心要素的报道，重心在于快速报道事实的最新变化和面貌。它注重表现事物发展过程中的某一个"点"。其报道目的一是明确事实，二是反映动态。这一点，从标题上就可看出，如《我三十万大军胜利南渡长江》《"梁山伯"结婚了》《中国政府恢复对香港行使主权》《北约野蛮轰炸我驻南使馆》等。

以"如何"为中心要素的报道，重心在于展示报道对象发展变化的过程和轨迹。不能只报道对象发生了怎样的变化，而应清楚地表现出是怎样变化的。从报道的标题也能看出这一点，如《为了六十一个阶级弟兄》《东方风来满眼春——邓小平同志在深圳纪实》《从"新京张"看百年巨变》等。

以"为何"为中心要素的报道，以深刻揭示"新闻背后的新闻"见长，或着重解释新闻事实形成的原因，或分析事实发展的走向和产生的意义，或调查研究事实背后的复杂原因等。同样，其目标指向在报道的标题中也很明显，如《渤海二号钻井船翻沉事故说明了什么》《触目惊心，发人深省——晋江假药案初析》《花 799 万"刷白墙"假脱贫，为了面子，丢了里子》等。

第二节　新闻报道文体类型

新闻报道文体有三大类型：消息类、通讯类和深度报道类。

---

① 刘明华.西方新闻采访写作[M].北京：中国人民大学出版社，1993：82.

一、消息的类型

对消息类型的划分,一般有三种方式。

按报道分工的范围来划分有:经济新闻、科技新闻、军事新闻、文艺新闻、体育新闻、会议新闻等。

按篇幅长短来划分有:一句话新闻、简讯、短消息、长消息等。

按报道的内容来划分有:人物新闻、社会新闻、经验新闻等。

这三种分类方式各有其方便之处,但也有不尽如人意的地方,关键是它们都较少从文体的内在规定性上来考虑。

还有一种分类方法,将新闻分为"动态类"和"综合类"两大块。这种划分有点接近西方新闻界的划分方式。

西方新闻界以是否具有"事件性"为标准,将新闻分为"事件性新闻"与"非事件性新闻"两大类。这种划分看上去虽然比较笼统,却抓住了实质性的区别。

什么是事件性新闻?按《新闻学大辞典》的解释,事件性新闻为:以一个独立的新闻事件为核心而展开的新闻报道。它强调新闻的时效性,其新闻价值与生命力同及时密切相关,要求迅速地反映新闻事件的发生、发展。事件性新闻包括大量的动态消息和现场特写性新闻等。它要求记者有高度的新闻敏感,闻风而动,尽快准确地把握事件的个性特征和本质,迅速简明地加以报道,必要时可用连续报道。[1]

什么是非事件性新闻?非事件性新闻为:对一段时间内或若干空间里发生的诸多事实、情况、事件的综合反映,揭示带有分析性、启发性的总体情况、倾向或经验等。非事件性新闻的特点是点面结合,以点证面,以面为主,反映事物发展变化中的阶段性、倾向性、经验性或典型性。典型报道、综合消息、经验消息、述评消息等属之。非事件性新闻的时效性要求宽松一些,但也要尽力找寻和体现新闻根据(由头),善于利用新闻发布的契机。[2]

由此可见,事件性新闻与我们所说的动态新闻含义基本接近。它要求迅速而准确地反映新闻事件的发生、发展,并以一个独立的新闻事件为核心。它可以在事件结束后报道,也可以在事件发展中的某一阶段报道,其新闻性、时效性都较强。这些特征与动态新闻的特征是吻合的。因此,动态新闻是典型的事件性新闻。

而按《新闻学大辞典》的解释,典型报道、综合消息、经验消息、述评消息都可列入非事件性新闻。它们通常是对多种情况或多个事实的综合分析,一般不详述某一事实。并且它们的时效性不如动态新闻强,写作时,记者要努力去寻找和体现新闻由头,掌握好新闻发布的契机。这些特征与综合新闻的特征是吻合的。综合新闻以报道面

---

[1] 甘惜分.新闻学大辞典[M].郑州:河南人民出版社,1993:161.
[2] 甘惜分.新闻学大辞典[M].郑州:河南人民出版社,1993:162.

广见长,着重反映某一个整体或全局的现状、趋势,以开阔视野、提高认识为目的。

事件性新闻可分为一事一报式和一事多报式。一事一报式大致对应的是动态消息,一事多报式则包含连续报道与分段报道。

非事件性新闻可分为多事一报式和多事多报式。多事一报式以综合消息为代表,多事多报式则主要采用系列报道这一形式。

二、通讯的类型

通讯,在划分上比消息要简单一些,一般按报道对象来划分,主要有人物通讯、事件通讯、风貌通讯及工作通讯。

人物通讯、事件通讯、风貌通讯分别以人物、事件、景物为报道对象。人物通讯着重报道典型人物,让读者了解人物的事迹和性格;事件通讯以报道某些有影响力的事件为主,向读者展示事件发生发展的过程;风貌通讯由早期的旅途通讯发展而来,风物人情仍是它展示的主要对象,但其现实性和时代特征更明显,适合于反映时代风貌。工作通讯的主要功能在于分析解释,将其放入深度报道中介绍更为合适。

一些教科书设有专门章节介绍特写和专访,将其视为与通讯消息并列的大类。其实特写和专访与通讯一样,都是以展示报道对象发生发展过程为旨趣的。它们与消息、通讯的差异还构不成排他性和独立性。鉴于特写和专访比较侧重于展示事物的过程,本书将其列在通讯这一大类之中予以介绍。

三、深度报道的类型

深度报道被视为高级报道业务。美国《底特律新闻》的社论作家杰克·海敦为美国高等学校新闻专业撰写的新闻学教材《怎样当好新闻记者》一书,认为新闻专业的学生应掌握两门基本课程:基础报道业务和高级报道业务。

什么是深度报道?它是指报道方式还是报道文体?对这些问题,人们的认识不一。有人将它视为报道方式,如张骏德先生说:"深度报道是题材重大、报道面宽广、全息组合、深刻透视新闻事件或社会问题、富有理性思辨的一种报道方式。"[1]也有人将它视为报道文体,如四川大学张惠仁先生说:"深度报道是一种以'深'见长的新闻体裁。"[2]

"方式论"者认为深度报道能系统地反映重大新闻事件和社会问题,揭示事件本质,追踪和探索其发展趋向。它把报道对象作为一个整体、一个过程来把握和报道,而不是独立地作一事一报、一人一报、一时一报。"方式论"者对深度报道的理解实际上

---

[1] 张骏德.深度报道的运用与发展态势[J].中国记者,2003(7):12.
[2] 张惠仁.新闻写作学[M].成都:四川人民出版社,1986:583.

是一种广义的理解。他们将连续报道和系列报道等一事多报、多事多报的报道方式均归入深度报道之中,并且将这些方式称为"集合式深度报道"。

"文体论"者注重深度报道的文体意义。对由多次、多篇构成的连续报道、系列报道,"文体论"者认为它们只具有报道方式的意义而不具有文体意义,所以,他们主张将其划出深度报道之列。"文体论"者实际上是一种狭义深度报道论者,他们重视深度报道的文体意义,体现了深度报道以解释"为何"为主的旨趣。美国新闻学教授卡尔·林兹特诺姆说:"深度报道在一般新闻报道基础上补充下列事实:历史性的(来龙去脉和因果关系)、环境性的(左邻右舍横向联系)、简历性的(性格特征和逸闻趣事)、数据性的(统计数字和相关数字)、反应性的(外界反应和分析评价)等。从这个角度说,深度报道的基本写法就是充实背景材料,深度报道就是'背景报道'。"[1]

深度报道的文体类型主要包括解释性报道、分析性报道、调查性报道等。

西方新闻界将解释性报道严格地限定为"一种通过增加背景揭示新闻更深一层意义的报道"[2]。这种报道严格依靠背景(另一些新闻事实)来说出"为何",继承了客观报道的写作思维,尽量减少作者直接说三道四。但实践中也有不完全依靠背景来解释的,如我国的一些解释性报道,往往以述评的方式、理性的分析来完成对"为何"的解释。这种情况虽然存在,但要适当加以控制,防止它脱离"报道"这一家族而滑入"评论"的范畴。

分析性报道,表面上看其"解释"色彩不如解释性报道浓。从时间上来看,解释性报道的着眼点在事物已经发生的过程——"来龙"上,剖析其深层原因;分析性报道的着眼点在将要发生的情况——"去脉"上,分析其走向规律,由已知推测未知。给人的错觉是,分析性报道的重心在"将会如何"上。然而,简单地说出"将会如何"是没有说服力的,分析性报道是把大量的笔墨放在"为何会这样"上,所以,它的重心还是在"为何"上。在分析"将会如何"这一点上,有两种做法:一是直接预测事实发展的结果,二是分析事实的发展走向。

调查性报道,在西方又称"揭丑性报道",以揭露丑闻为目的。我国调查性报道的含义比西方的调查性报道广。除了深入揭露一些在社会上有负面影响的事件外,还对一些社会发展中存在的问题作深入调研,揭开其症结所在,以期引起相关部门的关注,为有关部门提供决策依据。调查性报道可分为事件型调查报道和问题型调查报道两类。前者基本上是针对"一事"的,后者则是涉及"多事"的。

本节用浏览的方式,介绍了新闻报道文体这一"武库"中的各类"兵器"。同学们在学习各种报道文体写作前,简要地梳理一下它们的分类情况,对于下一步的具体学习是十分有益的。

---

[1] 郑思礼,郑宇.现代新闻报道:理解与表达[M].昆明:云南大学出版社,2004:473-474.
[2] 海敦.怎样当好新闻记者[M].伍任,译.北京:新华出版社,1980:211.

思考题

1. 新闻报道文体的划分与新闻六要素有何内在联系？
2. 简述消息、通讯的文体分类情况。
3. 深度报道的文体类型分为哪几类？各有何特点？

第五章 消息的结构

● **本章要点：**

1. 消息标题从形式上可分为单一型与复合型两类，从内容上可分为实标题与虚标题两类。
2. 消息导语写作要解决两个最核心的问题：如何吸引读者，如何找好新闻由头。
3. 掌握好硬导语与软导语的不同用法，对于消息写作非常重要。
4. 写好消息主体与结尾，对于丰富消息内容意义非凡。
5. 倒金字塔结构是消息写作的主流结构形式，但不是唯一的结构形式。不同的消息应采用不同的结构形式。

消息的结构包括两个方面的内容：一是构成消息的各个部件，二是各部件的组合方式。

消息的构成部件一般包括标题、导语、主体及结尾，外加新闻背景。前四种具有结构形式上的意义，而新闻背景一般只表现出结构内容上的意义。但因为它在消息中有不少特殊的功能，所以要特别加以讨论。此外，消息发表时还有消息头这一特殊形式。因为它不具有写作上的意义，故不在此涉及。

比起其他新闻文体，消息在结构的组合方式上要格式化一些。也就是说，消息的组合方式有基本的格式可循。这对初学者来说是入门的捷径，但对于写作高手来说却是创新的起点。

第一节 消息标题

一、消息标题的特殊性

消息标题揭示消息的内容，并以醒目的形式刊出。读者接触新闻，首先是读标题，通过读标题来选择想读的新闻。所以，标题就成了新闻吸引读者、引导读者的重要手段。制作好标题,不仅是编辑的事,而且应引起记者的高度重视。

消息的标题和其他文章的标题,尤其是文艺作品的标题相比有很大的不同。一般来说,文艺作品的标题比较含蓄,不直接把文章的内容明示出来,可谓"欲说还休",而消息的标题则恰恰相反,它要求简明实在,揭示新闻的要旨,突出重要信息,让读者产生阅读欲望。

二、消息标题的构成

从结构形式来看,消息的标题比其他文章的标题要更为多样。

消息标题从形式上可分为单一型和复合型两类。

单一型标题一般为单行标题,也有作两行的;复合型标题为多行标题。前者只有主题,后者则包括主题与辅题两部分。

主题又称为"正题"。它是标题中最主要的部分,在复合型标题中,主题的字号要大于辅题的字号。一般来说,主题的作用在于点明消息中最主要的事实与观点,文字十分简洁。

辅题包括引题(又称眉题、肩题)和副题(又称子题)两部分。这两部分在标题中可以二者兼有,也可以二者取一。与主题组合,构成多种变化,能增加标题的表现力,丰富报纸版面形式。引题在主题之上而字号较小,它主要是从一个侧面对主题进行引导、说明、烘托或渲染;副题是位于主题之后的次要标题,字号最小,它主要是对主题起补充、注释作用。

按内容区别,消息标题分为实标题和虚标题两类:实标题重在叙事,具体说明新闻事实中的人物、事件、地点等要素;虚标题重在说理、抒情,揭示新闻事实中蕴含的道理、思想、原则等。在标题制作中,要特别注意好处理实标题和虚标题的关系,具体来说要注意以下几点:

第一,单一型标题不管是单行题还是双行题,都应是实标题。例如:

例1:习近平同党外人士共迎新春

例2:生态太湖"带火"乡村绿色经济

例3:"鲇鱼"今登陆粤东
　　　广州塔或闭塔避风

以上3例,例1、例2是单行题,例3是双行题,都属于单一型标题,其内容都是写实的。

第二,复合型标题中,至少有一个实标题。例如:

例1:工会热心肠　人走茶不凉　　　　　　　　(主题　虚标题)
　　　锦屏化工厂安排好退休工人的晚年生活　　(副题　实标题)

例2：我国航天技术又一新成就　　　　　　（引题　虚标题）
　　　　试验通信卫星发射成功　　　　　　　（主题　实标题）

例3：美国取消对中国"汇率操纵国"的认定　　（主题　实标题）
　　　　外交部：符合事实　　　　　　　　　（副题　实标题）

例4：知否？知否？应是贱"肥"贵"瘦"　　　　（引题　虚标题）
　　　　爱吃瘦肉者，请您多付钱　　　　　　（主题　实标题）
　　　　本省十几个县市调整猪肉各品种之间的差价（副题　实标题）

以上前两例都有一个实标题，后两例中的主题与副题都是实标题。

第三，在大多数情况下，引题以虚标题居多，副题以实标题居多，主题可虚可实。如果标题中有两个实标题，要注意处理好二者的关系。如果主题是实标题，它标出的是新闻事实的主要内容，如例4中"爱吃瘦肉者，请您多付钱"，副题则应该是对主题中实标的内容进一步补充或进一步具体化，即"本省十几个县市调整猪肉各品种之间的差价"。

三、消息标题写作要求

一个好的新闻标题不仅要符合新闻事实，而且还要有好的思想内容。标题必须有很强的表现力、吸引力、说服力和感染力。为此，在写作标题时，我们应从以下几个方面努力。

（一）生动传神

新闻标题如同消息的眼睛。眼睛是心灵的窗户，最能传神。要将那些最能传达新闻事实和新闻主题的词语写入标题。如：

　　　　最后一个英国士兵默默地撤离了埃及

标题用"默默地"三字来描绘英国士兵撤走时的神态，既生动表现了侵略者撤走时垂头丧气的样子，衬托了埃及人民的扬眉吐气，又鲜明地表达了作者的褒贬之意。

（二）简洁工整

第十七届中国新闻奖获奖作品《上边"极端重要"　下边"鸟枪充炮"》，标题对仗押韵，将上边的要求与下边的对策这一矛盾现象摆出，十分形象地表明一些干部忽悠上级、不干实事的工作作风。

新闻标题要求简洁凝练、字数少，特别是主题。修辞上还要讲究对仗、押韵。有些好标题，直接化用古诗词名句，如《中国体育报》上有一条消息的主题为：

> 三番五次凌绝顶　为何不能过小山

这是从杜甫《望岳》一诗中的名句"会当凌绝顶,一览众山小"点化而来的。说的是我国乒乓球名将邓亚萍负于日本选手小山智丽的一场比赛。邓亚萍多次登上世界冠军宝座,用"三番五次凌绝顶"来形容,而其中"小山"二字语意双关,更是用得贴切奇绝。又如:

> 春风吹得远客醉　直把店家当自家　　　　　　　　(主题)
> 镇江饮食店热情待客真个名不虚传　　　　　　　　(副题)

这个标题的主题是从宋代诗人林升《题临安邸》一诗中的"暖风熏得游人醉,直把杭州作汴州"两句衍化而来的,放在这里,既简洁,又富于表现力。

(三)新颖别致,不拘一格

新颖别致的标题,能给人耳目一新之感,自然能先声夺人,吸引读者的注意。制作新颖别致的新闻标题,全在于作者的聪明才智,大胆创作。如:

> "秀山""明山"不爱山　"树林""玉林"不惜林　　　(引题)
> 宣恩县查处五起林业案件　　　　　　　　　　　　(主题)

这条消息报道的是湖北省宣恩县查处了5起林业案。这5起案件涉及5个人,其中4人分别为"秦秀山""陈明山""赵树林""陈玉林"。引题巧妙地将他们的名字与其滥伐林木、破坏森林的行为联系在一起,特别是突显出他们的名字与其行为之间的矛盾,可谓别出心裁,机智幽默。再如:

> 她们的笑容"听"得见　　　　　　　　　　　　　　(主题)

此条消息报道了福建保障基地某通信站三中队女兵们为用户提供优质服务的事迹。按常识,笑容是通过视觉获得的,笑声是通过听觉获得的。这一标题将笑容付诸"听",让人感受到女兵们的亲切、活泼、热情,更感受到她们优质的服务品质。

第二节　消息导语

一、消息导语概述

消息导语,即消息的开头部分。一般指开头部分的头一句或几句话,或第一个自然段。消息导语是消息这一新闻体裁特有的概念,是消息与其他文体区别的重要特征。

消息导语对于消息来说,有着特殊的意义。它用简明、生动的语言,把新闻中最重要或者最新鲜的事实和内容,概括地展示在开头部分,以唤起读者的注意。

重视并研究消息导语的写作,历来是新闻工作者的一个重要任务。在西方新闻界,导语的撰写能力通常是媒体选择记者的主要标准之一。美国现代新闻学家麦尔文·曼切尔说:"写作过程中的第一步,也是最重要的一步,那就是写作导语。""写好导语相当于写好了消息。"英国新闻学家赫伯特·里德也说:"导语是新闻的生命所在。"可见,导语的好坏既反映出记者的写作水平,更重要的是关系到整条消息的质量,关系到消息对读者是否具有吸引力。所以,我们学习新闻写作,必须十分重视新闻导语的写作方法。李希光在《变形的新闻屋》一书中也说:"写作太重要了,单单写新闻'导语'的学问就一辈子也学不完。"

二、导语的产生与演变

近代报刊初创时期,新闻体裁还未发育成熟,那时的新闻报道大多是按事件发生的先后时序记录下来的,新闻事实中一些重要的内容并没有放在引人注目的位置,报道既没有特殊的结构,也没有新闻导语。

电报技术的发明与美国国内战争,揭开了新闻导语写作的第一页。1844年,美国科学家摩尔斯发明了摩尔斯电码,并在华盛顿—巴尔迪摩电报线上第一次传递了电报信号。1851年,这一技术为美联社前身——美国港口新闻联合社采用,首次用电报传递消息,揭开了"电讯新闻"的第一页。1861年至1865年,美国爆发南北战争,人们迫切需要获得战争信息,许多报纸竞相派记者去战地采访,电报业务此时成了记者向编辑部传递信息的工具。当时,由于电报设施的发展尚处于低级阶段,机器老出毛病,常常令记者无法一次性发完全文。同时,由于电报的线路少,记者往往要排队轮班按字数发稿。大家按次序各发一段,然后等待下轮再发。因此,报社主编便要求前方记者把最重要的事实、报道的要点和精华放在最前面的几行里,这样,即使电讯线路突然中断,编辑部也可按所接收的内容报道。这就为导语的诞生提供了必要与可能。1865年4月14日,港口新闻联合社一名记者报发了只有12个英文单词的消息"总统今晚在剧院遇刺受重伤",这是导语写作的开端。

1865年纽约一家报社的编辑破例将一篇长报道中新闻性最强的结尾提到开头。这一做法很受欢迎,记者竞相尝试。到1880年,这种写法已相当普遍了。不过,对导语的形成和定型起关键性作用的,是美联社的约翰·唐宁和梅尔维尔·E.斯通。1889年3月30日,唐宁向美联社发回一条长消息,其开头将新闻梗概交代得很清楚,于是总编辑斯通将其中的主要因素归结为"五要素"(人物、时间、地点、事件、原因),即五个W,并将这一要素俱全的开头称为"新闻导语"。至此,新闻的"要素说"与"导语说"便同时诞生了。这种把最重要的事实开门见山地置于篇首,并且五要素俱全的导语为人们广泛接受,成为消息写作的"第一代导语"。

第一代导语要求在消息开头的简短文字中集中体现全部新闻要素,故这类导语又称为"全型导语"。

第一代导语的特点是完整、具体。看了导语后,读者对整篇报道的主要内容大体上都能了解。但它也有冗长、枯燥、主次不分的缺陷,故有人讥称为"晒衣绳式导语",意思是说,记者把所有要素不分轻重主次,一律挂在导语这根"绳子"上,给人一种杂乱无章的感觉。

第一代导语经历了约40年的黄金时代后,开始面临新的挑战。随着时代的进步,人们的生活节奏加快,读者要求能以更短的时间、更快的速度知道更多的新闻信息。同时,随着电子技术的迅速发展,新闻开始通过广播电视传播,形成与报纸新闻竞争之势。如何把消息导语写得更短小精悍成为新闻写作顺应时势的课题。一些新闻工作者开始新的尝试。1954年,《纽约时报》总编辑在采访部贴出如下布告:"我们认为没有必要,也许永远没有必要,把传统的五个W写在一个句子里了。"西方新闻工作者开始根据每则新闻的特点,从中选取一两个最重要、最能激起人们兴趣的要素写入导语,其余要素则放到消息的主体或结尾部分。这样就出现了第二代导语。第二代导语又称为"部分要素式导语"。由于各人在选择新闻要素时的侧重点不同,因此可以八仙过海,各显神通,写出各种各样构思奇巧、新颖的消息导语来。因为这种导语很适合倒金字塔消息结构的需要,所以人们又将其称为"倒金字塔结构导语"。它一出现,便受到记者、读者的欢迎,成为近几十年来使用最为广泛的导语形式。

第二代导语简练、新颖,避免了第一代导语主次不分、重点不突出、内容过多等毛病。如同样是报道总统遇刺,第一代导语是:

今晚大约九时半,在福特剧场,当总统同林肯夫人、哈里斯夫人和罗斯本少校同在私人包厢中看戏的时候,有个凶手突然闯进包厢,从背后接近总统,向总统开了一枪。

而第二代新闻导语则省去一些要素:

肯尼迪总统今天遇刺身亡。

两相比较,后者更为简明扼要。

第二代导语虽不乏其优越性,但当它成为导语写作的唯一方式后,新闻工作者们又开始试图打破这种"一统天下"的状况。随着近年来消息写作对倒金字塔结构的突破,开始出现了自由化、散文化等灵活多变的结构。消息导语的写作也有了新的发展,出现了间接导语、延缓导语、复合导语以及双导语(或称正副导语)等新的形式,使消息导语更加丰富多彩,消息导语也因此进入到第三代。

第三代导语的特点就是无特点。也就是说,它没有固定的写法,往往是根据具体情况而灵活处理,随物赋形。当然,不管它如何七十二变,导语的核心——引导、诱导功能是始终不变的。

三、导语的功能和写作要求

要写好消息导语,首先必须弄清楚消息导语的功能是什么,然后再考虑在写作中通过什么样的方法去实现这些功能。

一般而言,消息导语的基本功能有两点:第一,开启全篇、吸引读者;第二,努力解决报道的新闻由头。

(一)开启全篇、吸引读者

任何一篇文章的开头,都应具有开启全篇、吸引读者的功能,消息导语尤其如此。从词义的角度来看,英语中"lead"(导语)的意思是引导、引入。汉语中的"导"字,也有诱导、指导、引导之意。导语的重要作用之一就是吸引读者往下读,最好是非读下去不可。

美国新闻学者沃尔特·福克斯说:"读者或许会问:'何为优秀导语?'根据所写的新闻稿的类型,答案各不相同。不过有项原则却适用于所有导语写作:一条奏效的导语应实实在在地吸引读者的注意力,并将其导向记者认为是新闻的基本点或报道角度的地方。"[①]另一位新闻学家杰克·海敦也说:"导语需要你付出最大的力量。它是促使读者读下去的诱饵。"

如何在这个"导"字上做文章,有四个方面应予注意。

第一,要吸引读者,首先要在导语的内容上努力考虑如何去接近读者。

一些高明的记者常常善于把他报道的重大事件与普通的读者联系起来,设法点明前者对后者的影响。如美国一则关于政府新出台的税收政策的报道,其导语为:

你的财产税终于减不成了。

市议会昨晚决定,保持税率不变……

这里特别值得注意的是作者用了第二人称"你",并且提到与"你"生活息息相关的内容。这两点无疑都是接近读者的桥梁。读者在读这条消息时,与其说是关心政府出台的新政策,还不如说是在关心自己的事情。再举一例:2007年12月5日,江苏、浙江、上海三省市工商部门宣布建立联席会议制度,并公布了在长三角地区统一实施的市场准入政策。这一事实的关注点在哪? 一般的读者恐怕难以捕捉到。如直接报道,读者十有八九会将它当成一条普通的会议新闻,不会予以重视。而从经营者个体来讲,此举意味着在该区域内的经营者都将得到同等的待遇。《经济日报》记者在报道这一事

---

① 福克斯. 新闻写作——报刊记者指南[M]. 李彬,译. 新华出版社,1999:18.

实时,不惜笔墨,用了两段文字作导语,先揭示事实对经营者将会产生的影响,再引出事实来。请看该报2007年12月5日消息《长三角市场一体化工程正式启动》的导语:

本报讯 同一家外商在不同城市设立合资企业,会遇到不同的准入"门槛";在一地取得资质的经纪人,无法在其他省市开展业务……今后在长三角地区,这些市场政策差异将逐步消除。

12月2日,江苏、浙江、上海三省市工商部门宣布建立联席会议制度,并公布了即将在长三角地区统一实施的市场准入政策。此举标志着三地工商部门率先打破了行政区划的限制,推动区域大市场的形成。

有些内容虽然与读者的生活并非息息相关,但能满足读者的好奇心,同样能吸引读者。如《宁波晚报》上这条消息的导语:

27日中午,西安超人雕塑研究院化妆间内,工作人员正在给一位"湘妹子"整理服饰。这位"湘妹子"美丽中透出一股高贵凛然之态,她就是陕西省科研人员历时半年用科学方法复原的马王堆汉墓主人——辛追。

马王堆出土的汉代女尸本来就充满神秘色彩,现在又能把她的面貌复原,自然能激起读者的阅读兴趣。

第二,手法上不拘一格,努力把导语写得生动活泼。

这一点,在第三代导语身上表现得尤为明显。我们知道,第二代导语重在突出新闻中的主要内容,以朴实见长;而第三代导语既要突出新闻的主要内容,同时又要在表现手法上突破单一的写作形式,以多姿多形的面孔吸引读者。例如美国学者卡罗尔·里奇在《新闻写作与报道训练教程》中提到的一条导语:

唐·克拉克的猫小心地走过草坪,然后突然停下来,看上去进退两难。

小猫试探性地嗅了嗅,然后迅速逃离草地并在接下来的几分钟舔掉爪子上的涂料斑点。

草坪最近被修剪过,绿得像一张台球桌,因为它刚刚用一种植物染料漆了一遍。

圣芭芭拉的居民已经想出了新办法来保持他们院子的常绿状态。由于今年面临着预期的50%的淡水短缺,该城市二月下旬宣布"干旱危机"并禁止草坪灌溉。

这条导语就是一种"兴趣累积式"的写法。它在写作过程中不断积累悬念又不断释放悬念,由一只猫引出油漆地,由油漆地引出"干旱危机"。真正的新闻事实可以说是千呼万唤始出来的,而读者的阅读兴趣却一直被牢牢拴住。

要将导语写得生动活泼,记者得有敢于创新的勇气。多年来,有关追悼会消息的

写作几乎成了一个固定的模式,但女记者郭玲春的报道《金山同志追悼会在京举行》却突破了老框框:

> 新华社北京7月16日电 鲜花、翠柏丛中,安放着中国共产党员金山同志的遗像。千余名群众今天默默走进首都剧场,悼念这位人民的艺术家。

这里,作者仅用52个字(包括标点)就把一个最重要的新闻事实交代出来了。而且一反陈规,用描写式导语报道名人逝世,令人耳目一新。

把导语写得生动活泼是为了吸引读者去进一步掌握整条消息的内容,但不能因为片面追求生动而将读者"导"入与内容无关的方向。一条关于我国第八届冬季运动会开幕的消息,其导语是这样来渲染的:

> 红脸蛋红肚兜红抓髻,以东北之宝人参作拟人形象设计的吉祥物人参娃展现了吉林人敦厚、诚挚的热情。大型文体表演《冰雪颂歌》中,身披白、粉、宝石蓝各色轻纱,头戴晶莹冰花头饰的60名"雾凇少女"飘浮冰上,尽展人间仙境,体现了吉林人的智慧和洒脱。吉林市又一次争得了在这个非省会城市举办全国性冬运会的机会。

这则导语中的描写性文字过多,一些评价性的形容词有"造势"之嫌,而主要信息——冬运会开幕则被湮没了。活泼有余,却在引导上出了偏差,导语并没有将读者导入事实中去。

第三,导语应简短,将最吸引读者的信息写入导语,删除空话套话。

好导语应简短而富有表现力。要学会尽量让导语"减肥",把一些不太重要的信息从导语中剔除,最好只包含一个思想。消息导语从"全型导语"发展到"部分要素式导语",就是将一部分次要的要素作了删节处理。请看下面这条导语:

> 在事先没有发出警告的情况下,住在15号街433号的30岁的铸铜工弗兰克·布拉迪,星期五早晨8点钟过后不久,走进他的兄弟威廉·F.布拉迪在拉涅西街45号开设的店铺,并且向他的兄弟的身上开了3枪。

这条全型导语"六要素"俱全,但报道的事实主要信息却不突出。改用第二代导语就成了:

> 一个铸铜工星期五早晨8点多钟在拉涅西街45号的店铺,向他的兄弟开了3枪。

这条导语眉清目秀,没有胡子眉毛一把抓,新闻事实清晰明了。

"立片言以居要",导语要写得简短,关键在于抓住新闻事实的核心。一些写得冗长的导语,往往是把导语当成"筐",什么都往里面装,不分轻重主次,什么都想交代清

楚,结果是什么也没交代清楚。请看下面这则导语:

> 本报8月18日电 中国已经建设成为世界旅游大国;旅游业已经成为国民经济新的增长点;旅游成为全面建设小康社会的重要内容;旅游产业日臻完善;旅游业对增加我国国际影响力发挥了积极作用。而"十一五"期间则是我国旅游业发展的重要战略提升期。这是今天召开的2005年年中全国旅游工作会议传出的信息。

这则导语长达130多字。一开始就连用5个分句,并列诸多信息,表明中国旅游业取得的成绩,方方面面,生怕遗漏。第二个长句又将中国旅游业下一步发展的情况说了一下。内容太多,臃肿而又乏味,读者一见这繁杂而空洞的信息,十有八九读不下去。从传播效果来看,这就是一种无效传播。

这里要特别提及"延缓式结构"中主要新闻事实的处理。在延缓式结构中,新闻的主要事实是逐渐展示给读者的,而不是像其他新闻那样在导语中予以突出。即使是这样,人们也还是主张新闻中的主要内容出现时机不宜过于"延缓"。如《纽约时报》华盛顿分社定下一条工作守则:如果一个记者要采用延缓式结构,必须在第四自然段前告诉读者这篇报道的主要内容。

第四,语言表达应明晰易懂,可读性强。

新闻传播从本质上来说,就是一种大众传播。大众传播的一个重要要求,就是用通俗易懂的语言、"接地气"的文风,让读者轻松地获取信息。一条消息,如果读者要费很大的劲才能把导语读完,或者读完导语后不知所云,那么就不会产生阅读兴趣。请看2019年6月6日《广州日报》这条消息《办养老保险或全面取消复印件》的导语:

> 本报讯 6月5日至6月19日,广东省人社厅对外征求《广东省人力资源和社会保障厅关于企业职工基本养老保险的经办规程(公开征求意见稿)》的意见。《经办规程》(下称"征求意见稿")是养老保险省级统筹配套文件之一,拟对企业职工养老保险的相关业务办理流程进行细化,并统一各类表单。征求意见稿主要体现了"减证便民"的要求,针对业务办理,拟全面取消复印件,精简证明材料。

这条导语长达一百七十余字,无非是想告诉读者,企业职工以后办养老保险可能不用提交材料复印件了。语言却七绕八缠,先说广东省人社厅就一个文件对外征求意见,然后解释这个文件是另一个文件的配套文件之一,它的功能是什么、特点是什么,最后才写明报道的主要信息。这样的导语拖沓烦琐,何以能开启全篇、吸引读者?

有业内专家对此提出修改意见,建议这样写:

> 如果您下次去办理养老保险,可能不再需要提供材料复印件了。
> 6月5日,广东省人社厅对外征求《广东省人力资源和社会保障厅关于

企业职工基本养老保险的经办规程（公开征求意见稿）》的意见。征求意见稿以"减证便民"为宗旨，针对业务办理，拟全面取消复印件，精简证明材料。

这样的信息表达就简明清晰，读者一目了然。

(二)解决报道的新闻由头

何谓"新闻由头"？新闻由头即新闻报道的根据，包括价值根据和时间根据两方面，即表明这条消息为什么值得报道，为什么要现在报道。新闻是新近发生的事实的报道，所以导语首先要满足"新近发生"这一要求；同时，不是所有新近发生的事实都能报道，它们必须具备新闻价值，值得报道。以下分两步讨论。

1. 如何解决价值根据

第一，从新闻价值的角度去考虑，将最具新闻价值的内容写入导语。

有些事实，其新闻价值显而易见；有些事实，其新闻价值不够明显，导语中如不表明，读者就难以理解报道的必要性。请看这一导语：

市劳动模范、上海第十四棉纺织厂青年工人尚桂珍昨日结婚了。

尚桂珍虽然是一个市级劳模，但毕竟还是一个普通人。按西方流行的新闻数学公式："平常人＋平常事＝零"，这是构不成新闻的。所以读者会提出疑问：一个普通老百姓结婚怎么也是新闻？而下面这条导语，同样也是报道这一事实，就能让人感到价值所在：

上海市劳动模范、上海第十四纺织厂织布挡车工尚桂珍，今年29岁。她曾经表示不达到连续60万米无次布不结婚。为此，她推迟了婚期。12月7日，她创造了连续60万米无次布的上海市最高纪录，于是在12月22日高高兴兴办了喜事。

后一条导语，与其说是报道"结婚"，不如说是报道这位普通女工做了不平凡的事，即"创造了连续60万米无次布的上海市最高纪录"。这样就把"结婚"背后的真正的具有新闻价值的事实显示出来了。以西方的新闻数学公式来表示，即"平常人＋不平常事＝新闻"。

第二，从读者的角度去考虑，将读者最关心的信息前置并加以突出。

请看关于扩建运动场报道的四条导语：

例1：昨天，××大学校长宣布，由于上一季度数以千计的球迷没有座位，学校的足球场将扩大50%，工程费用将靠增加学费解决。

例2：××大学校长宣布，由于上一季度数以千计的球迷没有座位，学校的足球场将扩大50%，工程费用将靠增加学费解决。

例3：××大学将通过增加学费筹集资金，把足球场扩大50%，这是因为上季度数以千计的球迷没有座位,该校校长昨天宣布。

  例4:××大学足球场将扩大50%,因为上季度数以千计的球迷没有座位,大学校长宣布,工程费用将靠增加学费解决。

  这四条导语包含的新闻要素一致,但在排列时却有差异。这差异实际上反映了作者对读者关注度的权衡。什么是读者最为关注的信息?应当是"足球场扩建"这一点。从上面的内容来看,"数以千计的球迷没有座位",而足球场扩建对于他们来说,真是大好消息。如此评判以上四条导语,我们就可以看出,第一、二条导语突出的是扩建球场的原因,第三条导语强调的是怎样筹集资金,都不是最好的导语。第四条导语突出"何事",开门见山直接提出足球场扩建这一新闻事实,这才是最吸引读者的。

  第三,交代必要的背景材料,帮助读者理解事实的新闻价值。

  有些事实,孤立地看不出它的价值,但如联系其背景,它的价值就显示出来了。如有这样一个事实:"昨天,某地有一头牛死了。"仅此一句,读者会疑惑"一头牛死了"也是新闻吗?但如果你加了背景:"这是世界上第一头用克隆技术培育的牛。"读者马上就能理解到事实的新闻价值了。请看获第十八届中国新闻奖的消息《我国离婚率算高一倍》,其导语为:

  我国的离婚率被人为翻了一番,并且这一统计错误足足延续了近20年。
  自20世纪80年代末公布离婚率起,我国的离婚率就一直虚高,直接导致学术界和媒体的不少错误论断。在上海学者的呼吁下,该错误终于在2006年版的《中国统计年鉴》上得到了纠正。记者昨天获悉,这一事件已被列入"2006年十大家庭事件评选"的候选项目。

  背景材料交代了这一计算方式的错误,并且说这一错误足足延续了近20年。如今纠正过来,其重要性自然不言而喻。

  导语要尽量写短,但因要交代背景衬托事实的价值,报道者往往会适当加大导语篇幅,加入必要的背景材料。请看2013年1月22日《广州日报》上一篇报道的导语:

  本报讯 随着网络交流的普及,网络语言铺天盖地般涌来。"元芳""屌丝""我爸是李刚""打酱油"等词频繁出现在电视、广播、报纸、杂志等媒体上。21日,江苏政协委员李向东称,"屌丝"等网络语言已被媒体滥用,建议要规范、净化媒体语言环境。

  导语共两句话。第一句是背景材料,是对"网络语言已被媒体滥用"这一背景信息的强化。读者在这一基础上理解这位政协委员的建议,就会觉得这不是危言耸听,而是值得高度重视的。这一新闻事实的价值也就因此而凸显。

  2. 如何解决时间根据

  新闻报道的事实必须是"新近发生的"。在新闻导语中,记者应积极向读者表明报道的内容是"新闻",而不是旧闻。美国的曼切尔在《新闻报道与写作》一书中说:"很多新闻记者遵守一条不成文的规定:绝不在导语中用'昨天'的字眼。"试比较两家报社对同一事实的报道导语。

例1:

番禺运钞车劫案一主犯判死缓

1995年12月22日早上7时25分,原番禺市农业银行市桥信用合作社北郊储蓄所门口响起枪声,一辆运钞车遭遇抢劫。车内人民币1321万余元、港币210万余元、10支防暴枪、2支"五四"式手枪及一批银行票据、印章被抢走,押钞经警一死一伤,震惊全国。2017年1月,警方将该案最后一名主犯陈恂敏抓捕归案,"惊天大劫案"终告破。

据中国裁判文书网前日消息,广东省高级人民法院近日核准广州市中级人民法院以犯抢劫罪判处被告人陈恂敏死刑,缓期两年执行,剥夺政治权利终身,并处没收个人全部财产的刑事判决。

(2019年5月8日《广州日报》)

例2:

广东运钞车劫案主犯定案:被判死缓 曾逃亡21年

指挥抢劫运钞车,劫得上千万元,23年后,陈恂敏等到了他的最终结局。

5月6日,中国裁判文书网公开了广东省高级人民法院于2018年12月21日做出的复核刑事裁定书,确认了广州市中级人民法院对陈恂敏的死缓判决。他被认定为"番禺1500万大劫案"的主犯。

裁定书还原了1995年陈恂敏等人持枪抢劫运钞车,劫得现金折合人民币1500余万元的详细经过。

案发后,陈恂敏一直亡命天涯,直到2017年1月才被抓获。

(2019年5月7日《新京报》)

这是两家媒体对同一事实的报道。例1的导语出现的第一个时间点为二十多年前。这是抢劫案发生的时间。显然,这一事实已是旧闻。2019年5月8日的报道中,"何时"这一要素怎么会是1995年12月22日呢?再看例2,它的时间要素就是报道的上一天,即5月6日,符合"新近发生"这一要求。

仔细阅读,这两条导语中都提及了三个时间点:一是案发时间点1995年,二是抓捕时间点2017年,三是中国裁判文书网公开裁定书的日期2019年5月6日。而后者正是报道的时间依据,应当在导语中处于突出的位置。例2注意到了这一点,而例1

从1995年12月22日写起,没有解决新闻的时间根据,是不妥当的。

如何解决时间根据?通常的做法有:

第一,寻找新闻事实最新的变动点。

新闻具有时新性,就是指新闻的发生与发表之间的时差越小越好。寻找新闻事实最新的变动点,就是缩短这个时差。现实中往往有这样一种情况:事情发生时,记者没有及时得到报道线索,错过了报道机会,但这一事实仍然有报道价值,只是报道的时间陈旧了。要解决这一问题,就必须注意这一过去的事实是否有新的动向或新的发展,抓住新的动向或发展,就抓住了报道最新的变动点。请看广州《新快报》记者2010年9月26日采写的消息《的哥绕路 乘客一口气投诉三人》的导语:

> 昨天,广州市柏祥汽车出租有限公司一名正在上班的的哥被召回单位,他除了面临三天封表不得营运的处罚外,还要写下保证书。的哥遭受惩罚,事缘他在9月18日搭客时绕路而被乘客投诉。同时被投诉的,还有受理该宗投诉的两名人员。

事情发生在9月18日,而报道时间是9月26日。时间过去了近10天,但是因为乘客的投诉使的哥受到处罚,给报道带来了新闻由头。

有经验的记者特别注意寻找最新的变动点,请看新华社消息《湖南青工湖北救人留美名》:

> 新华社长沙4月1日电 湖南岳阳港务总工会近日收到一封来自武汉石化油码头的感谢信,信中盛赞岳港公司青工陈腾芳勇救一位中毒职工的感人事迹。
>
> 今年1月16日上午,陈腾芳和同事们在武汉石化油码头装油时,忽听到呼救声:"救人啦!有人昏倒在舱底!"陈腾芳和同事们循声跑到出事船舱,正见到下舱救人的人被舱底的剧毒瓦斯气逼了上来。陈腾芳自告奋勇下去一试,强烈的瓦斯立即将他逼了上来。此时有人拿来了湿毛巾和绳子,陈腾芳一把夺过湿毛巾捂住口鼻再次下舱。他摸索到中毒昏倒者身边,用绳子将其拦腰系住,并拖到舱口下让上面的人将其吊上来,油码头这位中毒职工终于得救了。而陈腾芳因在舱底时间过长,中毒被紧急送往医院,经抢救才转危为安。
>
> 为表彰陈腾芳的英勇行为,岳港公司近日为他荣记二等功。

这条消息是4月1日报道的,而事情发生在1月16日,相隔了两个半月。记者显然当时未获取这一信息,故未及时报道。在后面的日子里,有两个"近日"可作报道的最新变动点:一是"收到感谢信",二是"为他荣记二等功"。究竟选哪一个更好?从时间的先后来看,后者离报道的时间更近,应当作为报道的契机写入导语。

这条消息虽然注意到用新的时间接近点，但选的不是最近的一个，所以还不算是处理得最好的。

第二，策划一个与新闻事实关联的切入点。

新闻策划是新闻业务中较为常规的手段。新闻策划不是制造新闻，而是开掘与组织新闻。有经验的记者往往能够策划一个解决新闻由头的时间根据。梁衡先生在《没有新闻的角落——一个记者的内心独白》一书中，曾经提到一则由"记者导演的新闻"。在山西省吕梁山深处一个叫疙叉嘴的小山村里，乡村小学教师李健勤勤恳恳地工作了20多年。他挨家挨户地恳求乡亲把孩子交给他，由他来教孩子们识字念书。他坚持每天清晨到各家去接孩子上学，还在山沟里办果园，为村民开设技术夜校，使一个贫瘠的小山村人均收入有了很大的提高。记者面对这样一位无名的先进人物，苦于没有一个新闻由头作为报道依据而无法报道。梁衡说："采访完后，尽管我十分激动，但我还是无法写他：新闻要新，但李健在这里已风风雨雨工作了20多年，这叫什么新闻？记者遇到了一个无由头的新闻。有心宣传，无借口。这时就要找个由头，但又实在找不到，我突然想起干脆造个由头。"他大胆建议当地县委书记给李健以"山区办学英雄"的表彰，以县委的表彰作为报道的新闻由头，结果写成的新闻稿上了《光明日报》头版头条。梁衡称这是"记者导演的新闻"，其实不然，记者只是策划了一个报道的切入点，解决了新闻由头中的时间根据问题。如果没有这个由头，这一事实就难以成为新闻。所以从这个意义上来说，这一新闻的确离不开记者的"导演"。

第三，通过具体的描述造成现场感，由报道现场切入新闻。

一些非事件性新闻，很难找到一个时间上的"最近点"和新闻由头，这时，记者不妨把在现场观察到的某些材料具体化，给读者以现场感，仿佛是从现场发回的报道。请看下面两条导语。

例1：《36年"捡"出一座图书馆》的导语：

> 12月16日上午，四川省图书馆三楼。69岁的巴中老人陈光伟再次摸摸手中的古籍，脸上满是欣慰的笑容。这天，他把收藏多年的1000余册明清古籍无偿捐献给省图书馆。这些包括字典、医书等珍贵文献的泛黄图书，饱含着他的心血，也承载着他的心愿。"我想让人知道，无论这个社会怎样喧嚣，也还有我愿意做'傻'事。"

例2：《请过路吧，亲爱的藏羚羊》的导语：

> 昨晚，约有500只藏羚羊带着刚满月的儿女们，通过可可西里青藏铁路建设工地，向黄河源头的扎陵湖、鄂陵湖迁徙。
>
> 为不惊扰这些可爱的精灵，可可西里至五道梁一线，铁路夜间停止施工，拔走彩旗，灯光休眠，机器熄火；作为高原生命线的青藏公路，过往车辆在夜

间停驶3个小时。这里又呈现一种远古洪荒的宁静,只有高原的夜风为这群母子结成的队伍送行。

潜伏下来的观察哨称:跨越铁路线,母藏羚羊若无其事,像跨过自己家的门槛一样;小羊羔紧依着母羊,流露出一种莫名其妙的惊喜。

这些新闻都是从现场写起的。写现场的好处在于既解决了新闻由头中的时间根据问题,又制造出强烈的现场感,从而强化了新闻的真实性。

还有一种情况,事实已经发生,因为时间跨度大,或者因某些原因没有报道,但事实的新闻价值还在,只是时间要素不新了。记者可以从采访现场新近获得的线索入手,将陈旧的事实牵扯出来,予以报道。如第二十六届中国新闻奖一等奖作品《项目审批"长征"698天 泰豪动漫变"动慢"》:

本报讯 一个产业项目需闯过20道行政许可事项审批关口,涉及8个部门及省、市、县三级政府、工业园区,最后完成项目审批时间长达698天——3月18日,记者在省政府最近一份调研报告中,看到了泰豪集团"晒"出的行政审批流程图。正是这纷繁复杂的审批"长征",令起步较早的泰豪动漫项目实施进度缓慢,"'动漫'变成了'动慢'"。

据了解,泰豪动漫产业园一期工程2010年3月立项,至2012年11月才获得施工许可证。按法定期限计算,该项目完成各项审批需392个工作日,实际办理时间为200个工作日,剩余498天由以下三部分构成:13项非行政许可事项耗时255天,工程设计、供水、电力等市场有偿服务耗时100天,泰豪集团自身消防设计、环评整改、缴纳有关规费耗时143天。

……

这个项目审批前后花费了近700天时间,"动漫"成了"动慢"。在这漫长的审批过程中,记者当然可以介入报道其中复杂的审批环节,但以"最后完成项目审批时间长达698天"为主要信息,新闻价值更大。从报道时间点上看,以项目审批最后完成日为时间点,其时新性虽然也可以得以满足,但记者从3月18日看到的省政府调研报告中发现事实,显然时新性更强。

四、导语的类型和写作要点

导语的分类方法有很多种,目前比较通用的方法是按表达方式的不同把导语分为三大类:叙述型导语、描写型导语和议论型导语。

(一)叙述型导语

叙述型导语是最基本的一种导语类型,它用客观事实说话,直截了当、简明扼要地反映出新闻中最重要、最新鲜的事实，突出新闻要旨，让读者获得对新闻事实一个总体印象。

叙述型导语包括直叙式、概括式、对比式等不同形式。

1. 直叙式导语

直叙式导语的特点是开门见山，直接将最有新闻价值的事实叙述出来。如：

> 新华社莫斯科2019年6月5日电　国家主席习近平5日乘专机抵达莫斯科，开始对俄罗斯联邦进行国事访问。

直叙式导语适合于快速报道新闻，故多见于动态消息。写好这种导语，关键在于解决好"叙述什么"和"怎样叙述"的问题。"叙述什么"指的是写作导语时，哪一个事实最有新闻价值、最为读者关心，就在导语中突出这个事实。"怎样叙述"指的是叙述不仅要简洁，而且要明白准确。总之，直叙式导语是以凝练的语言摘取消息中最重要的内容并且加以突出。

2. 概括式导语

概括式导语的特点是把新闻的诸项内容加以概括归纳，浓缩成一两句话表达出来。它包举全篇，为读者提供整篇消息的梗概。如第十二届中国新闻奖获奖作品《调查表明：达赖在藏传佛教信徒中的地位急剧下降》的导语：

> 西藏近日对百户藏传佛教信徒家庭进行的一次无记名问卷调查表明：达赖在信徒中的地位急剧下降。

概括式导语适用于那些内容复杂、过程曲折的消息。善于归纳、准确生动是写好这种导语的关键。概括式导语不是概念的堆砌、空洞抽象的表达，而是仍得用事实说话。

3. 对比式导语

对比式导语是把新闻事实同一个与之既有联系又相反的内容放在一起叙述，通过对比衬托，突出新闻事实的意义。如第二十一届中国新闻奖获奖作品《有好戏，市场就能养活剧团》的导语：

> **本报讯**　本市第一家民营剧团——天津市刘荣升京剧团至今已在演出市场闯荡了10年。从当初只拥有一套比较像样的行头、每年演出只有五六十场的"小树"，长成享有一定知名度、更新了不少家当、年演出量最高时达200多场的"大树"。10年来，剧团以灵活的方式和适应观众需求的剧目安排演出，在戏迷的追捧下闯出了一条生路。

这就是把现在的情景和过去的情景相比较，以过去来衬托现在。通过对比性材料,凸显出新闻价值。

需要指出的是,由于同时叙述了对比的两面,因此对比式导语更要力求简练。因为这种导语是以新闻事实为主体,将对比的内容处理成修饰语或作背景交代,仅仅起陪衬作用。

(二)描写型导语

描写型导语是一种以生动具体的描绘见长的导语类型。记者抓住新闻中的主要事实、事件发展的高潮、某一有意义的侧面或某个特定的场景等,进行生动传神的描写,以制造现场感来感染和吸引读者。

描写型导语最常见的有见闻式和特写式两种。

1. 见闻式导语

见闻式导语以描绘远景见长,故一般用于较大场面的描述。它以叙事为主,穿插一些形象的描写,比起叙述型导语来,它力求使读者获得身临其境的感受。如第二十八届中国新闻奖获奖作品《井冈山在全国率先脱贫摘帽》的导语:

> 7月,又到了井冈山的旅游旺季。崇山峻岭深处的神山村,房屋修整一新,打麻糍、吃农家饭、看新农村……特色客家风情,吸引着游人纷至沓来。
>
> 村里第一批开办农家乐的村民彭夏英说:"最近农家乐生意好啊,再加上山上黄桃、茶叶的分红,一年赚十几万元没问题。"
>
> 谁能想到,这样一个世外桃源般的村子曾经是贫困村;谁能想到,每年收入十几万元的彭夏英曾经是贫困户……

这条导语由三段组成,先是远景,然后拉到近景,再到特写。一开篇就把读者带进了报道现场,把现场的气氛带给了读者。所以,见闻式导语往往有较好的感染力。

2. 特写式导语

特写式导语以表现近景见长。它抓住人物表情或一些事物的局部细加描绘,给人留下特写镜头般的印象。记者往往在导语上通过对某一点的特写,由点到面,由此及彼地引导读者阅读全文,了解整个新闻事实。如第二十二届中国新闻奖获奖作品《牧民开始用卫星放牧》的导语:

> 本报11月21日讯 "图门桑,牛群已离开您的牧场,在伊克尔湖东南约3.5公里处。"11月20日下午,鄂尔多斯市杭锦旗牧民图门桑看了一眼手机上的短信,急忙骑上摩托,向着伊克尔湖方向疾驰而去。在卫星放牧系统应用之前,图门桑为了找寻在沙尘暴中迷失的牛群,曾在草原上转了整整15天。

一般说来,描写型导语在事件性新闻中用得较多些,在非事件性新闻特别是经验新闻中用得少些。而在事件性新闻中,会议新闻较少采用这种写法;在非事件性新闻中,综合消息采用这种导语又多些;至于在新闻素描即特写新闻和现场目击式报道中,这类导语用得更多。

描写型导语虽然能以生动的画面感染读者,但过多的描写不符合导语简短的品格。所以,在什么情况下采用此类导语必须小心谨慎。要防止描写过多,只能运用寥寥几笔勾勒出对象的主要特征,以写意传神为宗旨。另外,描写一定要具体生动,避免陈词滥调和空泛的修辞堆砌。

(三)议论型导语

新闻报道以客观叙事为主,一般不允许记者直接在报道中大发议论,但有时也不排除画龙点睛式的说理议论。

议论型导语是从议论入手或是把叙事和议论交织在一起,用夹叙夹议的方法对新闻事实进行简要评论的导语。

常见的议论型导语有评论式、设问式和引语式。

1. 评论式导语

评论式导语的特点是将叙事与议论紧密结合在一起。如第二十六届中国新闻奖一等奖消息《我首批自主培养舰载战斗机飞行员拿到"海天通行证"》的导语:

> 本报讯 1月3日,某舰载航空兵部队举行总结大会,庆祝海军首批舰载战斗机飞行员成功着舰,并对任务中表现突出的先进个人进行表彰。从2年前试飞员首次着舰,到今天首批自主培养的飞行员全部一次性取得资质认证,标志着我航母战斗力建设取得实质性进展。至此,中国成为继美、俄之后世界第三个自主培养舰载战斗机飞行员的国家。

这是先叙事后评论。"表彰"是事实,"标志着"是评论,点明事实的意义。
又如第二十二届中国新闻奖获奖作品《基层科技创新遇"无米之炊"》的导语:

> 用"无米之炊"形容我省部分县(市、区)科技创新开展之难毫不为过。近日公布的2010年河北省地方财政科技拨款统计情况显示,全省有28个县(市、区)本级财政技术研究与开发费用为零,41个县(市、区)财政研发投入不超过50万元。

这条导语先评后叙,先用"无米之炊"点评河北省基层科技创新开展之难,然后以数据证实这一事实。评述结合,准确地揭示出现实状况。

评论式导语要求评论精辟,对新闻意义的揭示一语中的,不能脱离事实任意发挥,更不能牵强附会地将一些无关的评论强加于事实之上。

2. 设问式导语

设问式导语是以提问的方式开头的导语。这类导语是把新闻报道里已经解决的问题或确定的思想内容,先用设问句式鲜明地提出,而后用事实加以回答,使之更引人注目,激发读者阅读全文以获得问题答案的兴趣。

如第二十七届中国新闻奖获奖作品《"亲清八条"构建新型政商关系》的导语:

> 公职人员上门服务时,什么情况能在企业就餐?企业举办年会、春茗会,公职人员是否一律不得参加?昨日,佛山正式发布《佛山市政商关系行为守则》(下称《守则》)和《佛山市政商交往若干具体问题行为指引(试行)》(下称《指引》),出炉"亲清八条"。

导语中开头提到的两个问题,主体部分给了明确的答案。再看芝加哥《每日新闻》的一则报道《钢铁价格上涨》的导语是:

> **本报讯** 最近钢铁价格上涨,这将对你的购买力发生怎样的影响呢?

导语中先不作答,主体部分则以大量的事实来说明钢铁涨价与消费品价格的内在联系,对消费者而言,涨价的影响就不言自明了。

设问式导语写作的关键在于问题的设计。首先,所设之问应是读者未知而欲知的问题。记者要研究读者关心的问题是什么,抓住读者感兴趣的问题。其次,设问的目的在于激发读者的好奇心和求知欲,引导他们阅读全文,故问题的难易度应适中。既不要把设问变成考读者,也不要提过于浅显的常识性问题。对于那种难度较大的问题,最好是提问后赶紧作答,或告诉读者答案何在。不要一口气提过多的问题,否则既容易吓走读者,也有可能分散读者的注意力。

设问式导语常用在述评新闻、经验新闻、社会新闻中,通过回答,为民解疑,向社会提供新经验、新信息。

3. 引语式导语

引语式导语的议论不是记者本人的言论,它或是巧妙地援引新闻中主要人物的话来点明题旨或引出主要新闻事实,或是引用某些名言警句来开头。

引语的方式有二:直接引语和间接引语。

直接引语即直接引用原话。西方新闻界对直接引语非常重视,他们认为使用直接引语最大的好处就是能够表明被引语者的观点或情感。下面这条导语来自第二十六届中国新闻奖二等奖消息《天门一干部275元公款买贺卡寄44个单位(引题) 纪委收到贺卡拍案:顶风违纪,查!(主题)》:

> **本报讯** "我因为275元挨处分,教训深刻!"昨日,天门市竟陵街道办事

处孙湾社区党总支书记、居委会主任盛平章对记者说。

直接引用原话应加引号,以示真实准确。直接引语在西方的报道中用得比较多,这是因为"好的引语能够起到补充引语和证实消息的作用,甚至可以让读者听到说话人的声音。它们可以为你的报道增添艺术性和趣味性"①。

直接引语应注意真实性,千万不能是记者编造的话。请看下例:

  本报讯 当那个不下跪的孙天帅受到人们的普遍赞扬时,有的大学生却认为:"只要有钱,跪一次又有什么了不起!"

这条导语中的说话者身份不明确,读者会怀疑这言之凿凿的依据何在?在这种情况下,不如改用间接引语合适。

间接引语是把别人的原话略加整理引出,整理的目的在于让引语的意思更简明扼要。如:

  参考消息网 2019 年 6 月 6 日报道 俄媒称,赴俄深造的中国学生近年来人数陡增。这一趋势与中国落实"一带一路"倡议有关,俄罗斯被视为重要的政治经济伙伴。

间接引语不完全是原话,故不能加引号,但必须符合原意,不能断章取义,更不可不负责任地随意歪曲。

使用引语式导语要格外谨慎。美国学者威廉·梅茨在《怎样写新闻》中说:"一位提供消息的人绝不会有意地使自己的话构成一则新闻导语;而且也很少有某个人的话,一字不差地加以引用就是一条最好的导语。"所以,我们在使用这种导语时首先应注意引用的话必须是有权威性、有影响力、有代表性的,或是对该问题最有发言权的人的话。其次,引语必须能回答当时人们共同关心并迫切需要得到回答或澄清的问题,具有一种政策上的披露与宣传作用。

五、硬导语和软导语的选择

硬导语和软导语这组概念,是从硬新闻和软新闻中引申出来的。

硬新闻是指题材较为严肃,着重于思想性、指导性和知识性,以反映政治、经济、科技等领域的重大情况为内容的新闻;而软新闻则指那些人情味较浓,写得轻松活泼,易于引起读者阅读兴趣的新闻。硬、软导语主要是从写作风格上来说的。前者不事渲染,开门见山,以朴实的笔墨突出事实的价值;后者在写法上较多地运用文学化手法,以生动活泼、风趣幽默见长。一般而言,用硬导语是消息写作的正道,故西方常称之为

---

① 里奇.新闻写作与报道训练教程[M].钟新,译.3 版.北京:中国人民大学出版社,2004:45.

"职业化写作";而与此相对的软导语,由于偏向于文学化写作,故被认为是"非职业化写作"。

但是,这个问题也不那么简单。在今天这个多媒体竞争的时代,有人认为用软导语是报纸与广播电视相抗衡的策略之一。"消息在风格上更加文学化有助于报纸同电视竞争。电视广播报道新闻虽然比报纸快,但是报纸使用软导语,能使故事更有趣。而也有人认为,软导语对大多数新闻题材不适合:过于附庸风雅、文学化以及非职业化。软导语太长,不能突出新闻事实。"①

在美国,软导语也是备受争议的。"许多编辑反对使用软导语是因为需要花费太长的篇幅才能涉及报道要点。"②如何看待硬导语和软导语的问题?简单的肯定或否定都是不科学的。硬导语和软导语作为不同的写作风格,在不同的情况下有不同的意义,要具体问题具体对待。软导语虽然可读性会强一点,但可能影响读者快速获取报道的主要信息。这是软导语要处理好的一对矛盾,是我们在写作软导语时要特别注意的。

导语的硬、软问题,是风格问题。但这一风格不像文学作品那样,主要表现为个人风格。也就是说,导语的风格不完全是由个人兴趣所决定的,下列因素都会影响导语硬、软风格的选用。

(一)不同的题材影响导语选择

从题材的性质来说,本身就有硬和软的区别。重大的政治、经济、科技等方面的内容,谓之"硬";社会新闻,接近百姓日常生活的逸事趣闻,谓之"软"。所以根据题材的性质来选择导语的风格是非常重要的。

如下例,报道一家工厂生产了一种面料,算不了重大题材,难以引人关注,故其导语就以"软"来取胜:

亲爱的读者,你知道灯芯绒可以做夏天的裙子吗?上海绒布厂新生产的许多种灯芯绒中,就有这样新奇的品种。

这一软导语的效果很好,如改用硬导语,效果就差些:"昨天,一种新的灯芯绒在上海绒布厂问世了。"这种硬导语完全是报道重大题材的口吻。如果是报道我国第一颗原子弹爆炸,用这种风格就很得体:"我国第一颗原子弹今日爆炸成功!"若改用软导语:"亲爱的读者,你知道我国可以自行研制出原子弹了吗?昨日,我国第一颗原子弹已爆炸成功!"就有点不得体了。

对于事件性新闻与非事件性新闻来说,事件性新闻的时效性强,其导语往往要求

---

① 有关硬、软导语的讨论情况,见 BUCHHOLZ T. Reporting for the Print Media,P. 187. 转引自张威. 对国内有关"硬新闻"和"软新闻"界定的质疑[J]. 国际新闻界,1998(4):63.
② 里奇. 新闻写作与报道训练教程[M]. 钟新,译. 3版. 北京:中国人民大学出版社,2004:157.

开门见山,故以硬导语多见;非事件性新闻的时效性不如事件性新闻,其导语相对来说可以软一些。

(二)不同媒体对导语的选择不同

媒体的定位影响导语的写作风格,我们根据媒体的情况分两方面来讨论。

第一是党报与非党报之别。

党报,政党的机关报。政治色彩浓郁,在风格上就倾向于硬一点。恩格斯说:"党需要的首先是一个政治性的机关报。"毛泽东等人也曾明确提出反对党报"软化"。

而非党报的政治色彩要弱一些,内容丰富,写法上也较灵活,风格上相对来说要软一些。

第二是日报与非日报之别。

按惯例,每周出版五天的报纸就算是日报。日报的特点是能及时报道新闻事实,满足人们快速知道新闻的欲望。它追求报道的时效性,所以往往是以最快的速度、最少的文字、最朴素的形式,把最重要的内容直截了当地告诉读者。这样,它的风格就比较硬了。

而非日报每周出版的次数较少,出版周期相对来说长一些,在时效性方面无法与日报相比。因此关于事实的简要报道一般在别的媒体上已经发表过了,非日报如再涉及此事,就得另有高招。有学者在研究新闻周刊的写作时就说过,对于日报来说,使用风格比较硬的倒金字塔结构是好的选择,但对于周刊性质的报纸而言,"如果用倒金字塔结构来报道已经过去若干天的事件,那么这一形式只能加剧报道的陈旧感。所以,新闻周刊要想同日报有效地抗衡,就必须做两件事:一是提供竞争对手不具备的信息;二是在提供与日报相同的信息时,叙述得更好一些"①。叙述得更好一些,通常就是较多地用文学手段,让叙述风格软一些。

(三)个人因素影响导语的选择

如前所述,个人因素对于新闻导语的风格来说,虽不像文学作品那样举足轻重,但还是有一定影响的。这一点,尤其体现在那些富有创新精神的记者和有多年报道经历并已逐渐形成个人写作特色的记者身上。

如新华社记者郭玲春,她着意打破已经形成的"新华体",写出富有个人风格的导语。试比较下面两条导语:

> 新华社银川 12 月 3 日电 宁夏回族自治区妇联今天向 90 名从事妇女工作 20 年以上的妇女干部颁发了荣誉证书和纪念品,以表彰她们扎根边远地

---

① 福克斯.新闻写作——报刊记者指南[M].李彬,译.北京:新华出版社,1999:178.

区,为各族妇女、儿童谋利益的忘我工作精神。

  新华社北京 11 月 28 日电 以新闻报道为己任的 350 余名记者、编辑、播音员,今天成了被报道的新闻人物。这些常年活跃于社会各阶层,反映人民群众的成就、愿望和呼声的新闻群英荟萃北京,参加建国 35 年来首次举行的全国优秀新闻工作者表彰大会。

后者为郭玲春所作。按一般的写法,是"大会表彰了某人",郭玲春为了突出被表彰的对象,特别选用被动句,突出了受表彰的人。这样写报道对象显然要更鲜明些。

个人兴趣爱好及追求对导语风格的影响,还可从穆青、范敬宜等名家的作品中感受到。不过,深层次地看,个人的风格最终还是与记者供职的新闻机构的性质以及他擅长报道的领域有关。因此,媒体、题材等因素还是起着主要作用。

在上述基础上,可以进一步提出两点:

第一,新闻作品写作者应为不同的题材、不同的体裁、不同的媒体调整导语写作风格。如下面这条导语就写得生动活泼,与报道的题材很匹配:

  巴塞罗那 1992 年 9 月 30 日电 像雏燕轻快翻飞,像宝剑刺入碧水,高敏在女子跳板跳水决赛中的精彩表演,使中国又得一金。

第二,严肃的、重大的题材报道,其导语也可以有限度地在"软"字上做点文章。这样做的目的是为了提高报道的可读性,而不是玩玩花招。试比较下面两例:

例1:20 世纪 30 年代,美国人 K.瓦尔玛发明了一种杀虫药,报道此事的导语为——

  10 年前,当 K.瓦尔玛刮胡子的时候,困扰他的苍蝇们实在是太没有自知之明了。

这条导语光怪陆离、矫揉造作。欲造悬念却离题千里,是"瞎导语"。

例2:匹兹堡一个年轻的科学家创造出世界上最纯的真空,因此获了奖。报道此事的导语为——

  一位年轻的科学家因为创造出了什么也没有的东西于今天获得了 1000 元美金。

导语不直接说出创造了"真空",而有意说成是"什么也没有的东西",化直接为间接,造成悬念,令人欲读:什么也没有,为何得奖?

可见,根据不同情况选择不同的导语是大有学问的。

第三节 消息主体与结尾

消息一般由导语、主体和结尾三部分组成。写好导语固然重要,但还构不成一条消息。如何写好消息的主体和结尾,同样应当引起我们的重视。

一、消息主体

消息主体是消息的主干部分,也是消息的展开部分。在一条消息中,导语虽然已经包含并突出了最重要的新闻事实,但对新闻事实的全部内容表现得还很不充分,尤其是还没有用具体的材料来阐明和表述新闻主题,所以消息主体必须用充分、具体而典型的事实,进一步表现新闻主题。消息主体对主题思想的表现有着非常关键的作用。

(一)消息主体的作用

概括地说,消息主体的作用主要表现为两个方面:

一是解释和深化导语。主体对导语里提出的主要新闻事实、问题或观点,进一步提供具体材料,解释新闻事实的来龙去脉或前因后果,深入表现新闻事实的意义,从而使读者对新闻事实有更清楚、更全面的了解。

二是对导语的内容加以补充。导语一般只突出那些最有新闻价值的事实,在部分要素式导语中,往往只突出新闻六要素中的一两个。这样,消息主体就必须补充导语中未涉及的部分,补充新闻六要素中的另一些要素。同时,消息主体还要适当地提供与新闻事实有关的背景材料,使得内容充实饱满、枝繁叶茂。

下面结合实例说明消息主体这两个方面的作用:

在特大洪峰的严峻考验下,葛洲坝巍然屹立稳如泰山

本报葛洲坝工地 7 月 19 日专电 今日凌晨,长江上游的特大洪峰已经顺利通过葛洲坝,我国万里长江上的第一坝胜利地经受了大自然的严峻考验。为此,中央防汛总指挥部来电表示热烈祝贺。

导语突出了主要新闻事实,同时还提到了"中央防汛总指挥部来电表示热烈祝贺",可见这一新闻事实具有重大意义。我们知道,葛洲坝是长江上第一座大型水电站,它能否经受住特大洪峰的考验,是世人瞩目的焦点。导语抓住读者最为关心的问题,先报平安,但关于"特大洪峰"的情况,暂不描述。

根据计算,今日凌晨葛洲坝的流量达到了 7.2 万秒立方米,大大超过了

1870年以来的110年间最大的一次洪水。当汹涌澎湃的洪峰奔出三峡,从"瓶口"南津关夺路而出扑向大坝的时候,抢在洪水到来之前加高的大江围堰,把洪峰逼向左边的二、三江建筑群,洪水从27孔泄水闸和6孔冲砂闸奔腾而去。在泄水闸的各个出口,咆哮的江水如凶猛的野兽一样在闸前狂怒不息,激起十多米高的浪花和水雾,不停地发出雷鸣般的呼隆声。

这是主体的第一段,全部内容都是对导语中的"特大洪峰"的解释。当人们从导语的喜讯中放下一颗心时,接下来最为关心的是"特大洪峰"到底有多大?主体马上回答了这一问题:"流量达到了7.2万秒立方米。"不过,这一数字还过于抽象,读者对数字的含义可能无法把握。于是作者又交代一个历史背景使之具体化,指出这是宜昌自"1870年以来的110年间最大的一次洪水"。然后作者以具体的描绘进一步生动展现了洪峰在大坝前的威力,让读者如见惊涛骇浪,更能体会到"葛洲坝巍然屹立稳如泰山"这一新闻事实的特殊意义。

在洪峰到来的时候,从驻在武汉的长江流域规划办公室到葛洲坝工程局,灯光彻夜通明,电话铃声不绝。工地上数万名参加防护的工人、工程技术人员都坚守岗位,严阵以待。与此同时,设在大坝廊道内外的4000多部监测仪器随时监视着大坝的每一点细微的变化。

这一段表现人们严密监视特大洪峰通过大坝时的情景。这一内容在导语中没有提及,这里加以补充。补充的内容既说明特大洪峰通过葛洲坝这一重大事件万众瞩目,又让人体会到在大坝与洪峰搏斗的背后,实际上反映的是人类改造自然的战斗。这才是这一新闻事实的应有之义,作者将它发掘出来,深化了新闻主题。

在长江上建坝第一位的问题就是"安全"二字。只有首先做到安全可靠,才能谈及其他。因此葛洲坝工程顺利度过特大洪峰,其意义比通航、发电还大得多。今天,当洪峰已经过去的时候,连日来战斗在抗洪第一线的长办副主任魏庭铮、葛洲坝工程局总工程师曹宏勋和其他负责人发表谈话说,当预报长江上游出现特大洪峰时,我们以严峻的心情,迎接洪水对工程的考验;党中央、国务院和全国人民都密切关注着大坝的安危。现在,中国人民可以自豪地宣布,葛洲坝工程经受住了新中国成立以来长江最大洪峰的考验,大坝巍然屹立,稳如泰山,没有出现任何异常现象,大江围堰丝毫不动,所有水工建筑均正常运行。这是中国人民的智慧和力量的胜利。一直坐镇在工地上组织和指挥抗洪的水利部部长陈庚仪高兴地说,各种监测仪器提供的大量数据都在安全设计的标准之内,大坝质量比原来设想得还要好。

这是主体中篇幅较大的一段。在前面的段落里已经描绘了洪峰通过大坝的情形,作者在此笔锋一转,连续引用权威人士的话对此事进行评论,"葛洲坝工程顺利度过特大洪峰,其意义比通航、发电还大得多",是对导语的进一步解释和深化。通过这一交代,整篇报道的分量愈加显示出来了。人们一般只知道葛洲坝在发电、通航方面的意义,没想到此事的意义大得多。读到此处,人们也会恍然大悟:为什么中央防汛总指挥部要为此发去贺电。

现在,洪峰已经缓慢下落。从16日下午起关闭的两座船闸,待流量下降到四万秒立方米左右即可开闸通航。

结尾一笔补充交代新闻事实的发展趋向,表明一切将很快恢复正常,解除了人们心中的不安。

通篇观之,导语简明扼要,主体有血有肉,既补充了一些必要材料来丰富新闻的内容,也从不同侧面充分展示了新闻事实的意义。

在一些篇幅较短、内容单一的新闻里,主体部分的两大作用有其一就可以了。请看下面两条消息:

例1:《牛津大学承诺招更多"寒门学子"》

英国牛津大学打算对招生政策作"重大调整",预计2023年前把来自本国弱势群体家庭的新生比例从目前的15%提高至25%。

英国广播公司21日报道,此举旨在应对外界对牛津大学"延续特权"的指责。牛津等英国顶级高等学府常被指招收太多私立学校学生,而"寒门学子"很难进入。

依据英国萨顿基金会所作社会流动性调查,牛津大学和剑桥大学从8所英国学校招收的学生人数多于招自近3000所公立学校的学生人数总和。这8所学校大部分为私立学校。

牛津大学计划每年从英国较贫困地区招收200名学业优异的学生,同时设定50个"基础年"学生名额,挖掘有潜力但学业遭遇困难的学生。完成为期一年"基础年"学业的学生有望进入牛津大学本科专业学习。

判断学生是否来自弱势群体的依据并非收入或族裔身份等,而是看他们居住地区的社会经济状况。

(2019年5月22日《广州日报》)

例2:《美空军基地迎来"不速之客":一只鳄鱼爬上跑道》

参考消息网2019年5月18日报道 据美国《空军时报》网站5月16日报道,5月14日早上,位于佛罗里达的麦克迪尔空军基地跑道上迎来一位特殊"访客"——一只短吻鳄。

该基地发言人表示,这只短吻鳄应该是从基地附近的一个水潭里爬过来的,在那里经常可以看到鳄鱼。他表示,万幸的是发现得较为及时,这只鳄鱼并未对基地人员和飞机造成损害。

美媒称,该基地工作人员将这只鳄鱼诱骗到一个桶里,然后用一辆小型装载机将其重新安置。基地发言人表示,整个过程中鳄鱼和工作人员都没有受到伤害。

麦克迪尔空军基地还在其官方社交媒体账号上贴出了这只"闯入者"的照片,并配文称鳄鱼"正准备起飞"。

该基地的野生动物管理人员介绍称,短吻鳄并非麦克迪尔空军基地的"常客",这次"访问"是5年来的首次。

以上两例中,例1的主体是解释和深化导语,既对"寒门学子"的身份认定作出解释,又对"招更多"这一举措作出具体描述。例2的主体是对导语的补充。导语说来了一只鳄鱼,主体部分则告知读者这特殊"访客"是从何而来,又是如何处置的。结尾还补充说明这种事也不常见,让读者更能理解事实的新闻价值。

(二)消息主体的写作要求

导语写作固然重要,主体部分的写作也不应轻视。古人称文章的开头、中间、结尾为"凤头、猪肚、豹尾",强调中间部分的充实饱满。那么,如何才能写好消息主体?

1. 注意变换角度,不要重复导语

写好消息主体,一个重要的问题是如何处理好与导语的关系。大多数的新闻都把最重要的事实写入导语,主体是对事实的深化、具体化。如果把握不好,主体就有可能与导语产生重复现象。请看2017年5月30日《广州日报》的这条消息:

老人凌晨落水 民警跳塘救人

本报佛山讯 昨日凌晨,佛山南海区一名老人失足跌落池塘,随时有溺水危险,大沥派出所大镇社区民警中队接报后快速反应,民警连警服都没脱就跳入水中,将失足落水的老人成功救起,目前老人身体已无大碍。

昨日凌晨5时许,大沥镇钟边柏和村池塘有人落水,赶到的民警潘向东、宁玉尧连警服也来不及脱便跳入池塘向老人游去,经过岸上辅警刘峻宏等人的合力救援,老人被成功救上岸。事后了解,被救的老人姓吴(女,65岁),原本想下去池塘洗东西,因路滑不慎落水。

这条消息全文虽只有二百来字,但导语与主体内容严重重复。主体只是将导语的时间、地点、人物等要素描述得具体点,没有增添新的信息。这条消息还不如直接从主体写起,更为开门见山。这种为写导语而写导语的做法,很容易造成主体与导语的重复,如再加上标题,就是消息写作中的"三重复"现象。的确,标题要标出主要信息,导语也要求突出主要信息,主体部分又是对主要信息的具体化,看上去重复现象不可避免。其实,主要信息的"重复",不是简单地"又说一遍",而是为强化传播效果增加必要的冗余信息。主体部分只要稍稍变换一下角度,就不会只是简单重复。下面这条消息《浙江百名农业局局长集体吃鸡鸭》就颇为成功:

新华社杭州2月8日电 "只要是检疫检验合格的鸡鸭,大家可以放心地吃。"浙江省委常委、常务副省长章猛进一边吃着鸡腿一边笑着对大家说。8日中午,这个省农业工作会议的工作午餐显得特别"丰盛"。

大盘的鸡肉、整锅的老鸭煲,摆上了全省各市(县、区)100多位农业局局长和专家的餐桌。章猛进首先带头,把面前的一只鸡大腿放到了自己的碗中。随后,又为各局长分起了鸡。"你们都是农畜方面的专家,检疫合格的鸡肉鸡蛋煮熟煮透可以放心吃,那我就带头先吃了,"章猛进说,"你们的责任很大,要帮老百姓把好关。"

在餐前的会议上,浙江省领导强调,全省要全面抓好防治禽流感工作措施的落实工作,把责任落实到位,任务分解到位,制度执行到位,经费物资保障到位,决不让一只病禽流入,决不让一只病禽上百姓的餐桌。

近来,浙江永康发生了禽流感疫情。浙江省一手抓防治禽流感不动摇,一手抓发展畜牧业不放松,统筹抓好疫病防治和发展畜牧业的各项工作,并采取多种形式引导消费,扩大市场需求。

导语和第二段说的是领导带头"集体吃鸡鸭",第三段从另一角度阐述了一个新的内容:"决不让一只病禽上百姓的餐桌。"前面说的是"上餐桌",后面说的是"不上餐桌",二者互相联系又不重复。

2.注意扣紧主要信息,与导语保持密切联系

主体对于导语而言起到深化和补充的作用,这显示了二者之间的关联性。有些人不注意主体与导语的关联性,结果可能造成两种情况:一是主体材料不足以支撑导语,二是主体材料游离导语。主体材料虽然比导语要丰富,但它们都必须围绕新闻的主要信息,从不同侧面展开,与导语保持密切联系,而不应游离于主要信息之外。请看这篇报道《沐足店噪声影响他人被判赔医疗费》:

本报讯 广东省高级人民法院在"6·5"世界环境日前夕发布环境资源典型案例,涉及非法采矿、非法捕捞水产品、臭气污染、噪声污染等领域。据悉,2018年,全省法院审结环境资源类民事、行政一审案件2.1万件,同比上升14.7%,审结环境资源类刑事案件1672件,同比上升22.8%。

法院通过典型案例,鼓励、引导人民群众在生产、生活中受到环境污染侵害时运用法律武器依法维护自身合法权益。

在高某诉某沐足店环境污染责任纠纷案中,高某居住在某沐足店的楼上,由于该沐足店营业到深夜,热水炉和员工放置木桶均产生极大的噪声,影响了高某的睡眠和休息。2013年2月,经医院诊断高某患抑郁症,高某遂到法院起诉要求沐足店赔偿医疗费、误工费等费用。

鹤山市人民法院经审理认为,高某居住的房屋位于沐足店正上方,沐足店在经营过程中产生噪声是客观事实,且已被当地环境保护局及公安局给予行政处罚。因此,在沐足店无法提供证据证实其污染行为与高某遭受的损害不存在因果关系,且没有提供证据证实其存在法律规定的不承担责任或者减轻责任的情形,法院判决沐足店向高某赔偿相应损失。

(2019年6月6日《广州日报》)

这篇报道虽然不长,但标题、导语、主体存在脱钩现象。标题与主体的内容基本一致,但导语与标题、主体的关联就不大。标题与主体说的是一个个案:居民高某诉楼上的沐足店影响他的身体健康,法院判决沐足店向高某赔偿相应损失。导语说的是广东省高级人民法院在"6·5"世界环境日前夕发布环境资源方面的案例,涉及非法采矿、非法捕捞水产品、臭气污染、噪声污染等领域。显然,导语涉及多个领域的治理。主体所举的这一个案例怎能支撑起这样的导语?这就像专家诟病的一种写法:"帽子底下无人。"虽说第二段有一个过渡交代:"法院通过典型案例,鼓励、引导人民群众在生产、生活中受到环境污染侵害时运用法律武器依法维护自身合法权益。"但一个孤立的个案很难让导语表达的信息丰富起来。

好的消息主体总是能与导语保持多样的联系,共同丰富报道的主要信息。例如消息《特朗普因在英国看不到福克斯新闻台 连发推特抱怨》的主体在深化和补充新闻事实时,既紧扣主题,又适当地拓宽了信息的内涵,耐人寻味。请看:

参考消息网2019年6月4日报道 美媒称,特朗普在抵达英国数小时后因为无法收看自己最喜欢的福克斯新闻台的节目,一连发出两篇推文进行抱怨。

据美国《沃克斯》杂志网站6月3日报道,特朗普当天首次造访美国驻英国大使馆。他在白宫已经习惯收看喜爱的电视新闻频道——福克斯新闻台,但是在美国驻英国大使馆中,他却没有这样的运气。

21世纪福克斯公司于2017年以亏损为由停止了在英国的播出。此外,英国媒体的监管机构曾表示,该频道没有遵守英国相关的规则。

报道认为,特朗普的抱怨与其身份格格不入——总统花费了宝贵的时间却是为了发两条推特来吐槽看不到福克斯新闻。

报道指出,美国有线电视新闻网(CNN)在英国拥有播放权,但特朗普长期以来与这家媒体不和,因为后者对他的报道并不像福克斯新闻台那么热衷。

这条消息的导语突出了"何事",即美国总统特朗普因在英国看不到福克斯新闻台而连发推特抱怨。主体部分先是对导语内容稍作展开,然后补充了一个重要的背景材料:21世纪福克斯公司在英国停播的原因。接着就此作了简短评论,称特朗普为此发推特抱怨,与其身份格格不入。按一般的写法,这条消息的内容就完整了。但记者并未就此了结,而是在结尾补充了一个信息:另一家美国媒体CNN在英国拥有播放权,但特朗普并不喜欢看它的报道,因为后者对他的报道并不像福克斯新闻台那么热衷。这一内容看上去与新闻事实似乎关联不大,但读者如果仔细琢磨,就会发现其意义非同寻常。特朗普与两家美国媒体的关系令人回味,报道从另一角度开拓了新闻的意义。这些内容不仅没有游离主要信息,而且大大加强了新闻的内涵。

3. 内容要充实,防止空洞无物

新闻以事实说话,作为阐述主题的主体部分,自然应该内容充实、材料具体。只有这样,才能有力表现主题。因此,主体作为消息的展开部分,一定要言之有物。

2004年度中国广播电视学会城市广播电台(广播新闻)年会在长沙召开,一些媒体对此作了报道,且看其中一家的报道:

中广学会城市广播电台(广播新闻)年会在长沙开幕(引题)
广播媒体步入发展春天(主题)

本报讯　昨日,由长沙人民广播电台星沙之声承办的2004年度中广学会城市广播电台(广播新闻)年会在长沙市开幕。来自中国广播电视学会及各城市广播电台的80多名广播界同行、专家、学者共聚一堂,商谈了未来广播电视的发展大计。长沙市委副书记吴志雄出席开幕式并致辞。

会上,吴志雄殷切地希望以本次年会为桥梁,长沙市与各城市的传媒能建立起更为密切的联系,进行更为深入的交流和合作。通过各家电台传媒对长沙市的广泛推介,让世界更多地了解长沙市,让长沙市更好地走向世界。本次年会也是全国广播界相互交流、加强合作、共谋发展的一次盛会。长沙市的广播传媒也要借这次年会的契机,继续更新观念,不断推进改革,努力开创广播改革发展的美好明天。

目前,广电业是长沙市媒体传播的主体之一,其中广播电台有星沙之声、音乐频道两个频道,合计年节目生产能力为4万小时。电视剧、电视专题片、电视综艺节目已达年产600部(集)的能力,广告片制作能力达500分钟。长沙广电业的诞生与发展也与其他兄弟电台一样,印证了十几年来广播改革发展的轨迹,从部门运作到中心运作,从中心运作到频道制运作,直到目前的集团化运作。

据了解,中广学会城市广播电台(广播新闻)年会为期两天。本届年会

> 将突出"交流、合作、发展"的主题,就广播媒体的现状与发展趋势、广播新技术的推广与应用、广播新闻发展规律等论题进行广泛、深入的交流探讨。目前全国有广播电台306座,广播节目1983套,每天播出广播节目22 838小时。近年来,随着经济的发展和人们生活节奏的加快,广播收听率明显提高。广播媒体在扮演了多年的"弱势媒体"角色后将迎来更加充满生机的春天。

这篇报道以"广播媒体步入发展春天"为主要信息,虽然抓住了有新闻价值的内容,但遗憾的是,报道的主体部分并没有充分的事实来支撑"步入发展春天"的说法,只是对长沙市的广电业作了一个介绍,仅在结尾处点到:"广播媒体在扮演了多年的'弱势媒体'角色后将迎来更加充满生机的春天。"这样的话是没有什么分量的。

由于受"电视冲击波"的影响,广播业的发展曾一度步入低谷。随着广播业自身的改革和社会的发展,尤其是车载广播随着小汽车走入千家万户后,我国的广播业又有了新的发展,城市交通台、音乐台等广受人们的欢迎。过去被视为"弱势媒体",今天用"步入发展春天"来形容是很恰当的。这次会议的召开本身就可说明这一点,这就是新闻。记者如果在这方面多下功夫采写,可以将内容写得充实饱满。

好的新闻主体总是饱满如"猪肚"。如前面提到的《在特大洪峰的严峻考验下,葛洲坝巍然屹立稳如泰山》,主体部分先是具体交代洪峰流量,洪峰通过葛洲坝时肆虐之势和大坝稳如泰山之况,接着叙述从工地到办公室万人关注、监视洪峰,最后引用权威人士的话来阐述大坝"安全"的意义,深化了新闻主题。通过短短的篇幅,让读者对洪峰过大坝这一事实既知其然,又知其所以然。

4. 要波澜起伏,防止简单罗列事实

"文似看山不喜平",新闻同样也要避免平铺直叙,简单罗列事实。主体不仅要完成深化和补充的任务,而且要波澜起伏,有较强的可读性。

所谓波澜起伏,主要是指事实与事实之间或断或续;结构上大开大阖;叙述上灵活多变,跳跃起伏。请看这篇获第二十五届中国新闻奖二等奖的作品《苏尼特牧民:赶着羊群上天猫》:

> 12月18日上午9时正,随着天猫商城鼠标点击,拥有地理标志认证和溯源认证的内蒙古苏尼特左旗羊肉,创造了在48小时之内摆上全国各地消费者餐桌的奇迹。
>
> 世世代代逐水草而居、祖祖辈辈在草原天然牧场放牧的苏尼特左旗赛汗戈壁苏木乌日根呼格吉乐嘎查牧民道·巴特尔,坐在自家电脑前时刻关注着开业情况。当他了解到,消费者当天就在北京火锅店品尝到他家牧场苏尼特羊新鲜肉时,他兴奋不已地对记者说:"我们家羊肉营养丰富、口感柔滑、无膻

味、味美多汁,一定会受到首都人民青睐。"

羊肉销路越广,卖得越多,牧民的收入就越高,牧民都知道这个理儿。在网上买卖东西,道·巴特尔以前只是听说。他从没想到,这么好的事儿竟然和牧民及他们的苏尼特羊肉扯上关系。"天猫商城销售的苏尼特羊肉产品,必须具备地理标志认证和溯源认证,两者缺一不可。"参与推进网络销售平台建设的苏尼特左旗财政局副局长陈晓刚说。

今年春天,在苏尼特左旗,有15万只小羊羔出生1个多月就被打上了耳标,有了可追溯身份证,约占苏尼特左旗羊总出栏数的五分之一。羊戴上耳标,其产品就拥有了溯源认证。"品名:手工肉馅;重量:2.5kg;养殖户:格·孟克;品种:苏尼特羊;地理标志:锡林郭勒盟苏尼特左旗;水质:河流2条,大小湖泊1363个,其中淡水湖672个;饲草种类:饲用植物671种……"在满都拉肉食品有限公司,记者拿起一袋冷冻饺子馅,用手机扫描一下二维码,产品的信息便一览无余。

独特的地理环境,赋予了苏尼特羊肉"肉中人参"的美誉。"全国羊肉看内蒙古,内蒙古羊肉看锡盟,锡盟羊肉数苏尼特。"在苏尼特左旗,每个牧民对自己的羊肉都有这样的自信。道·巴特尔说:"咱们苏尼特羊是幸福的,从小就有身份证,每天在辽阔的草原上散步。它们的身价也比普通羊高。"打了耳标的苏尼特羊肉,在品种、产地等各方面都有了保障,企业收购时每公斤比市场价高出2元。今年,道·巴特尔卖了400只羔羊,在羊肉价格整体下跌的形势下,他却得到了不少补偿。他说:"一只羊能多卖二三十块钱,这样过冬的草料钱就基本解决了。"

目前,该旗已与顺丰速运公司达成合作协议,天猫商城销售的羊肉产品,在苏尼特左旗、锡林浩特、呼和浩特、北京、上海、成都等地区实现同城配送,外地48小时内到货。

12月18日上午9点,苏尼特羊肉在天猫商城的"放心食品专营店"刚一亮相,就引起不少网民关注,截至当天17点,点击量达到1800多人次。

这篇报道行文不断地在线上、线下切换。导语从网上点击羊肉销售入手,结尾回到网上销售情况,首尾照应。中间的段落一会儿写牧民道·巴特尔兴奋地关注着网上开业的情况,一会儿写当地财政局副局长谈天猫商城销售需要有两个认证,一会儿写苏尼特左旗的小羊羔出生1个多月就被打上了耳标,有了可追溯身份证,一会儿写记者在满都拉肉食品有限公司用手机扫描二维码获取产品信息。最后特别提到独特的地理环境,使得苏尼特羊肉质优价也优,在网上销售十分受欢迎。

新闻不断将网上销售与网下生产、产品质量与消费信誉、牧民的积极性与网民对产品的关注等穿插叙述,立体架构起一派产销两旺的景象。正如这届评奖委员会一位评委所说的:"这是千百年来逐水草而居的放牧形式与'互联网+'的奇妙结合。"

这种波澜起伏的叙述方式,在西方新闻写作中称为"断裂行文法"。它段落短小,相对独立;段落之间一般没有过渡衔接,而是依靠事件之间的内在逻辑关系相接成篇;叙述时打破时空限制,造成跳跃式推进的快节奏。全文似断实连,形散神聚。这一手法对于增强新闻的可读性,防止平铺直叙地罗列事实,是大有裨益的。

二、消息结尾

(一)消息结尾的作用

消息有无结尾?有人否认消息有结尾,理由是消息既然按倒金字塔方式结构,内容是按先主后次的顺序排列的,那么编辑可以从消息的最后一段往前删,结尾就变得无关紧要、可有可无了。其实这完全是一种误解。

任何一篇文章,都有开头和结尾。文章有结尾,就文意完足。没有结尾的文章,是结构残缺的文章。倒金字塔结构的消息虽然可以由后往前删,但在删减过程中,总得考虑文意完足的问题。以倒金字塔结构产生之初来看,当时记者每发一段电报,都得考虑在这一段中至少要传送一个完整的意思。所以倒金字塔结构的消息,段落之间往往相对独立,编辑从后往前删减文字,可以以"段"为单位腰斩,但绝不可能从某一段的中间凭空劈开。这就说明删减后的消息还得有一个完足的结尾。并且,读者从删减后的消息和没有删减的消息中,得到的信息量是不一样的。对于那些文字简练、信息量大的消息"尾部",每删去一段都是为版面篇幅考虑而付出的难以割舍的代价,因此结尾绝不是一种可有可无的摆设。

倒金字塔结构只是众多新闻结构中的一种,不能因为其结尾的特殊性而认为消息不存在结尾。事实上,新闻结尾对于一篇新闻来说,作用是很大的。以《参考消息》上的一则外电《莫斯科出现手纸荒》为例:

合众国际社莫斯科1月31日电 莫斯科居民又碰到另一种短缺:没有一处地方可找到手纸。

一名恼怒的莫斯科人星期二说:"我们就是到处找不到。店主人只说出现短缺。"

存有手纸的寥寥可数的商店挤满了人。

有人说:"有人暂时裁用纸台布或纸尿片充当手纸,但这些东西现在也用完了。"

一年多来,行之有效的办法是:裁用苏联《真理报》。

一个多么有力的结尾!它貌似叙事,却包含作者对手纸短缺这一事件的评论和强烈的情感色彩。舍去它,全文绝对要失色一半。美联社特派记者马利根曾说:"我长期以来一直信奉：一篇报道既要有好的导语，也要有一个有力的结尾。事实上，我常常在最后一段下的功夫比在第一段下的功夫大，因为我希望那真正动人的最后一行话将使编辑高抬贵手，不致砍杀我努力的整个成果。"的确，那些对全篇消息有着重要意义的结尾，不是可以随随便便舍去的。

这里需要指出的是，消息的结尾既可以是最后一段，也可以是结束句而不另起一段。有些人认为非得在整篇消息之末另起一段才叫结尾。这是一种误解。一条消息哪怕只有一段，它最末的一句就具有结尾的意义。

认识到了消息结尾的意义，如何写好它就是记者们需要认真考虑的问题。穆青在《关于新闻改革的一点设想》中说过："新闻报道不仅要注意开头，还要注意结尾。""我们不能顾首不顾尾。如果我们费尽心机写好导语，却马马虎虎地写结尾，那是不可取的。"好的结尾能拓展新闻的内涵，升华新闻的主题，给读者留下深刻的印象。

(二)消息结尾的写法

消息的结尾方式有很多，这里介绍几种常见的方式。

1. 自然收束法

大多数新闻采用自然收束法，尤其是倒金字塔结构消息，故此法又被称为"倒金字塔结尾法"。当材料已按重要程度递减顺序安排完毕，或者是当必要的新闻内容、新闻要素、事件过程交代完毕，全文已有水到渠成之势，就此戛然而止，不再节外生枝另作一个"结尾段"。请看第二十六届中国新闻奖获奖作品《天门一干部275元公款买贺卡寄44个单位(引题) 纪委收到贺卡拍案：顶风违纪，查！(主题)》

> **本报讯** "我因为275元挨处分，教训深刻！"昨日，天门市竟陵街道办事处孙湾社区党总支书记、居委会主任盛平章对记者说。
>
> 此前，天门市纪委透露：盛平章因公款购买寄送贺年卡被查处，竟陵街道办事处党委经研究决定，已给予其党内警告处分。据了解，这是八项规定出台以来，我省查处的金额最小的违纪行为。
>
> 去年12月，天门市直机关开展"在职党员进社区"活动，孙湾社区迎来44个市直部门和单位的党员，他们为社区办了不少实事。春节来临，盛平章想表达一下感激之情，便于2月6日和同事一起，到邮局购买了贺年卡及专用有奖信封50套，共花费275元，次日寄发给了相关部门和单位，其中包括市纪委。
>
> "中央不是早就发文禁止用公款购买、赠送贺年卡了吗？怎么还有人顶风违纪？"天门市纪委收到贺卡后，立即组织人员进行调查。调查人员对盛平章指出，他的行为违反了中央纪委《关于严禁公款购买印制寄送贺年卡等物品的通知》规定。

3月,街道办事处党委依规给予他党内警告处分。盛平章说,刚开始有点想不通,觉得很冤。认真学了中央纪委的相关纪律规定后,自己的怨气全消了。"作为一名老党员,对纪律、规矩没学习、不了解,真不应该!"

眼下,盛平章正带头组织社区党员开展学纪律、守规矩活动。他现身说法:"请大家吸取我的教训。纪律红线、规矩红线碰不得!"

(2015年5月6日《湖北日报》)

盛平章说了自己的认识,报道至此结束,记者不必再着点评。

2. 卒章见义法

卒章见义法是在结尾处,用画龙点睛式的语言,一语中的地点明新闻事实的本质或问题的实质。它能使新闻主题更加明朗、突出,甚至得以升华。如《湖南日报》2001年12月26日消息《洞庭湖长大五分之一》,描述了洞庭湖在1998年特大洪灾过后,经过综合治理出现的喜人景象和如画美景。结尾处如此点题:"人与自然在洞庭湖开始和谐相处。随着治理的深入,烟波浩渺的八百里洞庭将再现人间。"

画龙点睛式的语言还可以是引用他人精辟的语言。如第十七届中国新闻奖获奖作品《风雪中,伫立着四位"厚道"的农民工》,报道四位农民工打工数月没有拿到一分钱工资,却守着欠薪逃逸老板留下的物资。结尾引用了他们的话,回答了他们何以如此:

尽管身无分文,但四位农民却认真看管着厂区存放的物资。他们说:"这里的任何东西我们都不会损坏,做人要厚道,这是原则!"

结尾引用的话与标题呼应,点出农民工的胸襟,与欠薪逃逸老板的行径相比,读者自然能体会到事实背后的意义。

3. 别开生面法

别开生面法在写法上比较灵活,往往在结尾处另辟一景,与主要新闻事实相映成趣,从另一角度对主题加以表现或深化。如第十八届中国新闻奖二等奖作品《解放军副总参谋长:中国不搞军备竞赛》,前面主要谈中国决不搞军备竞赛,不搞军事集团,不进行军事扩张,不在国外建立军事基地,也不会威胁任何国家。结尾笔锋一转,写中国正准备与他国进行军事合作与交流。前面说不做什么,结尾说正打算做什么。二者形成互文,相得益彰。请看:

今年,在对外合作方面,章将军指出:解放军正在积极筹备将在俄罗斯境内举行的上海合作组织成员国联合军事演习,并进一步加大中美高层军事交流与互访的力度。

4. 展示预告法

有的新闻处于不断发展变化之中,现有的事实可能蕴含了今后的发展趋势。展示预告法是当报道某一事件的现状时,或启发读者,让人看到前景,增添信心;或预告事件动态,让读者对此作进一步的关注。如新华社 2006 年 7 月 1 日消息《火车首次跨越"世界屋脊"》,结尾是:

> 据悉,中国政府还计划在 10 年内将青藏铁路延伸至日喀则、林芝和亚东。届时西藏铁路总里程将突破 2000 公里,部分贸易物资可不再经过马六甲海峡,直接从南亚出入境。

这一预告既让人们进一步关注这个工程,也让人们对它今后可能发挥的作用充满期待。

5. 拾遗补阙法

这种结尾或是补充导语和主体部分未提及的新闻要素,使新闻报道完整、圆满;或是补充有关的背景材料,使新闻报道更加真实、可信。如 2019 年 6 月 11 日参考消息网的消息《马克龙送给特朗普的"友谊之树",被美国养死了……》:

> 台媒称,法国总统马克龙 2018 年访问美国时,曾在白宫草坪与美国总统特朗普一同种下一棵橡树,象征美法友谊,但这棵树似乎"感受"到了两国关系的生变,消息人士透露,这株橡树其实已经死了。
>
> 据台湾联合新闻网 6 月 10 日报道,马克龙 2018 年 5 月到美国进行国事访问时,特别带来一株橡树苗。在两人妻子的陪同下,特朗普和马克龙一同把这株橡树种在白宫草坪,希望以此代表美法友谊长存。
>
> 报道还称,这是一个具象征性意义的举动:这棵橡树来自法国北部一处森林,在第一次世界大战时,有大约 2000 名美国海军陆战队士兵报告阵亡于当地。
>
> 不过,当时两人种树只是为了供媒体拍照,拍完照后这棵树就不见了,据报道是因为这棵树必须接受隔离检疫。
>
> 当时法国驻美国大使阿罗还发推特强调,这棵树接受完检疫便会重新回到白宫草坪上。然而据外交消息人士透露,这棵橡树未曾再回到白宫,而是在隔离期间就死了。
>
> 法国媒体报道称,马克龙已经获悉了这一情况,并决定给特朗普再送一棵"备用树"。

消息结尾补充的这一信息,既证实了前面所说"友谊之树已死"这一信息的真实性,又满足了读者对这一事件将如何处理的好奇心理,非常值得玩味。

消息结尾可以采用的形式还有许多，但不论采取何种形式，都应注意以下几点：

第一，要顺势而行，既不要草率收尾，也不要拖泥带水。苏轼在《答谢民师书》中说，文章"大略如行云流水，初无定质。但常行于所当行，常止于所不可不止，文理自然，姿态横生"。新闻以传播事实信息为主，只要做到事实清楚完整，就不必再强求一个所谓的"结尾"。

第二，要紧扣事实，不可离开事实做空泛议论。有的记者在报道完新闻事实后，唯恐读者不能体会事实的意义，常常爱做一些空泛的议论。比如"受到众人的一致好评""进一步调动了大家的积极性""必将进一步促进工作的开展"，等等。这些都只能给消息留下一条空洞的尾巴，应予摒弃，代之以具体的新闻事实或背景材料。当然，有的消息以议论结尾，只要是不脱离事实的抽象推理，紧扣事实分析，也是可以的。如1981年好新闻《短秤一两　赔罚一斤》的结尾是："信誉赢得了顾客，黎家肉担前经常出现顾客排队等购现象，生意好不兴旺！"夹叙夹议，言之有物，言之有理。

第三，要增添信息，不要重复啰唆。新闻的各个部分都得用来表达事实和主题，但事实和观点不宜简单重复，再次出现时应有新的信息。简单重复就是多余，因此消息结尾应该是提供信息、深化主题的手段。

第四，要给人回味，不作生硬说教。新闻结尾是文完之处，如果文章结束，给读者的回味未完，如撞洪钟，余音袅袅，不绝如缕，是最好不过的。有的记者生怕新闻事实的意义不为读者掌握，结尾加上一笔说教，如原广播电视部部长吴冷西就对一则消息的结尾："真是社会主义好啊！"提出批评，说"这是新闻写作的败笔"。为什么呢？因为新闻事实所反映的内容已足以令人回味和体会到这一点，记者加上这种说教性的议论反而让人倒胃口。好的新闻结尾总是注意尊重读者的理解力，留给读者思索的空间，如消息《当官不为民作主　不如回家卖红薯》的结尾："一些观众说，这出戏真好，给人们以启发。我们一些在领导岗位上的同志，是不是可以向唐成学一点什么？"有什么启发？学一点什么？留给读者自己去回味。

第四节　新闻背景

新闻报道中的新闻事实不是孤立存在的，它总是和一定的历史条件与社会环境有密切的联系，是客观事物总体中的一个局部；同时，任何新闻事实的现状，总是联系着它的过去，总是有一个不断发展变化的过程。因此，新闻报道除了报道新闻事实本身外，还常常涉及与新闻事实有关的某些材料，让读者了解"新闻背后的新闻"。这就是新闻背景。

什么叫新闻背景？具体来说，它是指新闻报道中同新闻的主要事实有密切关系的历史情况、社会环境、政治局势、自然情况、人物简历、知识资料和基本数字等。简而言之,它是指有关新闻事实的历史和环境的材料。

新闻背景相对新闻事实而言,是报道中的辅助材料,但其作用不可低估。

一、新闻背景的意义

新闻报道为什么要用背景材料?换言之,新闻背景的意义何在?这可以从两个方面予以概括。

(一)新闻背景对于读者的意义

新闻报道的内容总是生活中不断涌现出的新情况、新问题、新事物、新气象等,有不少是读者不太熟悉的内容。记者报道时,就要添加一些具有注释功能的背景材料,让读者了解这些新的内容。另外,新闻背景还可以帮助读者加深对新闻事实的理解,认识新闻事实蕴含的新闻价值。

胡乔木在《人人要学会写新闻》一文中说:"不说新闻的读者和作者多半相隔几千里、几万里甚至几十万里,哪怕只隔几十、几百里,他就和你生活在两个不同的地方。他读你写的新闻时,既不会随时翻字典、看地图、查各种参考书,也不会把你过去的作品和其他有关的新闻都找在一起来对读。""你得在你的新闻里,每一次提供给他详细的注释,纵断面和横断面的背景,色、香、声、味,呼之欲出,人证物证一应俱全。这样,你的新闻就'立体化'了,就叫作让人明了了。"请看 2010 年 10 月 21 日《参考消息》上的一条消息:

"连警方也被中国人的迷信打败了"?
英报评北京车牌号弃"4"新规

【英国《泰晤士报》网站 10 月 19 日报道】题:警方不让汽车牌照上出现"死亡"数字 4

连警方也被中国人的迷信打败了。北京市公安局交通管理局说,他们将不再向车主提供含 4 的车牌号,因为这一数字与霉运联系在一起。

北京车辆管理所一名警官说,从 18 日起,数字 4(在普通话中,与"死"发音类似)已从机选号牌库中删去。

一名警官对记者说:"大部分车主还是喜欢带 6、8 的号牌,因此,为了满足大家的需要,带 4 的号牌被剔除了。"

汉语是一种声调语言,同音词成千上万,这为双关语和语言游戏创造了巨大空间,但也导致很多迷信。例如,在中国,很多建筑没有第 4 层,甚至也没有第 14 层。最受欢迎的车牌号是那些含有数字 6 和 8 的,因为 6 表示顺利,而 8 的发音与"发"相似。

车主可以从 10 个车牌号中进行选择,但几乎所有人都不会选带有 4 的数字组合。警方说到年底留在号牌库中的号牌 90% 以上都带有 4。一名刚刚买车的人士说,在他选号时,警方提供的10个车牌号都带有4,这证实了这一数字的不受欢迎。

至于为数不多的想让自己的车牌含有数字4的车主,他们将不得不在网上自选号。

从1949年10月以来,中国共产党竭尽全力消除迷信,但在30年市场改革和对外开放带来更大程度的自由后,很多古老风俗起死回生。近年来,还有很多古老的迷信死灰复燃。在农历新年,红色内衣的销量会激增,因为据信穿红内衣对赶走本命年的霉运至关重要。在农历新年扫地会带来坏运气,因为好运气会被扫出去。在农历二月初二前理发也是犯忌的。

中国人不会用红笔签字,因为红墨水多少世纪以来一直是用来表示执行死刑的,而且现在依然如此。

大多数迷信与语言联想有关。送钟作礼物是犯忌的,因为"送钟"与"送终"同音。喜鹊叫是有喜事。分梨会带来坏运气,尤其是与自己的伴侣分梨,因为与"分离"同音。

然而,不是每个人都赞同警方在汽车号牌问题上的决定。北京媒体报道,一些市民抱怨说,此举只会助长封建迷信。

这是英国媒体有关中国的一篇报道。新闻事实很简单,就是北京市公安局交通管理局"将不再向车主提供含4的车牌号"。但我们发现,这条消息中加入大量的背景材料对新闻事实作注释和说明。如果是在中国国内报道此事,这些材料是可以省的。但对于英国读者来说,他们不了解中国的这些习俗,不加上这些背景,他们就无法了解这一事实,更无法理解这一事实的新闻价值。

(二)新闻背景对于作者的意义

新闻背景对于作者的意义在于帮助作者表达他的立场、观点、思想倾向,是作者巧借事实说话的一个重要手段。新闻强调必须用事实说话,记者一般不在新闻中直接发表议论,但谁也无法禁止记者通过自己采写的新闻来表达自己的立场和看法。在西方,新闻背景被用来表达记者的观点,几乎成了记者共同遵守的准则。他们貌似客观,实则是有选择性地引用他人的言论,让自己的观点表述看上去更"客观"。有时,记者也会提出一些与新闻事实相对立的背景材料,造成"以子之矛攻子之盾"的冲突或真与假的对比。

正是因为背景材料对于读者和作者来说都具有十分重要的意义,所以运用好背景材料来写新闻报道,是每个从事新闻报道的记者应当重视的课题。

二、新闻背景的种类和作用

新闻背景从功能上区分,主要分为四大类:说明性背景材料、注释性背景材料、对比性背景材料和提示性背景材料。

(一)说明性背景材料

说明性背景材料是用来说明和解释新闻事实产生的原因、条件和环境,以及人物的行为活动的背景材料。其作用在于使新闻更容易为读者所理解接受,使新闻的意义更加清楚突出。

新闻事实为何需要说明和解释?我们知道,事件之间总是互相联系、互相影响的。对某一新闻事实的理解,只有将它放到一定的背景中去考察,它的意义才可能得到全面深刻的展现。美国新闻学者麦尔文·曼切尔在《新闻报道与写作》一书中说:"如果不交代一个事件的来龙去脉,这个事件的意义就不会完整……在新闻写作中,最基本的东西莫过于对任何一个事件、讲话、情况或数据都必须交代其来龙去脉,以确切地反映它。"在新闻六要素中,"为何"如果交代不清楚,新闻就会缺乏深度,事物的内在规律性就难以揭示。这一点,在深度报道中显得特别重要。

可以作说明性背景的材料很广泛,比如历史背景、地理背景、人物背景等。如第十四届中国新闻奖获奖作品《中国总理与艾滋病人握手》,报道温家宝总理在北京地坛医院与三位艾滋病患者握手交谈,鼓励艾滋病患者坚定战胜疾病的信心。其中写道:

> 一些学者指出,在中国及其他很多亚洲国家,由于文化、社会等因素的影响,容易对艾滋病人产生歧视,这造成患者和病毒携带者生活艰难,也使很多人不愿深入了解有关艾滋病的知识。
>
> 最近一项调查显示,约20%的中国人从未听说过艾滋病,只有66%的被调查者知道艾滋病不会通过共餐传播。多达77.2%的被调查者表示不能接受让感染艾滋病病毒的同事继续工作。

这两段文字就是说明性背景材料。由于这条新闻需同时对外报道,一般西方人难以理解"与艾滋病人握手"的意义,因此,报道特意加上大多数中国人及其他很多亚洲国家的人们由于文化、社会等因素的影响而对艾滋病人存有歧视,大多数人担心与艾滋病患者握手会传染病毒等内容。有了这些背景材料,"中国总理与艾滋病人握手"这一事实的意义也就凸显出来了。

(二)注释性背景材料

注释性背景材料是用以帮助读者看懂新闻内容,增长知识和见闻的背景材料。它通常包括产品性能特点的说明、科技成果的通俗介绍、技术性问题的解释、名词术语的注释、文史知识的记载、风俗人情的介绍等。如获第二十六届中国新闻奖的消息《中国新发射卫星有望揭开暗物质之谜》(节选):

新华社酒泉 12 月 17 日电 中国周四将首枚用于探测暗物质的空间望远镜送入太空,这是人类在寻找暗物质进程中迈出的最新一步。这种神秘物质占据了宇宙总质量的绝大部分,人类却看不见。

……

暗物质是现代科学的一大谜团,它既不释放也不反射电磁辐射,因而人类无法直接观测。

科学家早先引入暗物质的概念,用以解释宇宙间的质量缺失以及光在遥远星系中的异常弯折现象。如今,暗物质已被物理学界普遍接受,但科学家仍未能探测到其存在的直接证据。

科学家相信,我们已知的宇宙中,包括质子、中子、电子等构成的普通物质仅占约 5%,其余都是看不见的暗物质和暗能量。

暗物质粒子探测卫星首席科学家常进说,揭开暗物质之谜对物理科学和空间科学具有革命性意义,让人类可以更清晰地理解星系和宇宙的历史与未来演变。

此前,科学家已通过国际空间站搭载的阿尔法磁谱仪,以及位于瑞士日内瓦城郊的欧洲核子研究中心(CERN)的大型强子对撞机(LHC)等装置探索暗物质的真实属性,并取得了一些成果。

中国还在西南部的四川建立了地球上最深的暗物质实验室,位于地下约 2400 米的深处。

而最新发射的暗物质粒子探测卫星将帮助科学家搜寻暗物质湮灭或衰变的证据。

……

100 多名中国科学家将对卫星数据展开分析研究。首批科学成果有望在 2016 年下半年发布。

这是世界上迄今为止观测能段范围最宽、能量分辨率最优的暗物质探测器。

据介绍,这枚新型探测卫星的观测能段大约是国际空间站阿尔法磁谱仪的 10 倍,能量分辨率则比国际同类探测器至少高 3 倍以上。

不过,常进也谨慎地表示,科学家对在这次任务中找到暗物质的踪迹还没有十足把握。

"暗物质的物理性质还没有弄清楚,没有人能百分之百保证卫星一定能找到暗物质。"常进说。

……

这条消息中,"暗物质"这一专业性较强的术语对于一般读者来说是个新的知识点,不加以注释就难以让人弄懂此为何物,也无法理解这一新闻的价值。所以这条消息写了较多的注释性背景材料,对"暗物质"作了通俗化处理。让读者既读懂了新闻,又增长了知识。

说明性背景材料和注释性背景材料的意义,都在于为读者着想:或者让读者对新闻事实不仅知其然而且知其所以然;或者扩大读者的知识面,让读者对新闻事实中的一些陌生内容容易理解接受。

(三)对比性背景材料

对比性背景材料是指与新闻事实形成某种对比的材料。通常,这些对比可以从正反、前后等方面进行。作者通过对比两类性质不同的材料(新闻事实与新闻背景),将是非曲直、真假黑白、先进落后,清清楚楚地呈现在读者面前,作者的思想倾向也不言自明。

请看 2010 年 10 月 11 日《参考消息》上的一则消息《朝破例邀请外媒报道阅兵式》:

英国《观察家报》网站 10 月 10 日报道 我们获得了罕有的粗略了解平壤街头生活的新机会,这是朝鲜展开史无前例的魅力攻势的证明。

这个国家向国际媒体敞开了大门。在平壤为庆祝劳动党成立 65 周年阅兵式做准备的同时,约 80 名记者昨天抵达朝鲜。朝鲜对它的形象宣传严格控制,给记者指派了看管人。

通常,来访者抵达朝鲜后手机就会被没收,离境时照相机里的照片也会被删除。

朝鲜本周早些时候向美国记者发出了邀请,这个举动尤其引人注目,因为通常美国人要想入境都很困难。政府还设立了一个可以上网的媒体中心——在朝鲜,上网通常是被严格控制的。

由于有了背景材料的衬托,"外媒被邀请"这一事实真是难得的"破例"了,自然也就成了"朝鲜展开史无前例的魅力攻势的证明"。

对比性背景材料的安排,完全是出于比较的需要。俗话说,不怕不识货,就怕货比货。任何事情,一经比较,就能看出问题,比出矛盾。事实的特点、意义和价值也就清楚地显露出来了。我国著名记者华山在《抓住特点具体地说明特点》一文中说:"从深入生活到安排结构,从选择材料到组织材料,无非拿这个事情跟那个事情比比,拿现在的跟过去的比比,拿眼前的跟周围的比比,这样比来比去,比出那么一些特点,然后拼凑到一块,凑出一个道理来,还是为的凑成一个特点。"的确,对比性背景材料与新闻事实一"比",就能"凑出一个道理""凑成一个特点"。这个道理、特点,比起记者自己特别指出的,更有说服力。正因如此,对比性背景材料在新闻报道中就格外受到记者的重视。

(四)提示性背景材料

大多数研究者都忽视了"提示性背景材料"的存在,那么什么是提示性背景材料呢?且看一例:

阿部长会议主席谢胡自杀身亡

新华社北京12月19日电 据阿通社报道,阿尔巴尼亚部长会议主席穆罕默德·谢胡12月18日凌晨自杀身亡。

这一消息是阿尔巴尼亚党政领导在18日晚发布的一项公报中公布的。这项公报说,谢胡是在"神经失常"时自杀的。

在这之前,阿通社在12月17日曾发表谢胡16日在地拉那接见罗马尼亚政府贸易代表团的消息。

谢胡自1948年起任阿尔巴尼亚劳动党中央政治局委员,1954年起任阿尔巴尼亚部长会议主席,终年68岁。

这一消息中,谢胡"自杀身亡"是新闻事实,谢胡为何"自杀",却是读者最为关心的"新闻背后的新闻"。第一个背景材料是说明性的,引用阿尔巴尼亚党政领导发布的一项公报,解释谢胡是在"神经失常"时自杀的。消息写到这里,按理说主要要素都有,事实也基本清楚了。但记者特地又引用了一个关于"谢胡16日在地拉那接见罗马尼亚政府贸易代表团"的事实。这个背景材料既不是对谢胡死因的解释说明,也不与新闻事实本身构成对比,算是什么样的背景材料呢?原来这是记者通过叙述这一背景事实,向读者提示:谢胡前天还在接见外国贸易代表团,今日凌晨怎么会如此之快地忽然"神经失常"自杀身亡呢?读者只要稍一留神就会理解记者的潜台词:阿尔巴尼亚党政领导发布的公报对谢胡之死的解释是值得怀疑的。事实也的确如此。不久,阿通社就改变了说法,说谢胡是西方的间谍。

从表面上看,这则背景材料还是在起对比作用,即谢胡18日"神经失常"自杀和16日接见外宾形成对照,但这几乎不属于对比性材料的范围了。前面例子提到的背景材料,是新闻事实与新闻背景之间的对比,而这里是一个背景材料与另一背景材料的对比,目的在于提醒读者,官方的解释不可靠。显然,它不同于对比性背景材料。

对比性背景材料与提示性背景材料还有一个重要的区别,就是对比性材料在使用手法上是反衬的,即从事物的对立面入手来挑选背景材料。提示性背景材料则不尽然,它只是将作者对新闻事实的某些见解暗示给读者,或是将读者的思路引向某个方面。这些内容既可能是对立的,也可能是相关的。如《南方都市报》2013年3月3日头版关于全国政协大会开幕式的报道,提到贾庆林与俞正声握手,有这样一段文字:

昨天,全国政协十二届一次会议预备会议举行,贾庆林与俞正声握手。

俞正声是全国政协十二届一次会议主席团会议主持人,他是新一届全国政协委员中唯一的中共中央政治局常委。5年前的全国政协十一届一次会议预备会议上,贾庆林成为大会主席团会议主持人。数日之后,贾庆林当选为全国政协主席。

这里提到的贾庆林5年前在全国政协十一届一次会议预备会议上,由"大会主席团会议主持人"到"当选为全国政协主席"的过程,就是类比性质的提示性背景材料。果然,在2013年3月11日的全国政协十二届一次会议第四次全体会议上,俞正声也由"会议主席团会议主持人"当选为新一届全国政协主席,与5年前的情况一模一样。

可见,对比性背景材料因为两个事实之间的鲜明对比而能让人迅速作出某种判断,而提示性背景材料所构成的意义,需要读者悉心体味才能领会。

至此,我们可以给提示性背景材料作一界定:它是作者精心安排的,对新闻事实的意义有提示性或对读者有某种暗示作用的背景材料。

提示性背景材料和对比性背景材料的运用,表现了作者报道客观事实的主观能动性。在新闻报道中,作者对新闻事实的见解、褒贬态度等不宜公开表明,但可以巧借一些相关的背景材料来达到"用事实说话"的效果。提示性背景材料和对比性背景材料便是作者着意安排的对新闻事实的"评论"。当然,这个"评论"是事实,当作者把一个事实和另一个或几个事实(背景)放在一块时,读者就能从作者的精心安排中领悟到新闻事实蕴含的深层意义。

第五节 消息的结构形式

消息的结构多种多样,不同的结构适合不同的新闻内容。这里介绍几种常见的消息结构。

一、倒金字塔结构

倒金字塔结构是最常见的消息结构。这种结构的特点是:头重脚轻地安排组织材料,把新闻高潮或结论,把最重要、最精彩、最为广大读者所关注的事实摆在前面,按事实重要程度递减的顺序来安排材料。如前面提到的新华社报道阿尔巴尼亚部长会议主席谢胡自杀身亡的消息即典型的倒金字塔结构。其中最主要的内容是谢胡突然"自杀身亡",然后按读者的关心程度依次安排几个背景材料。

按倒金字塔结构的特点,记者在写作上最应注意的就是对新闻要素和内容主次轻重的判断。搞清了这一点,记者就可以按重要程度排列各个素材,很快写出一篇报道。

倒金字塔结构的消息与第二代导语是密不可分的。这种结构形式的消息一般都是用第二代导语,以便将最重要的新闻要素置于最前,其他要素在主体中逐渐补充。

倒金字塔结构在段落的划分上比较短小,往往是一两句话组成一个段落。各段落之间不需要过渡转承,只需注意其内在逻辑的联系即可。因此经常出现这样一种情况:第二段是第一段的具体化或补充,第三段又是第二段的进一步补充。如此相连,逐层具体深化。请看下面一例:

> 塔斯社1月10日电 "救救蛇!"印度动物学家在广播电台和电视台向城乡居民不断发出不寻常的呼吁。
>
> 去年,大约有200万条蛇成为捕蛇者的猎物。
>
> 普拉杰什邦、西孟加拉邦、马哈拉施特拉邦、奥里萨邦各部落的人很早就以捕蛇为业。
>
> 猎捕这种爬行动物是最有利可图的事,因为国际市场上对蛇皮产品的需求在不断增加。
>
> 因此,近年来蛇的数量在印度急剧减少。蟒蛇有绝迹的危险。印度政府正采取紧急措施,设法恢复这种动物的数量,其中包括根据保护自然法禁止出口蛇皮。
>
> 之所以要保护蛇,是因为蛇能消灭有害的啮齿目动物,包括老鼠。据一些专家估计,仅去年一年,印度的国家储备粮就有百分之十被老鼠吃掉。

这种结构起源于19世纪60年代美国南北战争期间。当时电信事业尚不发达,记者只能将最重要的内容抢先发出去,以满足读者迅速获取信息的需要。所以,自美联社记者奥斯本将这种结构形式固定下来后,一直颇受记者、编辑、读者的欢迎。它具有的快、新、短的长处,典型地体现了新闻传播的特点。

但是,再好的结构形式,当它变成唯一的、固定的模式后,生命力就会受到影响。首先是新闻报道写作结构公式化、千篇一律使作者的创造力受到限制。其次是简单地以事实重要程度安排层次,可能影响读者对整条消息的阅读。最后是一些非事件性新闻、富有故事性和人情味的新闻等不便采用这种结构形式。多样的内容必须有多样的形式与之相适应,将丰富的内容简单地塞入单一的形式中显然违背了最基本的写作规律。所以,随着新闻事业的发展和社会科技的进步,一些新的消息结构也出现在新闻作品中。

二、时间顺序式结构

时间顺序式结构与倒金字塔结构相反,作者完全按照事件发生的顺序来写,事件的开头就是新闻的导语,因此它也被称为金字塔结构。这种结构适合于有生动情节的事件新闻。使用这种写法,虽然读者不一定一眼就能看到高潮或最感兴趣的内容,但它充满了生动性，往往还具有一定的悬念，也能引起读者的阅读兴趣。如消息《两名大学生玩命》：

> 北京晚报1月24日报道 1月22日下午7时，北大分校物理系18岁学生吴某，与3名女同学到学校附近的铁道边散步。
>
> 吴对女同学说，国外常有人趴在路轨中间，火车过后安然无恙。
>
> 这时一列火车正巧从西直门方向驶来，吴和一女同学欲亲身一试。他们迎着火车趴在路轨中间。
>
> 火车司机发现后，立即采取紧急制动措施。车头和一节车厢从他们上面驶过之后停了下来。
>
> 女同学从车下爬出，侥幸留下了性命。吴某却没出来，他的颅脑受到严重损伤，已经丧生。

这则消息完全按事情的开端、发生、发展、高潮、结局的顺序来写，虽不及倒金字塔结构简明直接，却能引人入胜，充满悬念。近些年来，西方记者中，有人极力提倡这种结构形式。美国新闻专家威廉·梅茨说："有时为了抓住读者的情感或寻找独特的角度，把突出之点置于篇末，效果更好。"

不过，时间顺序式结构也有缺点，就是消息中最重要的部分难以让读者一目了然，读者非得耐心读完全文，才能了解事件真相。为此，作者在行文时一定要鲜活生动，努力在一开头就吸引住读者。

三、沙漏式结构

沙漏式结构实际上是将倒金字塔结构和时间顺序式结构相结合的一种结构，它吸取了二者的长处以弥补二者的短处。这类消息的导语简略地提到报道的主要信息，但仅仅是梗概而已。欲知详情如何，且听下回分解，颇有几分古典小说的叙事意味。请看2019年6月11日《参考消息》上的这条消息：

约翰逊学精了却尴尬了

> 上周，英国保守党政治人物鲍里斯·约翰逊没有想到美国总统特朗普给他打电话，结果发生了一件尴尬事——在特朗普给他打电话时，约翰逊以为有人恶作剧，挂断了电话。
>
> 在接受《星期日泰晤士报》记者采访时，约翰逊解释说，他接到一个电话，电话那头的人自称是首相官邸的电话总机。这是上周特朗普在英国进行国事访问时发生的事。
>
> 约翰逊对记者说："那人带着些许爱尔兰口音说：'这里是唐宁街10号电

话总机,美国总统要同您通话。我将为您接通白官时局值班室。'"

约翰逊继续说:"我快速思考着,然后我说:'我要告诉基尔肯尼电台的所有听众,我一点都没有上当。'"基尔肯尼电台是爱尔兰的一家电台。约翰逊解释说,他随后挂断了电话,因为他以为那是一个恶作剧。为了确认情况,约翰逊直接给首相官邸打电话,询问特朗普是否真的试图与他通话。

约翰逊说:"结果真是美国总统。"

约翰逊或许有理由对特朗诵普的电话持怀疑态度。去年,他成了一个恶作剧电话的受害者。当时,一名男子假装是亚美尼亚当选的总统阿尔缅·萨尔首相,并同约翰逊在电话里谈了18分钟。

一些人认为这是中国化的"倒金字塔结构",因为中国传统文化培养出来的中国读者习惯于按时间顺序而不是信息的重要程度来了解事物。这实在是一种误解。这种结构方式在西方其实也大有市场,被看作是改造了的"倒金字塔结构"。其魅力在于,"在用叙事意味强烈的素材构成的报道中,沙漏式结构是借用古老的叙事力量以增强报道吸引力的一种有效方法"①。确实,在对待那些有点情节的事件性报道来说,沙漏式结构是一种最佳的选择。它既具有倒金字塔结构的优点——让读者一开始便接触到主要信息,又克服了倒金字塔结构对读者吸引力不够的缺点,是一事一报式事件性新闻的优秀结构。

四、积累兴趣式结构

在积累兴趣式结构的报道中,事实通常是一点点逐渐展开的,不像倒金字塔结构那样开门见山。这种逐渐展开的效果,就是要让读者逐渐增加对事件的兴趣,在兴趣的积累中完成对新闻事实的了解。因其材料的趣味性从导语至结尾递增,故名积累兴趣式。请看下面一则报道:

一个英国儿童遭受残害

路透社伦敦6月9日电 人们发现七岁的帕特里克就居住在一间矮小狭窄仅能容身的鸡舍里。

他那失去了光泽的蓬乱头发遮盖着一张又黑又脏的脸。

他的脚指甲很长,他不得不老是去抠脚指甲。

他是被一个有身份的家庭抛弃的私生子,两岁的时候就被藏在这间鸡舍里。他吃的是面包皮和生土豆,食品是他母亲通过鸡舍的金属网格塞进去的。

---

① 福克斯.新闻写作——报刊记者指南[M].李彬,译.北京:新华出版社,1999:111.

他不会说话,只会模仿隔壁鸡舍里的母鸡发出咯咯声。

英国全国防止虐待儿童协会收容了他。据协会会长艾伦·吉尔摩说,该协会每年要向5万名这样的儿童提供帮助。

吉尔摩在接受路透社记者采访时说,有人认为,英国人关心自己豢养的供玩赏的动物胜过关心儿童,这种说法也许是对的。帕特里克的母亲已被判处9个月徒刑。

该报道一层一层地将事实逐渐展开,吸引读者一点一点逼近整个事实真相。如果采取倒金字塔结构,把结果在导语中突出,可能就没有这种安排吸引人。

积累兴趣式结构与时间顺序式结构有相同之处,就是不能开门见山地在导语中告诉读者新闻事实的主要内容。但它让读者在阅读中产生欲知的兴趣,满足了新闻价值中的趣味性条件。对于打破倒金字塔结构一统天下的局面、丰富消息的结构形态是有积极意义的。

五、并列式结构

并列式结构是指由一条概括式导语领起,主体部分的几个自然段呈并列结构。这种结构叙述的事实的重要性大致相等,难分伯仲。用并列式结构叙述,不仅条理清晰,而且能让人一眼看出并列的内容具有同等重要的意义。如《中国国民党台南市党部深圳参访团昨日离深 "十点共识" 扩大民间交流》:

本报深圳讯 昨天下午,中国国民党台南市党部深圳参访团结束了在深圳五天的行程,启程返回。作为我省首批启动的国共基层党际交流,深圳圆满地完成了此次交流任务。中共深圳市委书记李鸿忠30日上午与中国国民党台南市党部主委庄松旺进行了富有建设性的会谈,取得了十点共识,以进一步促进两市在经贸、文化等各方面的发展,造福两地同胞。

这十点共识主要有:促进党务人员交流,双方建立定期沟通平台和党务交流互访机制,组织不同层级的党务人员互访;促进经贸交流,寻求两地经贸互惠互利的合作空间;促进科技交流,推动两地工业园区及科技企业之间经常性互访;促进观光旅游交流,推动两地开展文化艺术团体、艺术家的互访展演活动,支持和推动台南市有关团体和人士参加中国(深圳)国际文化产业博览交易会;推动两地学校、研究机构及学生、学者的经常性互访,加强学术交流;促进体育交流,每年轮流举办体育运动友谊赛;促进基层交流,推动两地基层组织和各界人士互访;共同关注和维护台商的合法权益,促进投资环境优化;双方建立日常联系机制。

庄松旺主委认为,加强台南与深圳的合作,有利于实现两地的共赢。

这类结构适合反映某事物各方面的综合情况,但它的缺点是难以反映出复杂事物的内部关系,不便于交代清楚背景,缺乏深度。

需要指出的是,新闻的结构远不止我们介绍的这几种,不断推陈出新才是新闻报道的规律。创新原则要求报道不能囿于某一结构形式,而要不断探索,勇于创新,不断用新的结构去表现新的内容。

思考题

1. 消息标题的内在构成是怎样的?
2. 消息标题如何处理好虚与实的关系?
3. 新闻由头与导语写作有何关联?如何处理好这一关联?
4. 如何根据具体情况写好硬导语和软导语?
5. 导语与主体的关系如何?如何处理好二者的关系?
6. 消息结尾的意义何在?怎样才能写好消息结尾?
7. 常见的消息结构有哪些?它们在写法上各自有何特点?
8. 新闻背景在消息中的意义何在?比较以下三家媒体的报道,分析背景材料的使用情况。

中国拥有航母历史时刻到来

【香港《星岛日报》4月7日报道】题:中国航母即将出海 "瓦良格"号改造接近竣工

备受瞩目的中国第一艘航母即将完成改造出航。内地各大著名军事网站近日先后刊出停泊在大连的"瓦良格"号最新图片,官方新华网昨日更在首页刊出相关图片,标题非常醒目:巨舰即将出航,圆70年中国人航母梦。

由这些图片可以发现,"瓦良格"号改装工作正进入收尾阶段,大型舰桥已接近完工,有关工程人员近日正在吊装有"中华神盾"之称的"相控阵雷达系统"。其显示改装后的"瓦良格"号航母不仅是战机作战平台,而且还有独立完善的防空系统,与美式航母较依赖导弹驱逐舰保护不同。

这些图片也显示,"瓦良格"号航母甲板及舰桥上有数百工程人员正在紧张施工。另外,在"瓦良格"号停泊的码头上,放置着两件被蓝色尼龙布包裹的大型设备,其中一件柱形物体露出了相信是直升机水平翼的部分。据称这就是之前有西方军事杂志透露的俄制"卡-31"预警直升机,它将成为"瓦良格"号的标准装备之一。

和"瓦良格"号10年前离开乌克兰船厂时生满铁锈的黑色船身比较,现在的"瓦良格"号已焕然一新,船身已涂装成标准的海军淡灰蓝色。

20世纪40年代,国民政府海军曾经制订过一份海军发展计划,其中包括修建中国人的护航航母,这是中国人最早的航母计划。

最新一期加拿大《汉和防务评论》杂志认为,改建后的"瓦良格"号将在今年进入海上试航,这标志着中国拥有航母这一历史时刻的到来。据称,中国将会为其命名为"施琅"号。施琅是清朝水军著名将领,1681年率军收复台湾。

【台湾《自由时报》4月7日报道】题:中国首艘航母 军事涂装曝光

中国官媒昨天大幅报道中国首艘航母即将进入海上试航阶段。"国防部"军事发言人罗绍和表示,"国防部"对于中共航母整建状况均密切掌握,并且持续注意搜集相关情资。

军方长期关注中国航母发展动态,"国防部"曾在2006年1月19日公布卫星侦照图表示,中国1998年自乌克兰购得的"瓦良格"号航母在辽宁大连造船厂船坞内进行水线以下整修工程以及主甲板除锈工作。

"国防部"当时还表示,"瓦良格"号航母整修完毕后,中国航母舰队很可能将其部署于台湾东部外海,在我战机巡弋范围外,对台湾东部实施离岸攻击,将使台湾腹背受敌,对台湾执行防卫作战影响甚大。

【"中央社"台北4月7日电】前"海军情报署"署长兰宁利今天表示,大陆首艘航母可能投入其南海舰队,对南海周边国家有威慑作用,前往台湾南部海域及太平洋活动的能力也可能因此增加,对台湾有一定威胁。

兰宁利指出,大陆拥有的南海及东海舰队,对台湾形成南北夹击之势已久,而台湾海军的思维向来是封锁台湾海峡,阻断大陆这两个舰队的联系,但"瓦良格"号一旦投入南海舰队,舰队便有能力往台湾东部的太平洋海域绕行,并在台湾南部海域活动,台湾在海上不无腹背受敌的可能。

但兰宁利强调,尽管如此,"瓦良格"号若要拥有战力,时间尚早。拥有第一艘航母,对大陆而言也有"宣扬国威"的意义。

至于大陆航母对全球战略的影响,兰宁利说,即使有了第一艘航母,大陆海军实力仍无法与发展航母多年、如今拥有11个航母战斗群的美国相抗衡,对美国在西太平洋的军事优势也没有威胁力。不过,相信美国仍会持续关注大陆发展航母的脚步。

(2011年4月9日《参考消息》)

第六章 消息写作

● **本章要点：**
1. 按新闻报道中事实的性质，新闻报道可分为事件性新闻与非事件性新闻两大类。二者有着本质的区别。
2. 事件性新闻的报道形式是一事一报或一事多报，非事件性新闻的报道形式是多事一报或多事多报。

消息以报道"何事"为主。所有的消息在写作要求上存有共性，但不同的消息在写法上有不同的特点。

本章按事实的性质将以"何事"为中心内容的报道分为事件性新闻和非事件性新闻两大类来讨论。

事件性新闻可分为一事一报式和一事多报式。一事一报式大致对应动态消息，一事多报式则包含分段报道与连续报道。

非事件性新闻可分为多事一报式和多事多报式。多事一报式大致对应综合性新闻，多事多报式则主要用于系列报道。

第一节 事件性新闻与非事件性新闻

一、两类新闻的含义

按《新闻学大辞典》的解释，事件性新闻为："以一个独立的新闻事件为核心而展开的新闻报道。它十分强调新闻的时效，其新闻价值与生命力同及时密切相关，要求迅速地反映新闻事件的发生、发展。事件性新闻包括大量的动态消息和现场特写性新闻等。它要求记者有高度的新闻敏感，闻风而动，尽快准确地把握事件的个性特征和本质，迅速简明地加以报道。必要时可用连续报道。"非事件性新闻为："对一段时间内或若干空间里发生的诸多事实、情况、事件的综合反映，揭示带有分析性、启发性的总体情况、倾向或经验等,非事件性新闻的特点是点面结合,以点证面,以面为主,反映事物发展变化中的阶段性、倾向性、经验性或典型性。典型报道、综合消息、经验消息、述评消息等属之。非事件性新闻的时效要求较为宽松,但也要尽力找寻和体现新闻根据(由头),善于利用新闻发布的契机。"①

二、两者的一般性区别

区别事件性新闻与非事件性新闻,对于新闻写作来说有着重要的意义。它们的不同之处可概括为如下四个方面:

(一)点与面

当报道只反映一个点的情况时,或者说一个点足以构成新闻时,它就是事件性的。当一个点不足以构成新闻,必须依靠多个点来完成时,按几何学的原理,三个点可构成一个面,它就是非事件性的。

事件性新闻与非事件性新闻的根本性区别在于:前者反映的是一个"点",后者反映的是一个"面"。这里所说的"点"与"面"既有时间上的意义,又有空间上的意义。

从时间上来说,事件性新闻的时间跨度不大,即使是一些时间稍长的连续报道,它的时间起始和终止都是可辨的。而非事件性新闻的时间跨度往往较大,并且大多数起讫时间都不甚明晰,没有截然可分的标志。

从空间上来说,事件性新闻的空间就是一个点,涉及的范围不大。而非事件性新闻涉及的范围较广,是对一个大面积的情况的反映。在表现方式上,后者比前者要显得恢宏、概括。事件性新闻表现某一个点,按美国新闻学学者李普曼的话来说,是对"一种突出的事实的报道"。这个事实与别的事实比较,其个性特征非常明显。非事件性新闻表现某一个面,是对众多的"点"的共性加以揭示,从个别中发现一般。

大多数的非事件性新闻实际上是由多个事件性的"点"构成的。但这些"点"往往单独不具备报道价值,而当多个"点"构成一种现象,反映一种社会动向时,就有了报道价值。不少非事件性新闻从一个"点"入手,把落脚点放在"面"上。这与事件性新闻是不一样的。非事件性新闻导语中的"点",只是向"面"过渡的起跳点。请看这篇获第二十七届中国新闻奖二等奖的作品:

既拥有市民身份又保留农村"三权"(引题)
武城农民率先持证带"权"进城(主题)

"有了这两个本本,进城落户就再没有后顾之忧了。"10月18日,武城县

---

① 甘惜分.新闻学大辞典[M].郑州:河南人民出版社,1993:161-162.

李家户镇党庄村31岁农民郭子伟一天之内领到了两个证件：新户口本和"农村集体经济组织成员转移备案证"（下文简称"转移备案证"）。他一手一个，兴奋异常："紫本本，我迁户进城，成市民啦；红本本，老家权益保留不变！在城里待不住的话，还可以把户口再迁回农村！"

　　早在5年前，郭子伟就在县城有了稳定的工作，买了房，但一家人的户口却始终没有"进城"。"老家有8亩承包地、1处宅基地，万一户口迁走，地被收上去，将来在城里待不下去咋办？"这样的担心让他决意把户口留在农村。

　　今年4月，女儿降生。是要县城户口，还是要地？思来想去，郭子伟还是把闺女的户口落到了农村老家。

　　作为全省唯一的"产城融合推进就地城镇化"试点，6月12日，武城县委办、政府办出台《农村集体经济组织成员进城落户转移备案实施办法》，对进城落户农民进行转移备案，村、镇、县三级登记在册，永久保存，承认其农村集体经济组织成员资格，保留土地承包经营权、宅基地使用权、集体资产收益权和这"三权"的合法继承权。

　　得知这一消息，郭子伟动心了。

　　随后，武城县公安局发文规定，农民转户来去自由，持有"转移备案证"，日后仍可把户口迁回农村。这让郭子伟一家吃了定心丸，他们立即申请了转户和转移备案。

　　农民持证进城后，享受市民、农民双重待遇。教育、医疗、就业创业服务、低保五保待遇比农民高；而计生家庭奖励扶助、农村妇女"两癌"筛查等农民专属优惠仍然保留，转户农民"哪头炕热坐哪头"。武城还规定，转户农民在县城购房，县财政每平方米补助100元。

　　今年9月，进城落户农民"转移备案证书"制度被写入了我省《关于加快推进农业转移人口市民化的实施意见》。

　　"6月颁发首证以来，全县共有1580户转户农民领到了'转移备案证'，"武城县县长张磊说，"我们实行备案证书制度，目的是为了让自愿进城落户的农民没有后顾之忧。县政府对乡镇、部门不考核户籍城镇化率，只考核群众对政策的知晓率、对服务的满意率，严格遵守群众自愿原则，决不允许搞强迫命令。"

农民郭子伟一天之内领到了两个证件，既拥有市民身份，又保留农村"三权"。这是这篇报道选中的点，但报道要反映的是"武城农民率先持证带权进城"这一面上的变动。由点及面，由点带面，重点在面。通过点上的故事讲出面上的变化。

　　有些非事件性新闻因为涉及面太广，只能用抽取样本的办法来表现。抽取的样本就是反映面的情况的诸多的点。为了消除样本值与总体值之间的差距，样本通常是一个较大的数。报道往往是将这些点加以概括,消除各个点的个性差异值,取它们的共性平均值,以此来表现面的情况。如2010年10月14日《参考消息》上的这篇报道:

军国主义右翼思想在德复活

路透社柏林10月13日电 周三发表的一项研究结果显示,军国主义的右翼思想正在德国复活,超过八分之一的德国人愿意接受强权领袖的统治。

弗里德里希·艾伯特基金会进行的这项研究结果发现,13%的德国人"大致或完全赞成":德国需要一位"元首"——这一对领导人的称谓曾被希特勒为了他自己的目的而使用——用"强权的手段"统治国家。

在2411名随机抽取的被调查者中,有近9%的人认为,独裁"在有些时候是更好的统治方式",而十分之一的人认为,纳粹也有其"好的方面"。德国总理默克尔的发言人斯特芬·赛贝特称这项研究结果"令人吃惊"。接近11%的受访者表示,如果没有大屠杀的话,他们认为希特勒是个伟大的政治家。

这项研究结果还暗示德国的"恐外倾向"。大约36%的被调查者表示,他们认为德国面临被外国人占领的危险,而34%的人认为,外国人移民德国是为了享受这里的福利。近三分之一的受访者赞成,在缺乏就业机会时,应该将外国人遣返回家。

这项研究还显示出反犹太暗流的涌动。不少受访者认为,犹太人比其他人更经常地采取欺骗手段以获取利益。

这是大规模综合、抽取的样本构成的一个面,与现实生活中的"面"大致对应。

(二)速变与渐变

新闻提供的是与事物变动相关的信息。

世界上万事万物都处在变化之中,没有绝对静止之物。但事物变化的情况是不同的,按其变动的幅度,可分为速变型和渐变型两种:速变型的内容一般是事件性的,而渐变型的内容一般是非事件性的。

速变型的内容发生变动的时间较短,特别是以突变形式出现的事实,其变动状况更是强烈,往往在某个瞬间完成。速变型的内容,西方称之为"纯新闻"。

渐变型的内容因为是一种面上的大面积变动,往往不以突变和速变的形态出现。并且,从何时开始发生变化,到何时变化结束,都不是那么清晰可控的。一些综合性新闻涉及的时间跨度大,记者将漫长的渐变加以浓缩,用若干个体变动的关节点来展示渐变轨迹。所以,对比是必用的手法,没有这种反差较大的对比,就构不成变化。这类报道的写作关键是找到可供对比的另一个点。新手之所以写不了这类报道,问题往往也就在于此。因为他感受不到这种渐变,他只见现在的一点,心中没有可参照的另一点。以范敬宜的《田野静悄悄,地静苗情好》为例。1982年农村实行家庭联产承包责任制后,范敬宜去农村了解"夏锄"情况。采访中他发现,上午10点钟的时候,田野里静悄悄的,一个人也没有。为什么地里没有人呢?原来,在承包以前,人们都是八九点才出工,而现在包产到户,人们早上四点就出工,等天大亮时已经收工回家了。家庭联产承包责任制把农民的主观能动性和生产积极性释放出来了。所以,范敬宜说,如果不了解大局,不了解以前的状况,就感受不到这一变化,也就抓不住这个有时代特点的好新闻。

通过与过去情况的比较来确定事物变动的量,是这类报道发现新闻的重要方法。再以范敬宜的《夜半钟声送穷神》为例。这条新闻是这样发现的:范敬宜到这个村子采访,夜晚在村头散步,突然农家院里传来了清脆悦耳的挂钟打点声,钟声此起彼伏,打破了山村的寂静。他联想到这个村长期贫困,温饱都没有解决,哪有钱买挂钟?原来,实行包产到户后,农民的生活水平越来越好,家家响起了钟声,这是多大的变化!他马上以此为题,传达出农村在新形势下"送穷神"的新信息。

(三)发生与发现

陆定一给新闻下的定义是"新近发生的事实的报道"。但由于事实的性质不同,有些事实发生了,惊天动地,你很容易发现;有些事实发生了,静悄悄的,你不一定发现得了。戈公振先生在《新闻学撮要》中说:"空气中充满了新闻,到处都在等候新闻采访人。家家的屋里藏着新闻,处处交易的地方也是如此。新闻必等人去寻觅。新闻是不会飞来的,而是取来的,是要搜寻、掘取的。"这就是说,事实虽然无处不在,却需要你去发现。范敬宜也提倡要"于静悄悄处抓新闻"。

一般而言,事件性新闻是"发生"的,而非事件性新闻则是"发现"的。

事件性新闻是发生的,就是说这类事实的发生很容易引起人们的关注,很容易让人看到它的报道价值。比如美国"9·11"事件,震动全世界,这样的新闻谁都能抓到。所以有人称之为"绝对新闻",动态类新闻大都属于这一类。事物的变动幅度较大,呈"突变"和"速变"状态,容易被人感知。

非事件性新闻则不然,事实虽然发生了,但因为它的新闻价值较为隐蔽,或因为它属于"渐变型",所以如果记者不够专业,新闻敏感较弱,就有可能无法发现。换言之,这类事实的把握,靠的是记者的发现。

非事件性新闻的"发现",主要表现在两个方面:一是变动的发现;二是价值的发现。

事实的变动需要发现,就是由于非事件性是属于渐变型的,你如果知之不深,就不容易发现。如范敬宜写的《两家子公社夜无电话声,早无堵门人》。据他本人回忆,那一年他去辽宁康平县两家子公社采访。在公社办公室住了两天,未发现什么新闻线索,到了第三天睡觉起来,他灵感一来,对陪同的宣传干事说:"我可发现大新闻了。这三天,我们接过一个电话没有?有一个来上访的没有?一个也没有。这就是大新闻。"范敬宜何以能从睡觉中发现大新闻?就是来自他对农村过去情况的了解,感受到今天的变化。范敬宜说:"我知道,像这样的贫困乡,在过去晚上电话很忙,不是搞形式主义、催进度、要报表,就是上访、吵架。越穷的地方越出问题,邻里之间为了一个鸡蛋也会打起来。"他找到公社老秘书进一步证实:以前在办公室根本睡不了觉,电话不断,老百姓一大早就来"堵被窝",哪能像现在这样睡得安安稳稳?承包以后,老百姓日子好过了,事情就少了。①范敬宜说:"我一直主张,写经济建设、经济生活的变化,一定要着眼于那种静悄悄发生的、不为人们注意的,但一经点破之后会使人恍然大悟的事情。"②

西方出现的开拓性新闻,更能体现非事件性新闻的"发现"特点。它是将社会学调查研究方法与新闻写作结合起来的报道文体。它不是就现成的事实写出报道,而是主动将一些处于较深层次的,或是人们无法直接观察到的社会内容,经过抽样检测、数据分析等调查手段,进行"加工处理"后写出的报道。

生活中的变化有时非常细小,如果没有一双敏锐的新闻眼,就难以发现其价值。梁衡先生说:"新东西常常是在不知不觉中出现的。它好比春风吹过田野,这里、那里悄悄拱出的几点草芽……假如朋友们在早春的黄土地上散步,谁要先发现一棵破土的草芽,那必定能给大家带来一阵由衷的喜悦。"③由此可见,新闻的发现,就在于对那些"悄悄拱出的几点草芽"的价值判断上。例如关于上海的变化,一些报道的着眼点无非是楼高了、地绿了、天蓝了、车快了,等等。但《新民晚报》的一位记者向范敬宜讲了三件没有上过报纸的事情:第一,公共汽车在马路上转弯时不再"敲帮"了;第二,公共汽车司乘人员不再推乘客的腰背了;第三,商店里不再喊话,提醒顾客"注意钱包"了。范敬宜说,这三件事虽小,且不易为外地人觉察,其实反映的却是大问题,即上海市政府确实是从大处着眼,从小处着手,扎扎实实地为人民群众排忧解难。这样的新闻完全可以作为报纸的头条,能通过这些身边的小事发现时代的巨变,需要有发现的眼光。

新华社原社长郭超人说:"什么样的人当不了记者?什么样的人能当记者?什么样的人能当好记者?大多数人能想到能做到的,而你想不到做不到,就当不了记者;大多数人能想到能做到,而你也能想到能做到,可以当记者,但不一定是好记者;唯有大多数人想不到做不到,而你能想到能做到,那么你就能当一个好记者。"别人想不到做不到的你想到做到了,就是发现能力的表现。如此而言,非事件性新闻的把握,要比事件性新闻更难。写好这类报道,更能体现记者的水平。

---

① 范敬宜.人到晚年学说话[N].中华新闻报,2002-6-22.
② 范敬宜.总编辑手记[M].北京:人民日报出版社,1998:101.
③ 梁衡.在春风中寻找破土的草芽[J].传媒.2001(1):64.

(四)实与虚

事件性新闻是实,非事件新闻是虚。这里所说的实与虚有多重含义。

从报道题材来说,事件性新闻是以实实在在的内容来支撑报道的主要信息。事实中的功能性要素——何时、何地、何人,一个都不能虚,以确保新闻的真实性。缺之,则令人生疑。如某报曾刊载报道《流弹让少女受孕》称:美国俄亥俄州一名未婚少女中流弹后竟然受孕,于不久前生下一名6磅重的女婴。流弹何以让少女受孕呢?报道说,原因是子弹首先穿过一名男兵的睾丸,然后进入了少女的下腹。这篇奇闻令人质疑的地方在于:地点过于笼统,俄亥俄州范围那么大,"准确的地址"在哪儿?时间也不确定,"不久前"不够具体;人物也不确定,只说是"一名少女",范围太广,等于没有限定。三个功能性要素都虚,事实无法令人相信。

而非事件性新闻则不然。报道某一个事实,不一定要提供所有的功能性要素,或者说,对事实的功能性要素的要求相对来说宽松一些。因为在非事件性新闻中,新闻六要素中的时间、地点并不具备特别重要的意义。新闻的"新",更多地体现在内容是否新鲜和具有新意上。请看2010年11月16日《广州日报》头版刊登的这条消息:

物价涨钱升值促深圳人到港购日用品
深圳主妇顺道到香港买陈醋凉茶

据新华社电 深圳皇岗口岸,市民程芳拎着大包小包正准备过关,除了从香港带回心仪已久的Ipad,她还顺手买了一些洗发水、陈醋和凉茶。

最近一条"深圳主妇到香港打酱油"的消息引起各方关注。程芳说:"特意去打酱油是夸张,但顺手买些日用品回来倒越来越普遍。"

随着内地物价的上涨、港元对人民币持续贬值,以及深港往来的便利化,风行了近30年的港人北上消费,正悄然转化为深圳人南下购物,采购的内容也从名牌服装、化妆品、电子产品延伸到"油盐酱醋"等日用百货。

精明的家庭主妇很快觉察到香港米、蛋、油等生活必需品价格的吸引力。比如:在香港15个鸡蛋售价8.5元人民币,约合每斤鸡蛋4.25元。而在深圳,鸡蛋的价格维持在每斤5.98元左右。

萧条已久的中英街的生意也红火起来。据统计,最近一两年,前往中英街的深圳市民明显增多,每天有2000多人进入中英街,一到休息日,人数还会增加。

导致"换城消费"新变化的另一个重要原因是人民币对港元汇率的变动。四五年前,100元人民币只能兑换80多港元,随着人民币升值,现在100元人民币可以兑换116港元。考虑汇率的因素,到香港购物显得更划算。

这是一条非事件性新闻,主要信息是深圳市民出现新的消费动向。文中提到一位家庭主妇程芳,但关于这位程芳的其他信息都未提供。偌大的一个深圳,叫"程芳"的市民恐怕不止一两个,这是哪一个程芳呢?其实,记者有意在此将人物身份虚化,在这里,程芳是谁已经不重要了。

从报道的主要信息来看,事件性新闻的信息以实为主,非事件性新闻的信息以虚为主。按喻国明先生的说法,报道中的单元新闻信息既可以是事实,也可以是情感、道理、意境等较抽象的内容。① 我们将前者称为"实信息",后者称为"虚信息"。这个"虚"不是虚无,而是一种思想、一种观点。以往划分的经验新闻、述评新闻、综合新闻均具有这种性质。所以,实信息与虚信息正好对应了事件性新闻与非事件性新闻中主要信息的特征。

从历史的角度来看,事件性新闻集中体现了客观主义报道的理念和准则。它以反映事实为宗旨,记者一般不对事实作出主观评价。非事件性新闻对记者的主观能动性的限制要小得多,记者既可以围绕某一主题来选取和组织材料,也可以开拓深层次的材料。这些内容直接或间接地体现了西方新闻流派中"新新闻主义""精确新闻学""调查新闻学"等学派的理念。而这些流派恰恰都是对客观主义过于强调报道的"实"所作的修正。所以,非事件性新闻的"虚"的特性也就好理解了。

事件性新闻与非事件性新闻的种种区别,决定了二者在采写上的不同。反过来说,掌握了二者在写作上的不同,有利于在报道中把握好这两类题材的本质属性。

第二节 事件性新闻写作

一、一事一报式报道的写作

一事一报式报道,大致对应纯新闻、动态消息,即新近发生的单独事实的报道。

一个单独的事实具备新闻价值,皆因其具有重要性、显著性。这样的事实时效性特强,报道得越快,传播价值越大。通常所说的"抢新闻",就是指对这类事实的报道。

要写好这类报道,关键是要抓准"何事"。"何事"一定,报道的中心有了,整个报道的主要信息就确定了。在此基础上,再努力将新闻事实中最有价值的内容加以突出或强化,为丰满主要信息再适当添加背景材料作为必要信息和冗余信息。这可以说是一事一报式报道写作的"三部曲"。下面分别加以阐述。

---

① 喻国明. 嬗变的轨迹——社会变革中的中国新闻传播与新闻理论[M]. 北京:中央编译出版社,1996:25.

(一)确定报道中心,增强"何事"意识

按洪天国先生的表述,在一事一报式报道中,"何事"处于中心位置,其他要素皆是围绕这一中心的"行星"。一事一报式报道一定要严格地按"新闻是关于新近发生或发现的事实的信息"来调控报道行为,不能把"如何""为何"作为报道的中心。在新闻六要素中,"如何"与"为何"的信息内容弹性很大,确定了以"何事"为中心,就可将这些要素的信息量压缩到适当的程度,不让其喧宾夺主。

同时,由于这类事实的报道时效性强,往往要求开门见山直述其事,所以导语中自然就要包含"何事"。可以说,"何事"一确立,报道的导语也就浮出水面了。

请看下面一个实例:

器官移植是挽救器官受损或衰竭患者的主要手段,也是现代医学的巨大成就之一,但是器官供体短缺一直是制约器官移植发展的最主要因素。

据美国器官募集和移植网络(OPTN)数据,截止到2017年9月21日,美国等待器官移植的病人有11.7万人,1—8月共完成2.3万例器官移植手术,而器官捐献数量仅为10 868例。十多年来,美国每年完成器官移植手术和器官捐献的数量基本维持在同一水平,但等待器官移植的患者数量却从十五年前不足8万,增加至目前的近12万。全球其他国家也是类似情况,中国器官移植供需矛盾更加突出。

2017年10月出版的最新一期《科学》杂志,正式刊登了美国哈佛大学遗传学家乔治·丘奇教授团队的基因敲除猪最新研究成果,在多位中国科学家的参与下,该团队利用CRISPR/Cas9技术对猪细胞内的内源性逆转录病毒(PEPV)基因进行了基因编辑,使其失去感染能力,并培育出内源性逆转录病毒失活的基因敲除猪。

南京医科大学"千人计划"特聘专家戴一凡教授团队是20世纪80年代发展起来的,他们研究的是建立在基因同源重组技术基础以及胚胎干细胞技术基础上的一种新分子生物学技术。

何谓"基因敲除猪"?南京医科大学戴一凡教授给出了一个形象的解释:就是用一系列基因改造手段,把猪身上会引起排斥反应最关键的基因敲掉,再加入一些人的基因,经过这样"基因改造"的猪,就会变成一个适用于人体的、不会产生免疫排斥的"万能供体"。

由于猪的器官大小、生理结构等与人非常相似,而且易于获得,因此猪被认为是异种器官移植的理想供体。一些科学家已将基因改造的猪器官移植到灵长类动物身上,包括心脏、肺脏和肾脏等。这些猪器官在灵长类动物体内最长存活时间达900天以上,猪器官移植的人体临床试验也已在计划之中。

不过，猪体内存在很多内源性逆转录病毒基因，这些病毒基因可能是远古逆转录病毒感染猪的祖先后，残留在猪祖先基因组内，变成猪基因组中可稳定遗传的一部分。虽然目前没有临床证据表明这些病毒基因能够复活，甚至感染人类，但还是有人担心存在这种可能。

早在二十年前，英国伦敦大学癌症研究学院的卡莱文·帕特恩等人发现猪肾脏细胞的内源性逆转录病毒基因可在体外感染共培养的人类细胞。随后，德国慕尼黑大学的研究人员也发现猪的内源性逆转录病毒基因同样可感染猕猴的细胞。因此，猪内源性逆转录病毒被认为是猪异种器官移植临床试验的最大安全风险。

乔治·丘奇教授团队2015年10月在《科学》杂志首次报道了利用CRISPR/Cas9技术，一次性敲除猪基因组中内源性逆转录病毒编码逆转录酶基因的全部62个拷贝，并证明失活的猪内源性逆转录病毒对与猪细胞共培养的人类细胞的感染能力大幅下降，只相当于未进行基因编辑的猪细胞的千分之一以下。

这项研究首次在细胞水平上解除了猪内源性逆转录病毒的潜在感染风险，扫除了异种器官移植的主要安全障碍，引起广泛关注。《自然》杂志以《人—猪器官移植的新时代》为题加以报道，《自然生物技术》杂志则配发《异种器官移植回来了》的新闻报道。

2016年3月，南京医科大学赵子健、戴一凡两位教授宣布，他们正在研制可以作为人类器官供体的"基因敲除猪"。时隔一年，该项研究又有了新进展。戴一凡教授已注册一家公司，并租用了实验室和办公室，专门从事猪器官移植的研发，这意味着该项技术真正"落地"了。很快，他还将在南京江宁开建一个"超洁净养猪场"，专门养殖这种猪。

他表示，养猪场预计2016年年底建成，2017年有望将猪的眼角膜和皮肤运用于临床试验，一年后可用于人，而像心脏、肾脏及肝脏等大型器官移植还要多花3—5年。

这次美国同行乔治·丘奇教授团队又在《科学》上发表最新研究成果，不仅再次证明猪内源性逆转录病毒能感染共培养的人类细胞，而且这种病毒还能在人类细胞之间水平转移。也就是说，在共培养条件下，猪内源性逆转录病毒可以从已感染的人类细胞转移到未接触过猪细胞的人类细胞。虽然目前只是这些内源性逆转录病毒基因在转移，也没有证据表明这些病毒基因能制造出病毒颗粒，并具有致病性，但是异种器官移植过程中可能存在猪内源性逆转录病毒感染人类细胞的潜在风险。因此对于异种器官移植来说，制备猪内源性逆转录病毒基因失活的基因编辑猪显得非常必要。

乔治·丘奇教授团队通过对猪肾上皮细胞的基因组进行进一步分析，发现猪内源性逆转录病毒具有功能性的拷贝共有25个,即这25个拷贝中编码逆转录酶的基因较为完整,具有潜在感染能力。只要将这些逆转录酶基因所有拷贝敲除,即可使所有内源性逆转录病毒丧失移动能力而失活。

为了获得基因编辑猪,研究人员针对25个逆转录酶基因拷贝的核心区域,设计了特异性指导RNA,让这些RNA与猪胎儿成纤维细胞待一段时间后,这些RNA很快会在猪的全基因组中寻找并结合到逆转录酶基因核心区域。随后,与之相连的核酸内切酶Cas9就会剪除这一区域,这样就获得了25个逆转录酶基因拷贝均被编辑的猪胎儿成纤维细胞。之所以采用猪胎儿成纤维细胞,而非之前采用的肾上皮细胞,主要因为这种胎儿成纤维细胞是生产克隆猪最常用的细胞,从猪的皮肤组织即可分离获得,克隆效率也比大多数其他细胞更高。

基因编辑猪细胞制备成功后,研究人员还对这些细胞进行了全基因组脱靶分析,没有发现CRISPR/Cas9基因编辑工具错误剪除猪基因组中其他位点。接下来,研究人员将对这些基因编辑细胞进行核移植操作,即将这些基因编辑细胞核取出,与去核的卵母细胞融合成克隆胚胎,接着将克隆胚胎移植到代孕的母猪体内进行发育,共出生37个基因编辑克隆猪,其中15头健康存活,年龄最大的已有5个月以上了。

这些克隆猪是世界上首批内源性逆转录病毒失活的基因编辑猪。目前,研究人员已从基因编辑猪体内分离出细胞,正在进行长期观察,以验证这些猪体内失活的内源性逆转录病毒还有没有感染能力。

这项研究8月初在线发表后引起媒体的广泛关注,美国《财富》《时代》《科学美国人》《纽约时报》《福布斯》等媒体均加以报道。

当然,除了内源性逆转录病毒,猪的异种器官移植最关键的技术难题在于如何避免猪的器官移植到人体后引发的各种免疫排斥反应。科学家们在这个领域已经努力了十多年,通过敲除一些容易引发免疫排斥反应的猪基因,同时加入一些人体基因,将猪的器官人源化。虽然取得了一定进展,但是还远没有达到临床要求,还需要更多科学家更长时间的努力,而中国科学家正成为这一研究领域的主力军。

在这篇《科学》杂志上发表的研究论文中,22名作者中有16名中国科学家。

杨璐菡博士是本项研究的共同通讯作者之一,也是2015年10月《科学》杂志上猪细胞内源性逆转录病毒失活研究论文的第一作者。2015年,这位本科毕业于北京大学的80后女孩与她的博士生导师乔治·丘奇教授共同成立eGenesis生物公司,杨博士任公司首席技术官,专注于利用基因编辑技术开展猪的异种器官移植研究和开发,而成功敲除猪的内源性逆转录病毒并培育出无安全风险的基因编辑猪,使得这家新成立的公司一下子成为异种器官移植研究领域的领导者,同时也使异种器官移植重新得到科学家、投资者和公众的关注。2017年3月,eGenesis公司获得3800万美元投资,有望加快异种器官移植临床应用的进程。

除了杨璐菡博士,还有来自浙江大学、云南农业大学、第三军医大学、深圳市金新农科技股份有限公司的15位中国科学家参与这项创新研究。杨璐菡博士在接受媒体采访时表示,将与中国研究机构加强合作,共同开发基因编辑猪,并推动异种器官移植临床试验。

与此同时,中国早已有多个研究机构进入猪异种器官移植研究领域。中南大学湘雅三医院王维教授团队多年来一直在开展猪胰岛细胞治疗Ⅰ型糖尿病研究,截止到2017年9月8日,该团队已利用猪胰岛细胞成功治疗10位Ⅰ型糖尿病患者,相关技术体系和临床方案通过了专家评审,已正式开启大规模临床试验,计划每年治疗1万名以上的Ⅰ型糖尿病患者。虽然临床试验采用的猪胰岛细胞并非经过基因改造,但是与湘雅三医院密切合作的湖南赛诺生物科技有限责任公司已培育出人源化的基因改造猪,计划不久将用于治疗糖尿病的临床研究。

南京医科大学"千人计划"特聘专家戴一凡教授团队则培育出一种人源化基因编辑猪。2017年1月,戴教授与北京同仁医院眼科中心合作,将人源化基因编辑猪角膜移植到西藏猕猴眼睛中,基因编辑猪的角膜在猕猴眼睛中存活了171天,但没有进行基因改造的猪角膜也存活了157天,差异并不显著。原因可能是角膜移植本身免疫排斥较小,人源化猪角膜抗排斥优势并不明显。

中国农业科学院北京畜牧兽医研究所潘登科博士团队也培育了多种人源化改造的基因编辑猪,最近与深圳大学第二人民医院、中山大学等单位合作,对一种双抗原基因敲除猪进行了抗移植排斥反应的分析,初步发现32个基因与异种移植排斥反应相关。之后,潘登科博士又利用另一种人源化克隆猪与第四军医大学和解放军总医院等单位合作,进行了猪肝脏移植到西藏猕猴体内的研究,发现异种移植后受体的细胞因子发生了重要变化,为后续异种器官移植研究奠定了基础,这些研究成果均发表在《异种器官移植》杂志上。

随着内源性逆转录病毒失活基因编辑猪的诞生,异种器官移植的安全风险基本解除,下一步科学家则需要重点攻克移植免疫排斥反应这一异种器官移植领域最大的障碍。中国科学家将与国际同行一道,为突破这一难关贡献自己的力量。

这是某高校教授提供给学生练习写作的一个材料,要求写成一则500字之内的消息。第一步,确定"何事",这是报道的中心。有了中心,其他内容就容易组织了。按"新闻是新近发生的事实的报道"这一定义,我们可以从最新时间点来确定"何事":"2017年10月出版的最新一期《科学》杂志,正式刊登了美国哈佛大学遗传学家乔治·丘奇教授团队的基因敲除猪最新研究成果。"这一点,既满足时间的新,也满足内容的新,可以作为导语,解决了新闻由头两个方面(时间依据、价值依据)的问题。

(二)精选报道角度,充分挖掘事实的价值

确定了"何事"这一中心,下一步则是考虑如何将事实的新闻价值最大化。换言之,就是选择好报道角度,体现出新闻价值的要求。这一材料表明,哈佛大学遗传学家乔治·丘奇教授团队中有多位中国科学家,并且在此之前,中国科学家在该领域已获得不少成果。突出这一点,既是对材料的价值的挖掘,又很好地体现了新闻价值中的接近性原则。对于中国读者而言,这是非常必要的。所以,材料中提到的"在这篇《科学》杂志上发表的研究论文中,22名作者中有16名中国科学家":杨璐菡博士及浙江大学、云南农业大学、第三军医大学、深圳市金新农科技股份有限公司的15位中国科学家,中南大学湘雅三医院王维教授团队,南京医科大学"千人计划"特聘专家戴一凡教授团队,以及这些团队的研究成果,等等,都是丰富主要信息的材料的安排。

(三)巧选背景材料,组织选择其他信息

确定了新闻事实及主要信息后,就要考虑背景材料的安排。这里主要是考虑说明性背景材料与注释性背景材料的安排。

在第五章第四节论述新闻背景时我们讲过,事物之间总是互相联系、互相影响的。对某一新闻事实的理解,只有将它放到一定的背景中去考察,它的意义才可能得到全面深刻的展现。因此,说明性背景材料从"历史"的角度看,是给读者提供一个发展的眼光;从"环境"的角度看,是给读者提供一个联系的眼光。换言之,是让读者以发展的、联系的眼光去观察和理解新闻事实,这是符合唯物辩证法精神的。

注释性背景材料也有助于读者读懂和理解报道的主要信息。它是对新闻报道中一些大众较为陌生的、专业性强的名词术语进行通俗化解释。这类信息对于专业读者来说是多余的,但对于一般的读者来说,可能就是必不可少的。如这一材料中的"基因敲除猪""基因敲除技术"等,不为一般读者所知,必须作注释说明。

根据上述分析,原材料可以改写成这样一条消息:

  2017年10月出版的最新一期《科学》杂志刊登了美国哈佛大学遗传学家乔治·丘奇教授团队的最新研究成果。该团队培育出的基因敲除猪,有望解决猪的器官安全移植人体的难题。

器官移植是现代医学的巨大成就之一，但是器官供体短缺一直是制约器官移植发展的最主要因素。猪被认为是异种器官移植的理想供体，但移植中人也可能感染猪体内的病毒基因。"基因敲除猪"就是用一系列的基因改造手段，把猪身上容易引起排斥反应最关键的基因敲掉，经过这样"基因改造"的猪，就会变成一个适用于人体的、不会产生免疫排斥的"万能供体"。

《科学》杂志上发表的这篇研究论文，22名作者中有16名中国科学家，中国科学家正成为这一研究领域的主力军。

杨璐菡博士是本项研究的共同通讯作者之一，也是2015年10月《科学》杂志上猪细胞内源性逆转录病毒失活研究论文的第一作者。此外还有来自浙江大学、云南农业大学、第三军医大学、深圳市一家科技公司的15位中国科学家参与这项创新研究。

在此以前，中国早已有多个研究机构进入猪异种器官移植研究领域。中南大学湘雅三医院王维教授团队已培育出人源化的基因改造猪；南京医科大学戴一凡教授团队与北京同仁医院眼科中心合作，将人源化基因编辑猪角膜移植到西藏猕猴眼睛中；中国农业科学院北京畜牧兽医研究所潘登科博士团队也培育了多种人源化改造的基因编辑猪，并与多家医疗单位合作，进行了多次成功的实验。这些研究成果均发表在《异种器官移植》杂志上。

二、一事多报式报道的写作

一事一报式的报道方式，往往是待事件结束后再报道。这时事实的各个要素及各方面的相关信息都已明朗，所以报道内容完整、准确。但它的局限性也很明显，在下列两种情况下，一事一报式的报道方式就不能满足读者迅速获取信息的需要。

第一种情况：报道时效性特强的事实时，这种四平八稳、不急不忙的报道方式就显得太慢，可能会让其他媒体抢了先手而给自己的报道造成被动。《经济日报》的一位副总编曾说，我办报最重要的策略就是抢，一定要抢在别人前面先说、先报道。即使报道比较粗糙，但是我先报道了，人家还是先看我的；你报道得再细致，但你的报道在后面了，人家就会说《经济日报》已经报道了。抢新闻时，报纸往往是先发个简讯，其他内容稍后再补充。

第二种情况：报道事件的时间跨度较大，如果等到整个事实结束后再作总结式报道，不仅内容失去了新鲜性，而且也会因为报道内容过于笼统而降低读者的阅读兴趣，从而影响传播效果。

要避免第一种情况出现，可使用分段报道；要避免第二种情况出现，可使用连续报道。它们都是一事多报式报道，其最大好处在于满足了新闻的两个根本属性——时效性与准确性，故在实践中有很强的生命力。

(一)分段报道

分段报道往往是事情来得非常突然,而事实又非常重要。如果消息迟发了,其新闻价值就会大受影响。在这种情况下,媒体往往会就所掌握的部分情况先发出快讯或简讯,然后再就新闻事件的背景、起因、发展情况、影响范围及各界的反应等其他情况作补充交代。这种报道方式,即使在网络发达的今天,依然为纸媒常用。请看2010年10月7日《广州日报》这组报道《温家宝改变行程会见德总理》:

据新华社柏林10月5日电 国务院总理温家宝和德国总理默克尔5日在德国梅泽贝格宫举行会晤,并发表中德总理会晤联合新闻公报。

此次会晤于10月6日在布鲁塞尔召开的中欧领导人会晤前夕举行,中心议题是中欧、中德关系。会晤中,德方表示将继续积极支持欧盟尽快承认中国完全市场经济地位,中国表示将与欧盟就此继续对话。

默克尔邀请温家宝于2011年赴德共同主持首轮中德政府磋商。

又讯 按照中方此前宣布的消息,温家宝此次出访欧亚四国,其中并不包括德国。在出访行程安排之外前往另一个国家,这在中国外交史上是极其罕见的。

当地时间5日傍晚,中国总理温家宝在出席第八届亚欧首脑会议期间,抽出时间从比利时首都布鲁塞尔飞抵德国,与德国总理默克尔会晤并共进晚餐。会晤的地点是在距柏林市区约70公里的梅泽贝格宫。

在中方事先发布的消息中,温家宝此次出访4个国家:希腊、比利时、意大利、土耳其,并不包括德国。在出访行程安排之外突然造访另一个国家,这在新中国外交史上极其罕见。中德两国总理的这次"超常规会晤"引发外界广泛关注。

据悉,默克尔今年7月访华后,多次致电温家宝,邀请温家宝在出席亚欧首脑会议期间去德国做客,她想谈谈访华后对中德、中欧关系新的思考。温家宝接受了邀请。

5日上午,温家宝与默克尔共同出席在布鲁塞尔举行的第八届亚欧首脑会议。默克尔缺席了下午的第四次全体会议和闭幕式,赶回柏林着手准备与温家宝的会晤。

下午4时20分,温家宝乘专机离开布鲁塞尔,飞行1小时20分钟后抵达柏林泰格尔军用机场。在机场短暂停留后,温家宝换乘直升机,前往梅泽贝格宫。

梅泽贝格宫是德国的国宾馆,位于柏林北部的勃兰登堡州,紧邻呼文诺湖,周边绿树成荫,主楼是一座建于18世纪的巴洛克式建筑。

由于日程安排紧凑，中方起初建议在柏林会晤，以缩短路程。但默克尔执意将会晤地点选在梅泽贝格宫，她说，只有会见与德国关系最密切的外国领导人才会选择这里。她特意安排直升机接送温家宝，以便腾出更多时间来会谈。

下午6时40分许，温家宝抵达梅泽贝格宫，默克尔在主楼门前迎接，两国总理紧紧握手。

"非常感谢总理女士为我作出这样一个特殊的安排，这其实也表现出我们两个国家的关系更加密切了。"温家宝说。

默克尔说："正是因为如此，所以我发自内心地邀请您到这里来。我访问中国的时候也受到了您的热情接待。您能抽出时间赶来，会谈后还要返回布鲁塞尔，令我非常感动。"

"您的盛情难却"，温家宝笑着说，"尽管来回时间长一点，但我们有机会可以再次就两国关系深入交换意见。"

温家宝与默克尔的会晤持续了近两个小时。会晤中，双方高度评价双边关系的良好发展。双方愿通过加强对话磋商和扩大互利合作促进中欧经济关系发展。德方将继续积极支持欧盟尽快承认中国完全市场经济地位，中国将与欧盟就此继续对话。

近年来，中德关系持续升温。默克尔出任德国总理以来，先后4次访问中国。在最近一次访华时，温家宝亲自陪同她前往西安参观。默克尔在西安度过了她的56岁生日。

国际金融危机之后，德国在欧盟国家中率先实现经济复苏，很大程度上得益于对中国等新兴市场的出口大幅增长。同时，中德都是制造业大国和出口大国，两国在反对贸易保护主义等方面立场相近。

正是由于拥有广泛的共同利益，使中德两国关系持续向好。两国总理的这次"超常规"会晤，意味着中德关系进入又一个"蜜月期"。

与默克尔会晤后，温家宝返回布鲁塞尔，飞机降落时已是晚上11点。次日，温家宝将继续访问比利时，并出席第十三次中欧领导人会晤。

温家宝总理访问德国，按常规来说是一项重要的国事活动，有巨大的新闻价值。但从标题上看，"改变行程"的做法极为罕见。"变动产生新闻"。这组报道的前一部分告诉读者温家宝访问德国这一事实，后一部分详细报道"改变行程"这一新闻背后的新闻。前后合起来读，充分表明这一访问意义之不一般，让人回味咀嚼。

对于时间跨度不大、时效性极强的重大题材，用分段报道的方式是个好办法。它以分篇的形式就读者关心的问题逐个回答，内容简明单一，具有一定的吸引力。值得注意的是，分段报道不同于连续报道，它报道的对象不是时间跨度较长的、发展变化较大的事件,所以在选材上要特别注意选重大题材,这样才能吸引读者的注意力,否则读者在读了两三篇报道后就会失去兴趣。另外,每次报道的篇幅不宜过长,一般以发简讯为主。请读下面这组报道:

九江段4号闸附近决堤30米

本报江西九江8月7日16时5分电　今天13时左右,长江九江段4号闸与5号闸之间决堤30米左右。洪水滔滔,局面一时无法控制。现在,洪水正向九江市区蔓延。市区内满街都是人。靠近决堤口的市民被迫向楼房转移。

本报江西九江8月7日16时5分电　现在大水已漫到九瑞公路。据悉,决堤时,一些居民还在睡午觉。现在在堤坝上被洪水围困的抢险人员大约有上千人。

本报江西九江8月7日16时5分电　国家防汛总指挥部有关专家正在查看缺口。专家们决定用装满煤炭的船沉底的办法堵缺口。

本报江西九江8月7日16时35分电　记者已赶到缺口处。汹涌的江水正从30米宽的缺口涌向市区。南京军区两个团正在国家防总、省防总有关专家的指挥下现场抢险。现在有一条100多米长的船只无法靠近缺口,抢险队正在想办法。

本报江西九江8月7日17时15分电　专家们拟定了三套抢险方案:1.将低洼处的市民转移到安全地带。2.市区内的军队、民兵组成一道防洪线。3.全力以赴堵住缺口。

现在,一条大船装满煤,正由北向南岸靠近,准备堵缺口。

本报江西九江8月7日22时5分电　截至记者21时撤离时,决堤口还没有堵上。一条装满煤的百米长的大船已横在距决堤口20米处,在其两侧,三条60米长的船已先后沉底。数千军民正在沉船附近向江里抛石料。水势稍有缓解。

目前,留在决堤处抢险人员总计有2000多人。防汛指挥部组织抢险人员正在市区的龙开河垒筑第二道防线。

据悉,市中心距决堤处的直线距离约5公里。市区内目前还未进水。记者赶回市区看到,一些店铺还在营业。市民们的情绪较下午平稳了一些。

路上,出租车司机告诉记者,市政府已在电视上发出紧急通知,告诫市民,凡家住低于24米水位的住户,要迁到更高的楼上。

本报江西九江8月8日0时15分电　记者刚刚与前线指挥人员通话:现在沉船部位上端水流有所减弱,但船下的漏洞水流仍然很急,缺口处洪水不见缓解。抗洪军民仍在连夜奋战。

本报江西九江8月8日0时45分电 记者刚刚得到消息,从昨天下午4点开始,万余名解放军战士正在龙开河连夜奋战,构筑一道10公里长、5米宽的拦水坝,作为市区的最后防线。截至发稿时,仍有大批军车赶往此地。

这组报道共8篇,可以看出,分段报道的方式很好地解决了报道时效性的问题,现场感也很强。一组报道连起来读,就是对一事件的完整报道。

(二)连续报道

连续报道是指在一段时间内,对某一新闻事实的有关情况,或以某一新闻事件的发生、发展、高潮、结局为线索的持续报道。连续报道可分为两种:一种是对正在发生的事实进行持续不断的报道,不断地给读者提供事实变化的最新情况。这类报道通常以事实发展变化的线索为报道主干。另一种情况是对新近发生的事实作由表及里的连续深入报道,整个报道以人们的认识过程、思维习惯为内在逻辑顺序,逐层完成对整个事实的完整把握。从认识层次上来看,前者是在一个认识层次上沿事物发展的水平状态对事实的现状作出报道,可称为"水平式连续报道";后者是由报道"何事"这个层次入手,再深入到事物的形成轨迹和形成原因,是一种跨越认识层次的报道,可称为"深入式连续报道"。

从内容上来看,连续报道不是终结式报道,而是开放式的动态报道,在报道过程中,记者同读者一样,并不知道事情的发展结局。这样,就使得报道呈多向度的变异性和随意性。这种无法预料的不稳定状态,往往使连续报道具有很大的信息量,能更直接、更真实、更客观地把新闻事实的真相告诉读者,从而更具吸引力。从形式上来说,完整的连续报道应当是有头有尾的连续叙事过程。与分段报道相比,连续报道的内容更丰富,出现时版式和风格大体一致。

对连续报道来说,最关键的还是要体现好事物的发展线索。它不但能及时向读者提供事物发展变化的最新情况,还是吸引读者注意力的一条重要的兴趣线。因此,在连续报道的前后篇什中,应特别注意彼此之间的勾连。美国密苏里大学新闻学院写作组编写的《新闻写作教程》对连续报道中的后续篇什提出了一个操作性很强的写作模式:

(1)新导语

(2)挂钩段

(3)过渡段

(4)回到新主题段

写作组对这一模式的解释是:"报道事态仍在发展中的新闻要以最新情况作为导语。在第二段和第三段中记者可选用同原先的报道相关的材料。这种挂钩段是对原先的报道的简要回顾,因为有些读者也许并未读过原先的报道。但是,要特别注意在挂钩段中不要大量地重复报道过的细节。在这方面花费过多的笔墨,会使读者忘掉这篇新报道到底要说什么。介绍了背景之后,记者应安排一个精彩的过渡段回到新的主题。"

这一写作模式使各篇报道的写作更为规范齐整,而且整组报道又富于节奏美。下面的例子叙述的是一个新的市行政官的竞选过程。汤姆森是报道中"何人"的主角。报纸的及时报道让事态发展日趋明朗。请特别注意其新导语和挂钩段的写作:

第一篇报道为:

> S市行政官汤姆森已申请担任Y州B市的行政官。
>
> 据星期四的B市《记事报》报道,汤姆森已被列入12名该市行政官最后候选人的名字中。
>
> B市市长迈埃不愿证实是否有此事,但是迈埃说申请这个职位的有87人。

两星期后,事态有了新的进展,第二篇报道为:

新导语 S市行政官汤姆森仍在为得到Y州的B市行政官之职而奔忙。

挂钩段 在S市担任行政官之职达五年半之久的汤姆森,是申请担任B市行政官职位87人中的一个。那里的市政官员和汤姆森本人都不愿谈论这件事。

过渡段 但是,据B市《记事报》报道,汤姆森现在是挑选担任该职位的最后5名候选人之一。

回到新主题段 这5名候选人必须在今天把他们的履历和证明人的姓名呈报上去。市议会将进一步缩小名单,然后用飞机把候选人送到B市,以便在本月末面谈。

又过了三周,第三篇报道为:

新导语 在谋求担任Y州B市行政官的竞选中,S市行政官汤姆森又胜利地通过了一轮筛选,虽然他的名次并不是头几名。

挂钩段 在星期四的秘密会议上,B市议会提名汤姆森为这一职位的3个候选人之一。最初有87人申请担任这一职务,汤姆森已经顺利地通过了前两次筛选。一个月内,这个职位是不是由他获得便可分晓。

过渡段 但是,汤姆森在候选名单中并不是名列第一。

B市《记事报》说,汤姆森仍有两个对手:一个是56岁的耶里,现任该市的代理行政官;另一个是45岁的戴尔,现任K州W市的行政官。

回到新主题段 耶里是这一轮竞争中的领先者。

再过了三周,第四篇报道为:

新导语　谋求担任 Y 州 B 市行政官职位的竞争有了令人吃惊的变化,据报道,S 市行政官汤姆森已占据了领先地位。

挂钩段　现在,汤姆森是最后两个候选人之一,仅次于 B 市现任代理行政官耶里。该市议会取消了戴尔的候选人资格。

过渡段　这一职位或许是汤姆森的了。

回到新主题段　据 B 市《记事报》报道,在市议会星期四晚上的一次秘密会议上,汤姆森以四比三占优势。最终决选将在两三天内进行。

最后的结果在三天以后出来了,第五篇报道为:

新导语　S 市行政官汤姆森已宣布辞去现职,即将就任 Y 州 B 市行政官之职。几个星期以来人们就此进行的种种猜测终告结束。

挂钩段　担任 S 市行政官之职达五年半之久的汤姆森是从申请担任此职的 87 人中选出来的。他的主要竞争对手是耶里。这位现任 B 市代理行政官直到最近几天仍在竞争中处于领先地位。

过渡段　汤姆森是在 S 市议会开会中途宣布他的辞职声明的。

回到新主题段　他的辞职从 7 月 1 日开始生效。然后在 7 月 5 日,汤姆森开始在 B 市工作。这意味着他的年薪将增加 8150 美元。

比起分段报道来,连续报道的时间跨度大、报道次数多。写作时,要注意叙事线索的连贯性,比如"挂钩段"这类技术性的处理,在分段报道中并不重要,但在连续报道中就明显地起到了承上启下的作用。

第三节　非事件性新闻写作

一、多事一报式报道的写作

多事一报式报道最典型的是综合性新闻,此外还包括经验新闻、述评新闻等。在长期的实践中,这类报道形成了一些相对稳定的写法。

(一)寻找一个新的时间由头

非事件性新闻的一个突出问题是:时效性远不及事件性新闻强。因此,从写作技巧上来看,就要找一个新闻由头来解决报道的时间根据问题。这个新闻由头,就横向式综合性新闻来说,就是报道中"面"上诸多同类材料中的一个。从材料的性质来说,它并不比其他材料更典型,其优势仅仅在于它是同类事实中"最近发生的",满足了新闻报道的时效性要求。这个"事实"在报道中只起引导作用,故通常写在导语里。请看 2010 年 11 月 9 日《参考消息》上转载的一篇报道《台女流行嫁陆男》:

台湾艺人嫁大陆阔少,媒体一个多星期来不间断地炒。女的叫大 S(徐熙媛),男的叫汪小菲,所以有个奇怪的名称叫"大小恋"。

和朋友闲聊,唯一觉得好玩的是,怎么又一个台湾女嫁大陆富男?

中国大陆崛起有多厉害,不用看 GDP 多高,不用看高速列车多快,不用看奥运会、世博会多盛大,也不用看出现"China"字眼的外电新闻会引起多高的点击率。

看看台湾女人嫁大陆男人的趋势就知道了。

不只是大 S,经媒体报道的,之前还有女星孟广美和凤凰卫视女主播陈玉佳,她们都嫁给了大陆富商,男方身价都是百亿元新台币起跳。还有更早的,歌手千百惠和作家玄小佛也嫁到大陆去了。

曾几何时,那个在港剧《网中人》里拼命吃汉堡、土到不行,又傻得可以的阿灿,已经不再是大陆男人的代名词。曾几何时,大陆有了熟男、型男、富男,他们还成了台湾名女人征服的对象。

当两岸的投资仍单向地从台湾流向大陆时,两岸的婚姻早已从单向转到双向。过去是大陆女嫁台湾男,现在台湾女也嫁大陆男。

《中时电子报》2007 年的报道说,两岸通婚频繁,除了大陆新娘远嫁台湾,也掀起台湾小姐嫁给大陆郎的新趋势。据统计,陆嫁台与台嫁陆的比数差不多是 7 比 3。

随着大陆经济崛起,文化与教育交流等日益频繁,两岸民间交流阻碍逐步减少,两岸通婚的趋势估计只会有增无减,而且质量也将随着两地经济和社会差距的缩小而提升。

大陆市场大,不只是台湾女艺人跑去大陆拍戏、唱歌,随着大陆学校开放招收台湾学生,又统一大陆学生和台湾学生的学费标准,到大陆去念大学的台湾女生也不少,她们日后都可能是两岸跨海姻缘的主角。

更何况,相较于台湾对大陆配偶有较多的限制,大陆对台湾配偶在大陆居留、工作方面没有那么多限制。

如果过去的两岸通婚大多属于通过中介介绍,台湾老男人娶大陆少女的生硬配对或图利配对,那么接下来随着民间交流的增多,更多应该是自然互动而产生的情愫。

《文汇报》2008 年的报道就说,福建社会学家注意到,随着海峡两岸经济差距逐渐缩小,两岸交流日益频繁,2000 年以后,两岸婚姻质量开始提升,

"老夫少妻型"退潮,"年龄、地位对称型"增多。自由恋爱比例增加,性别结构上也不再是女方清一色来自大陆,也有不少大陆郎讨到台湾新娘。

我好奇询问台湾朋友,如果陆生来台变常态,她8岁大的女儿以后如果爱上同班大陆男生,然后跑到大陆去,她能接受吗?

她说:"真爱无妨。"

大陆一直"寄希望于台湾人民",两岸和平一定程度上确实寄托于民间往来,寄托于很多的"大S们"和"汪小菲们"。

显然,报道采用了多个点来努力构成一个面,以勾画出"台女流行嫁陆男"这样一种变化趋势。大S和汪小菲之间的"大小恋",只是当时同类事例中最新发生的一例。

从写法上看,寻找一个新的时间由头显然不是"以一斑窥全豹"之模式,而是以一点带出多点。更准确地说,是以一个最近的事实,带出过去的一系列事实。全篇报道是对此类事实一个汇总式的展示。

在非事件性新闻的几种写法中,这种写法相对要容易把握些。从材料的采集来看,作者往往已经积累了一段时间的同类题材,万事俱备,只欠东风。这个"东风"当然就是指时间由头。可见,寻找一个合适的时间由头对这类报道的写作来说具有特殊意义。其实,只要留意最近是否发生了同类的事实,就可以得到由头,从而引出事实。并且报道中的"多事"可以有较长的时间跨度,所以限定性也不算严格。

(二)"借着一个适当的题目来写"

这一写法是毛泽东提出来的。1948年11月5日,毛泽东为新华社撰写消息《中原我军占领南阳》。消息发表不久后,他写信给胡乔木,指出要注意写些综合性报道:"其办法是借着一个适当的题目,如像占领南阳之类去写。并要各地分社负责人(普通记者不能写此类通讯)或党的负责人学会写这类综合性的报道。而我们是长久缺少此类报道的。"[①]

学习这类写法,不妨就从《中原我军占领南阳》入手。它先报道"我军占领南阳"这一最新战绩,然后引用较多的背景材料,从三国时期曹操与张绣争夺此城写起,一直写到在过去一年里敌方对南阳的重视。这些材料集中说明了南阳历来是兵家必争之地。因此,敌军放弃之、我军占领之,其意义就不只是一城一地的得失了。报道接着顺势展示了两军近期内军事形势发生的变化:我军在战场上连连取胜,不仅扩大了地盘,还补充了约20万人员;不仅恢复和建立了稳固的根据地,还在这些地方实行了土改政策;"不仅是树木,而且是森林了,不仅生了根,而且枝叶茂盛了"。

这条消息,粗看好像只是一条动态消息:报道最新的战况——占领南阳。但仔细

---

① 中共中央文献研究室,新华通讯社.毛泽东新闻工作文选[M].北京:新华出版社,1983:158.

分析就会发现,"占领南阳"只是一个导入口,作者借着这个"题目",重点在于展示当时的整个战局;是一种借题发挥。

这种写法的特点是:报道一个新近发生的事实,这一事实是该报道的一个重要内容,但报道的内容又不仅限于此。作者往往以此导入,借此发挥,将此事放入一个广泛的、纵横交错的背景下来展示,以点带面,以一斑窥全豹。

在这里,"点"是新闻事实,"面"是新闻背景,是事实产生的土壤。但在报道中,新闻背景又成了全文所要窥视的"豹",成了重点展示对象。试结合下面这条消息来分析:

贫贱夫妻双双自杀 法国自杀率冠欧洲

法新社法国中部克勒蒙菲朗电 (原电日期不明)一对青年夫妻16日从这里的13层楼的一个窗口跳楼自杀,自杀的原因是他们无法找到工作。

法国失业大军多达170万人。

尚他尔·泰西和让·吕克·蒙特都才27岁,这对青年夫妻是法国最近突然上升的自杀率的牺牲者。法国自杀率高于欧洲其他各国。

法国人口统计局今天宣布,1980年法国自杀者多达1万人。

换句话说,每10万法国人中便有20人自寻死路。

与法国自杀率相对照的是:1979年英国每10万中有8人自杀,意大利每10万人中有6人自杀。

这条消息从表面上看,"何事"是贫贱夫妻自杀身亡,但细看也不难发现,真正的"何事"是法国的自杀率居欧洲之冠。

这种写法的好处在于它很好地处理了个别事实与此类全部事实的关系,满足了新闻的个体真实与整体真实的双重真实。这一点,对于以展示面上情况为主的综合性新闻而言,是非常重要的。报道面上的情况,如果只有面上的概括性材料,就会给人模糊空洞之感,只有加上点的具体材料,才能给人以确凿之感。所以,综合性新闻特别强调要做到"点"与"面"的结合,以"点"证"面"。这里就有一个问题:一个"面",究竟要有多少"点"才能支撑得起呢?从理论上来说,"点"越多越有证明力。但实际上这种简单列举法如果处理不当则往往费力不讨好。所以,用多少个"点"才能收到事半功倍的效果,就成了这类报道写作的一个重要技巧问题。一般来说,报道取三个点能支撑一个面。而上述两篇报道实际上都只取了一个点,其他材料只是面上的概括性材料,真正做到了"以一目尽传精神"。

通过一个点的事实,要反映出全局的情况,关键是要抓准事实。也就是说,这个所谓"适当的题目",一定要是一个高度典型化的材料。解剖一只麻雀,也就了解了所有的麻雀。我军占领南阳,不只是一城一地的收复,作者极力要表明的是,这是具有决定性意义的一步棋。一对贫贱夫妻自杀,不是偶然现象,而是整个法国"最近突然上升的自杀率的牺牲者"。这不禁令人想起"全息理论"来。它揭示的是:"整体的信息可以以某种方式传递给各组成部分,并在各组成部分上表现出来,使各组成部分表现出与整体一定程度的相似性和同构性。"[1]

以一个"点"的事实来表现全局,一定要阐述好"一"与"多"的联系。换言之,就是要揭示好现象与本质的联系。在这类报道中,具体表现为"这个事实"与整个背景的联系。这要求作者对全局有一个鸟瞰式的了解。有了对全局的深刻了解,就能将眼前这个"题目"与全局对应比较,分辨出哪些事实是"适当"的,哪些事实不足以表现全局。毛泽东说普通记者不能写此类报道,恐怕主要是考虑到他们对全局情况的了解存在局限性。今天的情况不同了,这样的报道应该是每个记者都要努力掌握的。

(三)选取一个特殊的视角

一个特殊的视角,对于事物的观察有时会有一种特殊的效果。对于综合性新闻而言,它是引导读者观察整体事实的一个"好望角"。读过《红楼梦》的读者一定有印象,在第六回中,作者有一段表白:"且说荣府中合算起来,从上至下,也有三百余口人,一天也有一二十件事,竟如乱麻一般,没个头绪可作纲领。正思从那一件事写起方妙?却好忽从千里之外,芥豆之微,小小一个人家,因与荣家略有些瓜葛,这日正往荣府中来,因此便就这一家说起,倒还是个头绪。"作者就以"刘姥姥一进荣国府"作为叙事的头绪。"荣国府"这一对象,通过刘姥姥这一特殊视角,进入了读者的视野。

对于报道内容多、涉及范围广的综合性新闻来说,找到一个好的叙事视角是十分重要的。对于作者来说,它是叙事的头绪;对于读者来说,它是了解报道对象的一座桥梁。如获过普利策新闻奖的报道《五亿人在慢慢死去》,综合报道了当时横跨亚非两洲、涉及五亿人口的旱灾和饥荒。受灾面积大、人口多,从哪儿下笔呢?请看这篇报道的开头:

> 太阳升起来了,它照耀着印度东部一个叫辛基马利·帕朱尼波的小村庄。同一个太阳,每天也都照耀着中非尼日尔一个叫卡欧的小小的居民点。
> 辛基马利的一个农村灾民收容所首先破晓。6岁的男孩萨库·巴尔曼摇摇晃晃地站了起来,跌跌撞撞地走出那间草坡小屋,在难忍的饥饿中开始了烦躁不安的一天。
> 6小时以后,黎明降临在卡欧的一个撒哈拉游牧营地。那儿,一个叫哈米达的骨瘦如柴的小女孩艰难地站起来,也在饥饿中迎来了新的一天。
> 两个孩子相距5500英里,然而,当他们来到阳光下时,他们的影子却完

---

[1] 沙莲香.传播学[M].北京:中国人民大学出版社,1990:290.

全一样。

实际上,他们已经不成人形了,成了勉强会走路的骷髅;同样的天灾人祸,将使他们结束在这个地球上短暂、不幸的一生。

报道以两个在死亡线上挣扎的小孩为线索,描述他们经受的苦难和难逃一死的命运。在这个过程中,文章巧妙地揉进两个孩子所在的村庄,以及印度、中非等七国受灾人民的悲惨情景。读者从这篇报道中看到的不是一些关于灾情的统计数字,而是两个濒临绝境的孩子挣扎的景象,从而使五亿灾民的境况具体化、形象化。正像《中国青年报》记者解海龙在安徽金寨县桃岭乡拍的那张关于"希望工程"的照片,照片上那个小女孩一双渴望的大眼睛给人留下深刻印象。通过这双大眼睛,人们强烈地感受到希望工程的意义。

这种写法粗看起来也是属于以一斑窥全豹的模式,有点接近"借着一个适当的题目来写"。仔细分析,两者还是有很大的区别:首先,"适当的题目"通常需要外部提供。也就是说,作者要等待某个事实发生,才能借题发挥,写出报道。其次,作为"适当的题目"的这个事实,对作者报道的整个事实来说具有很大的意义。它不仅解决了新闻由头的问题,而且是同类事实中最具代表性的一个,可以作为"麻雀"来解剖。而作为报道的一个"视角",这个事实就不必严格要求了。比如上文中那两个小孩,也可以从另外两个村庄选两个饥饿者。这样的"点"既不需要外部提供,也不必等待某个契机的到来,选择上是比较自由的。最后,作为一个"适当的题目"的材料,选择的标准是越典型越好,而作为一个"特殊视角"的材料,选择的标准是越巧妙越好。

在纵向式综合性新闻中,特殊视角的选取更要巧妙地以小见大、以一个侧面表现全局。如《京城吆喝今与昔》,视角就是北京城里大街小巷的叫卖吆喝声。过去是唱"四季歌",每个季节叫卖的东西是不一样的。如今是"交响曲",长年菜不断,四季果飘香。看货物分不清春秋,听吆喝分不清南北。报道以此为突破口,透视我国改革开放带来的深刻变化。

又如《旧新闻里看变化》,以作者几次写"电视机新闻"的经历为线索,从我国市场上电视机的供应销售情况,看十余年里我国改革开放所取得的成就:"第一次写电视,是1978年。那年末,在巴金名著《家》中露过面的成都商场附近,一家电器商店出售日产14英寸黑白电视机,每台520元。那会儿,大多数职工每月拿40多元,看的人多,买的人少。一年下来,一亿人口的四川一共卖出电视5300台。""谁知,才过了一年,先前门可罗雀的那家电器商店,深更半夜就排起了长队。这一年,四川卖出电视机64 500多台,比上年多10倍多,但仍然供不应求。""当我忙过手头的其他稿子来写电视机时,新闻性已经消失了,黑白电视机到处可见,随意购买。一了解,人们的热情已经移向了彩色电视机……"报道一直写到市场上彩电滞销。十几年的变化令人目不暇接,人们生活水平提高之快可见一斑。

选取一个特殊的视角来展示,对于作者来说是一种智慧;对于报道内容而言,"视角"是一个"阿基米德支点"。有了它,作者可以举重若轻,以四两拨千斤,巧妙地对重大题材作出新颖别致的报道。

(四)直接展示面上的材料

这种写法适合于横向式综合性新闻报道,是用一种宏观式、见闻式的报道方式,展示面上的事实。其主要特点有:

(1)视野宏观,内容丰富。面上的情况是由多方面的事实组成的,这些事实随处可见,无所不在。如2012年10月5日《参考消息》上的一条消息《央视"你幸福吗?"提问引外媒关注》:

法国《世界报》网站2012年10月3日报道 国庆期间,中国中央电视台《新闻联播》播放了一组在街头随机采访普通人的新闻。法国《世界报》3日刊文称,这些采访主要只询问一个简单的问题:"你幸福吗?"有时也会追问另外一两个问题,如"你最想要什么?"或者"有什么遗憾的事情吗?",等等。这个清新的小窗口在一向注重宣传的央视并不常见,而且其中甚至出现了一些很有意思的答案。

当记者采访一对年轻夫妇时,丈夫的回答是"我很幸福",而当被问及"幸福"的内容时,他说:"幸福就是两个人相爱。"当记者问起两人最大的遗憾时,那位女士的回答是:"他没给我买大房子,我们的房子太小了。"

一位售货员的答案:"幸福就是快乐,幸福不光是挣钱。一家人在一起就是幸福,不是吗?"而在"有什么遗憾的事情吗?"这个问题上,人们也听到了民族主义的答案:"最遗憾的就是现在还没有成功收回钓鱼岛。"

一位外来务工人员的答案引起了广泛关注。当记者问他:"你幸福吗?"这个问题时,他错听成了"你姓胡吗?"并且十分认真地回答说:"我姓曾。"这句话一下成了这个假期迅速蹿红的网络用语,并引起人们的热议。

另一位正在排队的18岁大学生与记者的对话也受到网友热捧。"你幸福吗?""幸福啊。""你觉得幸福是什么呢?""每天把该做的事做完之后,舒舒服服地玩就是幸福。""最想要什么?""最想要什么……女朋友。""那最坏的事呢?""最坏的事是接受你采访,队被人插了。"

知名电视节目主持人孟非发出这样一条微博:"假如,我是说假如,某天你走在路上,一个记者突然拿着话筒上来问你:'你幸福吗?'你会如何回答?我想听一听网上的答案。"结果这条微博收到了大量的评论,其中一些答案很有意思,如"没时间去考虑自己幸福不幸福"等。

这篇报道虽然没有对事实作分类归纳,但这些看似零散的信息恰恰展示了事实的广泛性与事物的多样性。

（2）"点"上的材料，虽然是具体的事实，但一些具有标识性的新闻要素，如时间、地点、人物往往语焉不详。作者似乎是有意淡化这些事实的个性标识，把个别事实处理成普遍事实。请看美联社记者写的《在"文明礼貌月"里不准随地吐痰》：

> "同志，对不起，您随地吐痰了！"一位医务工作者在北京火车站对一位满脸诧异的外地人这样说。
>
> 这位医务工作者起劲地把痰迹擦掉，然后对那个人讲解起卫生知识来。
>
> 那位外地来客脸红了，他发誓今后再也不在公共场合随地吐痰了。在中国，随地吐痰是一种全国性恶习，在这个月——"社会主义文明礼貌月"里，人们试图把它根除掉。
>
> 前几天，上海有位女顾客抱怨说，她买的那碗馄饨煮得不够熟，她请服务员再拿去煮一下。
>
> "凑合吃吧，你要是吃了拉肚子，我负责，"服务员很不耐烦地说，"吃了也不会死的。"
>
> 女顾客气得喊了起来："你这是什么态度？"一听这话，服务员从灶台后冲出来，劈头抓住女顾客的头发，在她脸上又打又抓。
>
> 这位女服务员只是许许多多态度粗暴的服务员中的一个。据报道，她已经受到公安部门和上级的"处理"。

一个是北京的事实，一个是上海的事实，这两个不文明者在报道中并没有具体的名和姓，事实发生的时间、地点都作了模糊处理。但这并不影响材料的真实性和证明力，因为这样的例子不是个案，可能发生在张三身上，也可能发生在李四身上。所以这样处理就更具有宏观真实性。

（3）这种宏观性的观照，行诸文字，可读性就不如具体形象的文字有感染力，所以这类报道在行文上为避其短，会尽量做些文采上的努力，甚至有点"散文化"色彩。如《京华儿女爱红装》：

> 初夏的北京，街头绿树成荫、鲜花争妍。然而更增添京城秀色的是姑娘们鲜红的裙衫。
>
> 鲜红色已成为北京女青年最喜爱的颜色之一，身着红装的少女在这里随处可见。
>
> 北京一家商场的一位青年女售货员，下班后换上了她新添置的一件红色连衣裙，与男友漫步街头。她对记者说，她最喜欢红色。
>
> "这件裙子多漂亮！"东四街道的一个个体户不时地向聚拢来的女顾客推销一条红色呢西服裙，售价近30元。

坐落在王府井闹市区的凤凰女子服装店，已连续三个月每月销售各式红色服装上千件。

红色，在中国被认为是吉祥、喜庆的象征。《时装》杂志社主编聂晶硕分析说："作为对长期以来服装沉闷色调的逆反心理，随着思想的日益开放，人们更偏爱一些纯的、鲜艳的颜色，如去年的黄色。今后人们在穿着上会越来越注重与环境的和谐，当然这要有一个过程。"

一年多以前，一部叫作《红衣少女》的电影中有这样一个情节：一位女中学生因穿了一件红衬衫而使教师不悦。

差不多同时，中国青年艺术剧院上演的话剧《街上流行红裙子》中有一位共青团干部因穿了一件时髦的红裙子而遭非议。

富于戏剧性的是：红裙子真的流行了起来。

这篇报道写得轻松潇洒，寥寥几笔，就勾画出京城的流行色来，颇有几分散文味。

（4）它是一种概貌式报道，在写作中为了突出新的面貌、新的变化，往往用对比手法，将过去的情况作为背景材料，以凸显新的变化的新闻价值。如《京华儿女爱红装》，为了表明"红装流行"的新意，特别提到过去服装的"沉闷色调"，以及不久前上演的一部电影、一出话剧中所表现的对"红装"的非议等。

（5）这类报道不必着意去寻找一个时间由头，它们的时间由头基本上是由外部提供的。这些外部因素有的是一个大面积的变化、一个大事件的变动，如《央视"你幸福吗？"提问引外媒关注》《京华儿女爱红装》，也有的是结合某一中心进行的宣传，还有的甚至没有明显的时间由头。

（五）从概说到分说的"总分式"

总分式写法，一般是先概括介绍整体情况，再作具体展开，常见的有两种形式：一是由数据到事例，二是由宏观到微观。如 2009 年 8 月 10 日英国《金融时报》上的报道《美国逾 80％大广告客户在 Facebook 做广告》一文，就是由数据到事例：

美国逾 80% 的大广告客户正利用 Facebook 进行推销，表明美国企业界开始接受社交网站作为一种主流广告平台。

这标志着一种惊人转变，大企业最初对于在社交网站上做广告心存疑虑，因为网站用户似乎对广告有排斥心理，而且企业担心其标识可能与一些负面的内容同时出现。

然而，如今月访问量达到 3.4 亿人次的 Facebook 表示，美国百强广告客户中有 83 家正在使用其网站，包括强生（Johnson & Johnson）、耐克（Nike）和美国电话电报公司（AT&T）。这个百强名单是由研究公司 AdAge 制作的。

"每个客户都希望和我们讨论 Facebook，"Havas Digital 美国董事总经理艾德·蒙蒂斯(Ed Montes)表示,"自谷歌(Google)之后,我们还从未见过客户如此一致地热衷于一家公司。"该公司的客户包括西尔斯(Sears)、E龙(Expedia)和法国航空(Air France)。

和以前大型品牌的互联网广告不同,Facebook上的广告不是抓人眼球的醒目广告或横幅广告,而是更加低调,与网站的整体设计融为一体。通常这些广告会邀请用户与企业互动,指引他们访问一些网页或使用某些应用程序,让他们成为公司的粉丝,定期接收最新消息。

"Facebook正努力打造一个平台,让消费者和企业能够以创新的方式互动。"蒙蒂斯表示。

星巴克(Starbucks)在其Facebook页面上有370万余名粉丝,而可口可乐(Coca-Cola)有350万余名。

"如果你浏览一下个人的档案主页,就能发现即使没有广告,也有许多商业行为。"Facebook首席运营官谢丽尔·桑德伯格(Sheryl Sandberg)表示。

企业在Facebook上创建粉丝页或设置应用程序是免费的。Facebook也不打算从其应用程序上日益增加的电子商务收取佣金。

然而,桑德伯格认为,这些免费服务的有效性正推动大型品牌在网站上做广告。过去一年里,开始在MySpace上展开广告攻势的企业也有所增加。

这篇报道从数据入手,由数据看事物的发展变化。报道先指出"美国逾80%的大广告客户正利用Facebook进行推销"这一新的趋势,再以具体事例证实,如"美国百强广告客户中有83家正在使用其网站,包括强生、耐克和美国电话电报公司"。可以想象,作者一定是因为留意到研究公司AdAge的调查数据而找到了这一新闻点。从"找新闻"的角度来看,由数据到事例的做法是十分可取的。作者通过有逾80%的大广告客户在Facebook做广告这一数据,总结出这一数据背后的趋势。通过一些专家和业内人士的采访,进一步对这一趋势进行佐证。

由宏观到微观的写法则特别适合高屋建瓴式的报道,所以其"点"上的材料可能就是综合内容的几个方面,即一些概括性的事实、数据。但在这种既要综合又要分叙的报道中,难以容下过于具体的材料。这就好比钱钟书先生在《管锥编》中所说的人类观察事物两种方法中的一种,"乘飞机下眺者"(另一种方法叫"踏实地逼视者"),对事物更多是一种宏观性的观照。这种写法的好处是内容概括性强、信息量大,但缺点也是显而易见:过多的概括与抽象的材料使报道在可读性上大受影响。如果是照顾到这一点,报道中增加一些具体材料,表述上力求形象生动,则极可能增大篇幅。所以,随着深度报道的兴起,一些记者选择以系列报道的形式来完成这一任务,让原本在一篇报道中分说的内容,变为多篇报道。

二、多事多报式报道的写作

多事一报式报道是将诸多同类事实构成一个面写成一篇报道,而多事多报式报道是将诸多的事实构成一个系统来作多篇报道。比较而言,后者的自由度更大些:它不受报纸版面的约束,报道内容可以向更广、更深的范围拓展和延伸;以系统优化构造机制,极大地激发系统内各子系统之间的组合活力,发挥出整体效应。按报道中各篇的具体情况,多事多报式报道又分为系列报道与组合报道两种。

(一)系列报道

系列报道是指围绕某一主题性信息,从不同角度、不同侧面进行的多次报道。系列报道通常具有很强的策划性质,整个报道构成一个大的系统,通过多篇报道的组合,让读者对一个时期的某一问题或情况有一个比较系统、全面、深刻的了解和认识。

1.系列报道与连续报道的区别

由于系列报道在时间上呈现连续性,因此经常有人将其与连续报道混为一谈。其实,只要稍作比较,二者的区别是非常明显的。

第一,从报道对象的性质来看,系列报道通常是以具有典型意义的非事件性新闻为报道对象,而连续报道通常是以影响面大的事件新闻为报道对象。

第二,组成报道的各个篇什之间的联系情况不同。系列报道各篇之间是主题性的链接,即围绕同一主题性信息,从不同角度、不同侧面展开报道。篇与篇之间是平行关系。而连续报道是对一个新闻事实作分阶段的报道,报道沿着事实发生、发展、高潮、结局、反响等作轴线发展,篇与篇之间呈首尾相衔的因果关系。

第三,报道中各篇之间的顺序安排情况不同。系列报道侧重于反映事物的空间关系,没有时间上的承接关系。篇与篇之间的顺序是人为安排的,不受客观时间顺序的制约。但连续报道必须按事物发展时间顺序进行,不能凭主观需要随意颠倒。

第四,比较而言,系列报道的时效性不如连续报道那么强。这是因为系列报道内容跨度大,发稿可以视报道意图的需要有计划地组织,更多地体现出时机性的要求。而连续报道的事件具有连续性,以发稿时间要求来划分报道阶段,更多地体现出时效性的要求。

第五,报道的策划情况不同。系列报道往往是一种策划的产物,它是根据报道意图的需要,在对报道对象作整体研究后,将其划分为若干层次加以报道。而连续报道由于难以估计事物的发展走向,随物赋形,整个报道的策划性要弱一些,甚至可能出现有头无尾、半途夭折的情况。

从以上比较中可以看出,系列报道有其自身鲜明的特点,我们在写作时应注意体现出这些特点。

2. 系列报道的写作

系列报道的写作，应注意以下三个方面的问题：

(1) 用涵盖性很强的主题来综合组织全部报道内容

系列报道是围绕某一主题的多层次、多侧面的报道。所以，主题涵盖性的强弱直接关系到系列报道的质量。

要形成涵盖性强、意义鲜明的主题，在报道之初就应有较强的计划性，要明确整个系列报道的主题思想。2014年12月22日至2015年1月14日，《中国纪检监察报》推出系列报道"2014年正风反腐N个'没想到'"，陆续刊发10篇报道加1篇总结式评论。这10个"没想到"分别是：《没想到下属出了事领导还得挨板子》《没想到周永康这样的'大老虎'也被查》《没想到摆个升学宴也会丢乌纱帽》《没想到一个地方查处那么多贪官》《没想到国外也不是贪官的避罪天堂》《没想到贪官退休多年还会被揪出来》《没想到巡视的威力那么大》《没想到中办国办都要派驻纪检组》《没想到纪委工作这么透明》《没想到中国反腐会令世界如此瞩目》，最后一篇为《在意料之外，更在情理之中——从N个"没想到"看2014年正风反腐"成绩单"》将整个系列报道融为一体，进一步突出了报道的主题。实践证明，只有确定好报道思想，系列报道的主题才富有组织性。

主题是连接各篇的内在纽带。写作时，要千方百计保持主题的连续性，防止将报道内容引向远离主题或偏离主题的轨道。系列报道是一个系统工程，如果没有一个涵盖性强的主题来笼罩各篇，就会像三军无主帅的乌合之众，失去战斗力。

(2) 多侧面、多层次地表现主题

系列报道中各篇之间的关系是并列平行的，每一篇都担负着表现主题的任务，但篇与篇之间的分工是不同的。如《经济日报》发表的《吃的变迁》《穿的变迁》《住的变迁》《用的变迁》《行的变迁》，通过描写人们日常生活发生的深刻变化，反映我国经济建设的成就。其中《吃的变迁》，不是写人们吃的品种多了、食物结构丰富了这类众所周知的情况，而是写悄悄发生的变化，或人们尚未意识到的变化。如方便面，十年前，人们还没有方便面和速冻食品的概念，国家花了不少外汇引进生产线，使方便面成了普通食品，甚至吃方便面成了生活节俭的象征。其他几篇关于穿、住、用、行的报道，也是从多侧面通过老百姓日常生活的变化去透视更为深刻的社会变化，聚焦在经济建设成就这一根本点上。

系列报道多侧面、多层次地表现主题时，要注意划分好各篇报道的内容，注意系列构成的层次性。有人将系列报道的构成比作一把折扇，折扇扇面的展开是一个整齐的平面。系列报道各篇之间也应体现这样的关系。

(3) 各篇报道在形式上应具有一致性

注重系列报道形式上的一致性，越来越受到业内推崇。如获第二十八届中国新闻奖一等奖的系列报道"走近科学家"。2017年3月20日至5月12日,《湖南日报》策划推出"走近科学家"系列报道,共刊发18篇报道,充分展示了当代科学家对科学探索的执着、对科学精神的坚守、对造福社会的追求。该系列报道紧扣科学家的职业特征,反映他们丰富多彩的人生经历,多侧面揭示他们的群体形象,用一个个生动例子唱响创新发展的时代强音。发表时,这18篇报道每篇都占报纸一个整版,版面固定。每篇由四个部分组成,分别是:"名片""故事""评说""手记",同时配发人物照片,非常具有形式感。再如前面提到的"2014年正风反腐N个'没想到'"系列报道,每篇也是采用统一的形式,由"受访者说""年度回顾""专家点评"三部分组成。整组报道用"没想到"串起文章主线,策划精当、制作精良,在主动设置话题、详析中央精神、创新表达方式上下了功夫。

(二)组合报道

组合报道是将同一主题但不同内容、不同形式、不同来源的新闻稿件组织起来,让读者从稿件的整体联系和对比反差中,理解新闻事实的意义,把握报道意图。

在我国,组合报道最初是由《经济日报》等中央报刊率先开展和推广的一种深度报道。它吸取了系列报道的长处,把各地区、各方面的同类型新闻事实编排组合到一块,采用新闻集纳和对比报道等手法,具有单篇短小精粹,整体深、广、博、厚的特点。各篇之间可分可合,"貌离神合"。

组合报道是编辑、记者集体智慧的结晶,是各方面通力协作的结果。因此,要做好组合报道,记者、文字编辑、版面编辑等必须协同作战。当然,编辑部事先应有明确的报道目的和周密的报道计划。没有明确的报道目的和周密的报道计划,不精心组织策划,不通力合作,是难以生产出优秀的组合报道的。

组合报道是一个组装的整体,因此组合技巧十分关键。常见的组合方式有以下几种:

1. 主题集合法

这种方法是将同类型的稿件集合在一起,突出宣传某一主题,强化报道效果。如《广州日报》2020年2月14日刊发的《战"疫",我们在一起》,是对广东各市在抗击新冠肺炎,努力恢复生产工作进行的一个"大扫描"式报道,整个报道将8个分篇组合在一个版面上。各分篇标题是:《珠海:10月龄宝宝和家人一起治愈出院》《深圳:为转产防疫物资企业"一对一"辅导》《东莞:复工前企业为员工免费做核酸检测》《茂名:截至目前累计排查165.46万人次》《清远:企业转产防护用品最高奖补100万元》《肇庆:695家涉国计民生企业有序复工复产》《韶关:首家小微企业获得"战疫贷"300万元》《江门:上线网络招聘平台对接企业用工需求》。新闻报道将它们组合在"战'疫',我们在一起"这一主题下,形成了一个生动有力的整体。

2. 主次搭配法

这是围绕某个典型人物或典型事件进行组合的方式。在整个报道中,以一个明显的中心为主,其他稿件都是围绕这个中心的辅助内容,就像大树的主干与枝叶。如获第二十七届中国新闻奖二等奖的系列报道"家庭医生难聚人气 健康档案多成'死档'"就是由"调查""对话""评论"三篇组成,构成主次搭配的格局。第一篇是记者的调查,发现北京市家庭医生签约率虽然报表上达到了,但是实际上不少社区居民是在不知情的情况下"被签约",致使很多"健康档案"随着居民的搬迁或者医生的调离成为"死档"。家庭医生24小时电话也成了摆设。家庭医生抱怨收入偏少,一些居民对家庭医生的服务内容有误解、家庭医生上门就诊不便等因素,都使得这项工作"难聚人气"。第二篇是记者直接对市卫计委基层卫生处负责人、方庄社区卫生服务中心家庭医生的专访,进一步了解核实调查中发现的问题。第三篇是就调查与对话涉及的问题展开评论。"家庭医生"顶层设计的初衷显然无可置疑,但一些设计和现实结合得不够细密,与"充分告知、自愿签约、自由选择、规范服务"的原则多少有些背离。这样的主次搭配法在组合上较为灵活,能更加突出主要的新闻事实。

3. 言论串联法

新华社的经济报道中常用这种组合方式,即用配发短评的形式,将同类题材的若干篇新闻拼合在一起,多视角、多方位、多层次地强化报道的主要信息,扩大报道的影响力。如针对"菜篮子"问题,新华社组织京津沪三市的驻地记者分别写了《北京鸡蛋产量居世界大城市之首 年人均鸡蛋占有量30公斤》《大都市的新贡献 天津鸡蛋自给有余,源源外销》《集约化生产加有序的市场 上海鸡蛋丰足价格平稳》三篇消息,并配发短评《增加市场供应的有效途径》。

组合报道的方式多种多样。这虽只是个形式问题,但好的形式能更有效地传达内容,加强传播效果,值得我们不断探索。

思考题

1. 什么叫事件性新闻?什么叫非事件性新闻?二者的区别是什么?
2. 事件性新闻在写法上有什么特点?
3. 根据教师提供的素材,反复练习事件性新闻写作。
4. 非事件性新闻分为哪些写作形式?
5. 连续报道与系列报道有何区别?

第七章　通讯写作

- **本章要点：**
  1. 通讯写作以展示事物的发展过程为主旨，重在写"如何"。
  2. 对于通讯而言，细节的特殊意义在于：辨识度高、包孕性强。
  3. 通讯一般分为人物通讯、事件通讯、风貌通讯，报道重心分别是人、事、景。

　　本章讨论的内容以通讯为主，对特写、专访之类的文体也有所提及。这几种文体报道的内容比以"何事"为中心的报道来说，要深入一层，即它们不止于报道发生了什么事，更重在表现事实变化的过程或细节，重心在展示事实的"如何"上。

　　按报道对象的不同，通讯一般分为人物通讯、事件通讯、风貌通讯。过去还有工作通讯，它比一般的通讯从认识层次上来说要更深一些，根据这些年来实践中的变化情况，学界一般都将它放在深度报道中予以介绍。①

第一节　通讯概说

一、通讯的含义

　　通讯是一种运用多种表现方法，生动而详细地报道新闻人物、重要事件及社会情况等的新闻体裁。通讯同其他新闻体裁一样，都讲究真实性、新闻性、时效性，都要迅速及时地报道和评述具有新闻价值的人和事。与其不同的是，"通讯中的信息因为是较集中地藏于人物个性、事件情节、特定环境和问题之中，所以它在表述时就更具体、更生动、更深刻，能够抽丝剥茧，从容道来，生动形象地回答读者的疑问，充分满足读者的信息欲望。因此，通讯必须有层次，有纵深度"②。在所有新闻体裁中，通讯与消息

---

① 甘惜分在《新闻学大辞典》"工作通讯"词条中称："工作通讯可以算是深度报道的一种。"
② 梁衡. 从消息到通讯[J]. 新闻战线，1997(12)：22.

最为接近。它们都以报道见长，用事实说话，但二者之间的差别也很明显。

一是外表形式不同。消息的开头通常注明"本报讯"或电头之类，通讯则无。

二是报道重心不同。通讯和消息虽然都报道新闻事实，但消息主要以报道事情和事件为重心，而通讯则主要写人。有些事件通讯、风貌通讯虽然不是以人物为主要报道对象，但也多是通过事件和风貌来写人的。当然，消息也写人，但它主要是报道人的社会活动，较少全面地报道人物，较少描绘某个具体人物的精神面貌。虽然也有专写人物的消息，但它还是主要落在人物所做的事情上。

三是表现方式不同。消息的概括性强，它报道的新闻事实是比较概括性的，而且内容较单一，主要用一事一报式。通讯则要求详尽、完整地报道人和事，通常综合运用叙述、描写、议论、抒情等，表现方式更自由灵活、变化多端。

四是表达口吻有所不同。消息采用第三人称，通讯则除了第三人称外，有时也可以采用第一人称来表述。如美国《新闻日报》1997年7月3日发表的《化疗：杀手和救主》，讲述的就是普利策新闻奖获得者记者艾琳·弗罗戈本人与乳腺癌作斗争的历程，详细、痛苦而真实，颇为感人。也有用第二人称叙述的，如获第二十七届中国新闻奖的人物通讯《李保国的最后48小时》。全篇采用第二人称的形式，讲述了李保国呕心沥血，为农业科技工作毫无保留地奉献的短暂一生。如诉如泣，催人泪下。如结尾一段："这一次，您再也没能缓过来，没能睁眼看看心爱的小孙子，没能给家人留下一句话。您已无法听到，多少闻知噩耗的痛哭……"第二人称叙述在这里产生了特殊的效果。

五是结构形式不同。消息在结构上有较固定的基本结构，如倒金字塔结构。标题、导语、主体、背景材料、结尾等的写作或安排，都有基本的规律可循。通讯在结构安排上则灵活多变，作者的创作空间很大，更容易发挥和体现作者的构思特色和写作风格。

六是篇幅长短不同。消息的篇幅很短，通常是二三百字或五六百字。通讯因为容量很大，要反映事物发展过程、人物思想活动及事件情节等，篇幅一般较长，几千字的通讯在报纸上是较为常见的。

七是采写和发稿时间不同。消息对时效性要求很高，记者需要争分夺秒、迅速及时地将新闻信息传播出去。通讯则更强调事件的发展过程或人物的精神面貌，以表现某种精神思想，故采写时间都比较长。从发稿的情况来看，同一内容的报道，通常是先发消息，后发通讯。并且，通讯的发表相对而言更考虑时机性，它的新闻由头是与宣传的中心任务直接联系的。

上述七个方面的区别，仅就二者的整体情况而言。具体到某一篇作品或某一情况时，消息与通讯的区分可能又难以界定。但个别特例并不妨碍我们对通讯内涵作一般意义上的把握。

二、通讯独有的信息价值

通讯以展示事物的变化过程为旨趣。事物变化过程方面的信息，有其独特的价值。就像一道复杂的数学题,答案固然重要,但其演算过程更拨人心弦,给人启迪。作家秦牧在中华全国新闻工作者协会作报告时认为,新闻报道要善于描绘事物变化的过程。他说:"如果一个故事把形象的部分都抽掉,只剩下故事的梗概,如同白菜晒成了白菜干一样,味道也就丧失了。梁山伯与祝英台的故事很动人,但如果简化成'祝英台去求学,碰到梁山伯,两人相爱,父亲不准许,后来梁山伯死了,她也死了'。这个故事还有什么感人的力量可言?正是因为整个故事充满了结拜、同窗、十八相送、楼台会等许多细节,才使我们感动,使我们同情。抽去这些,魅力也就丧失了。小学生作文为什么千篇一律?因为他们不大容易写得形象。'某天到哪里旅行,几点钟出发,在哪里捉了一些蚱蜢,太阳下山我们就回来了。'"①这说明,事物的变化过程有着特殊的认识意义,将这其中的内容挤压掉,干瘪的外壳就不存在什么报道价值了。

事物的变化过程之所以具有认识价值与报道价值,是因为它提供的信息具有个性化、典型性特质。

(一)个性化特质

条条大路通罗马,目的地一样,但每一条路上发生的故事绝不一样。《水浒传》写武松打虎,李逵杀虎,如果只是对事物变化的结果作报道,那就非常简单:"武松打死了一只老虎""李逵杀死了四只老虎"。只有数字上的差异。但是,他们二人打虎的过程完全不一样,这不同的过程所包含的信息也完全不一样。武松打虎虽然是在大醉之时,却仍能做到胆大心细。他先是躲开老虎咬人的三招,避其锐气,然后再施拳脚。将老虎打死了,他还不忘检查一下老虎是否真的死了。这很符合武松的个性特征。李逵则不同,完全是硬拼硬的搞法。金圣叹评说:"写武松打虎纯是精细,写李逵杀虎纯是大胆,如虎未归洞,钻入洞内,虎在洞外,赶出洞来,都是武松不肯做之事。""武松文中一扑一掀一剪都躲过,是写大智量人让一步法。今写李逵则不然,虎耐不得,李逵更耐不得,劈面相遭,大家便出全力相搏,更无一毫算计,纯乎不是武松。妙极。"这表明,过程中包含着丰富的个性化信息,过程展示中也应特别突出这些个性化信息。

个性化的信息能给人以强烈的质地感,能清晰地显示出报道对象独特的认识意义。如获第二十六届中国新闻奖的人物通讯《把七千多人信息装在脑子里》,描写了河北省大厂回族自治县编制办主任关松发,遇事讲原则,不管是对己还是对他人:

> 他用权不"任性",不当"太平官"。有一次调整工资时,一位干部的调资方案在有关部门通过了,但由于不符合相关政策最终被关松发拿了下来。这位干部不服气,到关松发办公室去闹。有人提醒关松发:"你是副局长,得注意搞好关系!"关松发反驳:"我得先注意原则!"

---

① 秦牧.谈谈描绘事物[M]//蓝鸿文,展亮,赵赜.中外记者经验谈.北京:中国人民大学出版社,1983:137.

对家人,关松发更是严格,他常说"律己方能服人"。父亲住院,临床用药有些不在报销范围内,他的下属好心为其全部报销。得知这一情况,关松发立刻拿出自己的工资,将父亲多报的 1500 元医药费全部退还。他岳母虽然失地但不符合参保政策,他一点儿情面不留,毅然决然地从名单中删除。

这两段突出了主人公性格中的一个"严"字。"严"字背后,是他秉公办事、讲原则的优良品质。

可见,事物变化过程中传递出的个性化信息,是信息新颖的重要保障。

(二)典型性特质

典型是共性与个性有机结合的具体体现。事物变化过程中传递出的具有典型性特质的信息,代表着事物变化的一般规律,具有很强的认识功能。事物的变化过程分为两种形态:一是时间跨度较大、空间变化较多的长过程,二是时间跨度不大、空间集中的短过程。对这两种形态的报道,一般以通讯与特写分别对待。

报道事物变化的长过程,因为涉及的时间长、空间广,其线索头绪一般都比较多,因而报道的信息量比较大;同时,由于它包含的信息量大,给信息的选择提供了很大的便利,故能确保信息的质量。因此,信息的典型性特质是不言而喻的。以《为了六十一个阶级弟兄》为例,如果仅仅报道"六十一个阶级弟兄经多方救援终于获救"这一结果,难以体现时代特征,其质与量均不及过程展示来得充分饱满。抢救六十一个阶级弟兄的过程,涉及方方面面,真可谓"一方有难,八方支援",这一过程中的每一处,都体现着社会主义时代主旋律的最强音。

报道事物变化的短过程,关键在于这一短过程的选取是否准确。选准了,刹那间见永恒,微尘中见大千;选不准,鸡毛蒜皮,无关痛痒。在文学创作中,著名作家茅盾曾提出短篇小说要"截取生活片段"来表现比它本身广阔得多也复杂得多的社会现象,这就是以小见大的艺术。由此可见,通过一个短过程传递出事物变化中的典型性信息是完全可能的。特写报道的意义正在于此。请看获第十八届中国新闻奖的作品《夫人奈娜最后吻别叶利钦》:

中新社莫斯科 4 月 25 日电 莫斯科时间 4 月 25 日下午,俄罗斯首位总统叶利钦的葬礼在莫斯科新圣女公墓举行。俄罗斯总统普京及夫人和俄国内外政要参加了葬礼。

当地时间下午 4 时 30 分左右,覆盖着俄罗斯三色旗的叶利钦灵柩在一辆装甲车的牵引下,在叶利钦遗孀奈娜和两个女儿的陪同下,在普京总统夫妇和俄国内外政要的护送下,在总统卫队仪仗队的护卫下,缓缓驶过铺满红色鲜花的街道,向新圣女修道院墓地驶去。

从救世主大教堂到新圣女墓地沿途,处处摆放着人们敬献的红色康乃馨。街道两旁,挤满了自发前来送行的俄罗斯民众,有妇女忍不住悲痛,流下了眼泪。

在墓地,一袭黑衣、头戴黑色围巾的俄罗斯前第一夫人奈娜忍着悲伤走上前去,把一方白手帕塞在相伴50余年的丈夫枕下,轻柔地整理了逝者发型。她双手颤抖着再次轻抚丈夫的脸颊,轻轻亲吻丈夫的额头,仿佛怕惊扰了这位当年叱咤风云的人物。

熟悉叶利钦一家的人都说,身为建筑工程师的奈娜低调、谦和,把自己的一生都献给了丈夫、孩子和家庭,退休后更是默默而又贴心地支持和陪伴在丈夫身边。

叶利钦的两个女儿伏在即将远去的父亲身上,轻轻抽泣,久久不愿起来。

伴随着送行的礼炮声,俄罗斯首位总统的遗体缓缓沉入墓穴。

按照俄罗斯民族传统,当去世者入土时,先由神职人员诵念特殊的祈祷文,然后才向棺木洒上泥土。这象征着人的身体来自泥土最后又重归大地,而灵魂永生。

这篇特写抓住了一个历史性镜头。奈娜把一方白手帕塞在丈夫枕下,轻柔地整理了他的发型,双手颤抖着轻抚丈夫的脸颊,轻轻亲吻丈夫的额头等,写得细致入微,令人印象深刻。这一刻是50余年感情的凝聚,它所传递出的信息,令人难以忘怀。

可见,事物变化过程中包含的具有个性化、典型性特质的信息,有着重要的认识意义。因此,展示事物的变化过程,如果不能挖掘出个性化、典型性信息,就没有什么价值。

三、细节是通讯中不可或缺的

细节是指作品中细腻地描绘人物、事物与环境的情节或环节。

通讯以报道事物的变化过程为旨趣,对报道对象是一种"下马观花式"的观照。钱钟书先生说过,人类观察事物有两种方式:一是"乘飞机下眺者",视野广,但对具体事物看得不真切;一是"踏实地逼视者",虽不及俯瞰式那样宏观,但看得细,有真切感。[①]通讯如果能二者兼得是最好的。细节能给人可触可摸的质地感,对报道对象有一种真真切切的把握。1996年中美代表在北京举行知识产权谈判,《人民日报》记者龚雯在相关报道中写了一个"中西反串"的细节:"磋商期间,记者们有一天注意到这样一幅图景:美国代理贸易代表巴尔舍夫斯基女士穿着中式对襟丝缎上衣,而中方团长石广生则是标准的西装革履,当两人一起步入谈判会场时,人们不禁为他们衣着上的'中西反串'而会心一笑。"对此,时任《人民日报》总编辑的范敬宜大加赞赏,称这看似"闲笔",

---

① 钱钟书.管锥编 第三册[M].北京:中华书局,1986:904.

但增加了文章的感染力:"过了几天,读者很可能把正文的内容都忘了,但'中式对襟丝缎上衣'和'标准的西装革履'这两个细节,很可能久久难忘。"①

(一)细节具有极高的辨识度

细节在展示事物"如何"变化上,具有极高的辨识度。通过一个典型的细节,人们就可以分出事物的彼此。鲁迅先生在谈《阿Q正传》时说,如果给阿Q戴上一顶瓜皮小帽,而不是作品中的那顶毡帽,他就不是阿Q了。黄钢写李四光,抓住了李四光每一步的跨度都是0.85米这个细节,这个细节就很具有辨识度,是独属于李四光的。擅长写人物专访的知名记者柏生报道著名气象学家竺可桢时,发现竺可桢与李四光一样,都具有兢兢业业、一丝不苟、虚怀若谷、慈祥可亲等特点。柏生也想在竺可桢身上找到李四光那种辨识度极高的细节,终于,她将目光放在了竺可桢常用的温度计上。出于职业习惯,竺可桢总是随身携带一支温度计,随时拿出来测温度。久而久之,装温度计的上衣兜盖磨损得比其他地方快得多。他的夫人总是为他的新衣服准备两个上衣兜盖。柏生认为,这个细节一下子就体现出了这位气象学家的特点。②

细节的这种辨识能力,使得它具有特殊的信息意义。在区别此事物与彼事物时,细节是用笔经济、功效强大的特殊信息。

(二)细节具有很强的包孕性

如果说真切感、辨识度表现的是细节信息的质,那么包孕性则体现了细节信息的量。人们常把细节比作一篇作品的细胞,这是有道理的。生物学的研究发现,生物体每一相对独立的部分,在化学组成的模式上与整体相同,是整体的成比例缩小。这就是著名的生物全息律。正是根据这一点,近年来出现了诸多的克隆实验。生物全息律给我们的启示是:整体的信息可以以某种方式传递给各组成部分,并在各组成部分上表现出来,使各组成部分表现出与整体一定程度上的相似性与同构性。新闻作品中的细节,何以以一当十?细微处何以见精神?道理就在这里。请看新华社2012年12月26日推出的人物特稿《求真务实 尽责奉献》中的一处细节:

> 2006年春节,北京恢复五环路内限制性燃放烟花爆竹。王岐山找到市委宣传部和市应急办商议,能否利用手机短信向全体北京市民拜年,在短信中提醒大家,注意烟花爆竹燃放安全。当工作人员把起草好的短信送王岐山审阅时,他亲笔将"提醒"改成了"提请",一字之差,体现了对人民群众的尊重。

---

① 范敬宜.总编辑手记[M].北京:人民日报出版社,1998:245.
② 杜荣进.中外新闻采写借鉴集成[M].杭州:浙江教育出版社,1990:580.

仅一字之改，其中包含的信息却非常丰富。关心中体现尊重，尊重处充满关心，王岐山的执政风格跃然纸上。

与其他类型的报道相比，细节对于通讯来说尤为重要。新民晚报社记者孙洪康说："据我的经验，采写新闻作品，尤其是通讯作品，如何挖掘、把握细节，是至关重要的。可以说，一篇通讯成功与否，就看你掌握了多少细节，其中有多少精彩的细节。在写作中，你又是如何安排穿插这些细节的。在你的笔下，这些细节是否生动形象，保持生活的原味。"[1]可以说，通讯给细节构建了一个大展身手的平台，反过来说，没有相当数量与质量的细节，通讯对事物变化过程的展现势必苍白平淡，缺乏表现力。

四、通讯的基本结构形态

与消息相比，通讯的结构形态显得千姿百态、多种多样。但在通讯写作实践中，也出现了一些相对固定的基本结构形态。

（一）以时间的推移来划分、安排层次

这种结构形态又称为纵式结构，在通讯写作中最为常见。它的时间顺序非常清晰，大多用于叙述人物经历或事物发生、发展的全过程，让读者了解来龙去脉。如新华社记者孙杰等人写的通讯《总理为农民工追工钱》。这篇获第十四届中国新闻奖的报道，完全按时间顺序来结构全篇。开篇即交代时间：10月24日下午5时许，温家宝总理乘坐的车队正向云阳县城方向疾驶。当车行到距云阳县城约40公里处时，温家宝提出停车去走访农家。接下来写总理沿着十分泥泞的狭窄小道，走了十多分钟来到村口，然后进村同村民聊天了解情况。半个多小时过去了，温家宝对村上情况有了大致了解后，便问村民还有什么困难需要解决。此时，坐在温家宝总理左侧的农家妇女熊德明向总理反映包工头拖欠农民工工钱的事。总理详细了解情况后当即表态要帮他们拿回工钱。到与村民道别时，天色已经暗了。华灯初上，回到县城，温家宝总理还在想着乡亲们的事。一见到相关负责人，温总理就追问农民工工资被拖欠的事。当天夜里11时多，熊德明和丈夫就拿到了拖欠的2240元务工工资。报道至此结束，整个过程一目了然。

这种结构形态的好处是叙事清晰，但要注意避免平铺直叙、松散拖沓。为此，行文时要详略得当、布局巧妙、穿插变化。2016年4月12日《河北日报》首发的人物通讯《李保国的最后48小时》，聚焦河北农业大学李保国教授生命的最后48小时。报道以时间为线索，展示这位农业科学家为工作春蚕到死丝方尽的过程。文中三个小标题完全是以时间来推进的："4月8日：一天都在为科技项目奔波""4月9日：踏着夜色返回

---

[1] 刘海贵.知名记者新闻业务讲稿[M].上海：复旦大学出版社，1998：21.

保定,途中已安排好下一周的行程""4月10日凌晨:您突然走了,连一句话都没留下"。沿着这一线索,文章穿插叙述了李保国教授工作生活中的一些往事,丰富了报道内涵,也丰满了人物形象。4月8日一天的奔波都是李保国教授自己开车,同事们看他连日奔波,都劝他别亲自开车了,从学校找个司机,他却坚持要自己开。原来学校考虑到他长期出差和下乡需要,很早之前就要给他配专职司机,可被他婉拒了:"还是自己开车好,方便工作,说走就走。何况我天天上山下乡,铁打的司机也受不了。"4月9日踏着夜色返回保定,李教授想的是下周的工作。2016年春节之后,他开始明显憔悴,但仍坚持下乡20多次。同事们都说,这30多年,他干了比普通人70年还多的工作。熟悉他的人都知道,他的手机24小时开机,通讯录里超过三分之一的号码是普通农民的。无论何时何地,每位素不相识的农民打来电话,他都会耐心地接听解答。4月10日凌晨,李保国教授突然逝世,是长期带病工作导致的。因为常年高强度工作,李教授1998年患上了重度糖尿病,2007年又得了重度疲劳性冠心病,血管弥漫性堵塞。虽然疾病缠身,可只要一下村,他的精神显得比谁都好,走得比谁都快。有了这些穿插的材料,报道虽聚焦于李保国教授的最后48小时,读者却看到了他勤奋工作的一生。

(二)以空间的变换来划分、安排层次

这种结构形态又称为横式结构。它适合于报道范围面广的内容。如2005年8月16日《广州日报》上刊登的《日本第60个战败纪念日扫描:有人"拜鬼" 有人叫嚣 有人反省》,用五个场景向人们展示了不同的日本人纪念战败日的不同情景。场景一:首相官邸,小泉道歉;场景二:靖国神社,政要"拜鬼";场景三:武道馆,日皇"痛惜";场景四:靖国神社,参拜者大放厥词;场景五:日本政府官厅所在地霞关,反省者"反对战争"。不同的场景展示的是不同纪念者的心理。

在这种结构形态中,各个空间之间表现为一种横向式的集合串联。写作时注意用主题这根线索贯穿、缝缀各个画面,使之产生集束捆绑式的威力。切忌各画面彼此游离脱钩,成为一盘散沙。

(三)以时空交叉式的结构形态来划分、安排层次

对那种既有时间上的推移,又有空间位置的变换,事件比较复杂,人物多、场面多的内容,结构安排上最好是把时间的推移和空间的变换精密地组织起来,使整篇通讯杂而不乱、条理清晰。著名通讯《为了六十一个阶级弟兄》就是这种结构形态。作者把时间的推移作为情节开展的一条"经线",把空间的变换作为一条"纬线",把同一时间不同地点发生的种种事情巧妙而紧凑地"交织"到一篇通讯中。虽头绪繁多,纵横交叉,但穿插自然,繁而不乱。

时空交叉式的结构形态在叙述时常用分叙的方法来厘清通讯的层次,提醒读者注意时间和空间的变换。

(四)依据材料的性质来划分、安排层次

这种结构形态要求作者对材料进行认真分析,根据主题的需要,把性质相同的归到一起,或者将报道对象分为几个侧面,从不同的角度去表现共同的主题。例如通讯《变化就在你身边——从衣食住行看中国》,共分四个小标题:"从服装看变化:色彩缤纷的世界""从餐桌看市场:丰富多样的选择""千万间广厦的诉说""一个新的挑战——速度快者得生存",透视了我国从新中国成立以来特别是改革开放以来衣食住行所发生的巨大变化,全方位地展示了我国社会主义建设取得的丰硕成果。

这种结构形态要求主题明确集中,真正成为绾系全局的纽带。通讯中的各个部分要大致均匀,彼此垂直于主题。

(五)依据作者对事物认识变化的顺序来划分、安排层次

在一些记事写人的通讯里,这种认识变化通常是由表象到本质的过程;在一些工作通讯里,这种认识变化表现为提出问题、展开事实、分析原因、提出建议等一套完整的思路。如《访厕所》,首先是借旅游外宾之口提出问题:"我们都爱进餐厅,但就怕上厕所。你们中国人的'入口'工作是世界第一流的,可惜'出口'工作实在太差。"然后指出北京市公共厕所"最使人头痛的是臭气"。接着又分析恶臭给人体带来的危害、北京最好的厕所不尽人意的地方、北京一条长达2.5公里的大街竟没有一座公共厕所、规划中的厕所因扯皮而一直搁浅,等等。最后报道了北京为减少厕所恶臭而设计的"保温厕所"的情况,呼吁:"愿首都带个头,早日安整好厕所问题,为全国做出榜样。"

这种结构形态体现出一种强烈的内在逻辑力量,能吸引受众对事物本质作深层次的思索。

客观事物丰富多彩、千变万化,通讯的结构也应当是灵活多变的。上述五种结构只是基本形态。有经验的记者总是不断从生活中、从前人和他人作品中,不断探索出新颖独到的结构方式,创造出新的结构形态。

第二节 人物通讯

一、人物通讯的两种形式

人物通讯以人物为报道对象,重心在于展示人物的精神面貌和性格特征。将人物通讯放在展示"如何"的报道中,表明人物的精神面貌和性格特征应当在动态过程中展

示,而不是静态的介绍。

按报道对人物性格特征和精神面貌展示的信息量,人物通讯可以分为两种形式:类型人物通讯和典型人物通讯。前者只突出人物精神面貌和性格特征的某一方面,后者是较全面地展示人物的精神面貌和性格特征。

类型人物与典型人物这组概念,在文学理论中谈得比较多,也有将类型人物与典型人物分别称为扁形人物与圆形人物的。类型人物是指性格单一化的人物,典型人物是指具有复杂性格的人物。英国评论家福斯特说:"17世纪时,扁形人物称为性格人物,而现在有时被称作类型人物或漫画人物。他们最单纯的形式,就是按照一个简单的意念或特征被创造出来。"他说,扁形人物的特点"可以用一个句子表达出来""扁形人物的一大长处是容易辨认,他一出场就被读者那富于情感的眼睛看出来"。而圆形人物的生活是丰富多彩的,性格是复杂的。①

文学理论中谈及这两类人物时,有厚此薄彼的取向。福斯特便认为,类型人物的成就不可能与典型人物相比,前者只能属于较低的审美价值层次。这种看法不尽合理。的确,从信息量来看,类型人物只表现了人物性格的某一方面,而典型人物传达的信息要丰富得多,但联系作品的篇幅来看,类型人物往往生存在短篇小说特别是微型小说中,而典型人物则生存在长篇小说、中篇小说之中,两者各有所长。举微型作品《世说新语·忿狷》为例:

> 王蓝田性急,尝食鸡子,以箸刺之,不得,便大怒,举以掷地,鸡子于地圆转未止,乃下地以履齿碾之,又不得,嗔甚!复于地取内口中,啮破,即吐之。

寥寥数十字,就把王蓝田急躁易怒的性格写得很突出,信息量大,信息质地好。由此可见,在极短的篇幅里集中突出人物性格或精神面貌的某一方面是可行的。在这种情况下,类型人物与典型人物同样具有很强的认识价值。

新闻报道中的类型人物有多方面的意义:第一,它与新闻报道追求篇幅短一致,也可以说是篇幅短的必然产物;第二,从新闻价值来看,人物在某一方面具有突出的新闻价值,抓住这一点来报道,不枝不蔓,保证了信息的品质;第三,类型人物因为某一方面特别突出,读者一看就非常醒目,既有利于识别,也有利于记忆;第四,它与典型人物共存,各有优势,都是记者"十八般武艺"中的特色之作。

与类型人物相比,典型人物在性格特征、精神面貌等方面的表现要丰富得多。我国较长篇幅的人物通讯、西方较长篇幅的人物特写,都刻画了不少典型人物。典型人物性格特征与精神面貌的丰富性,主要表现在两个方面:一是人物性格的多面性,二是联系复杂多变的外因展示人物的心路历程与战斗历程。前者以合众国际社记者采写的《基辛格——三面人》为例:

---

① 福斯特.小说面面观[M].苏炳文,译.广州:花城出版社,1984:59-68.

今天,在参观北京自然博物馆的时候,亨利·基辛格把他的三副面孔表演得淋漓尽致,这使周围的人大为开心。

北京文物局王延洲(音译)指着一件古物,说那是一个龙头。哈佛大学教授基辛格立即摇头:

"不对,是猫头鹰!"

"是的,是猫头鹰!"王说。

当王说一对古动物的角是犀牛角时,基辛格教授又摇头了。

"不对!"他说。

"对,是犀牛角!"王说。

"不对!"基辛格说,"我从来没有见过长一对角的犀牛!"

这时,一位中国专家挤到前面对王说那是一对古代牛角。

外交家基辛格立即满面春风地对左右的人说,他先后八次访问中国,每次都是王充当他的向导,王既忠于职守,又有学问。

外交家基辛格旋即口若悬河地讲了起来,他说,感恩节后福特总统访华时,务必请王先生到场。

作为丈夫的基辛格转向妻子南希,请她同他一道,在两个武士陶俑前合影——这两个武士陶俑同真人一样大小,它们是去年从秦始皇陵墓中出土的。

他的妻子咧嘴乐了,她说:"啊,不,亨利!你太像皇帝了,我哪里配同你照相!"

作为丈夫的基辛格说:"这我可改不了。不过,你也够瞧的!"

基辛格夫妇仔细观赏从古墓中出土的文物,王说:"墓中的骨头表明,墓主人有不止一个妻子。"

基辛格点头同意。王还说,在中国古代,有的妇女可以有一个以上的丈夫。

"一个妻子有几个丈夫吗?"基辛格望着妻子说,"我可不喜欢那个时候!"

基辛格夫人大笑起来。

基辛格参观时,美国大使(原文如此,应为美国驻北京联络处主任)乔治·布什一直用一台有偏振镜头的相机拍摄照片——在基辛格这次访华期间,他一直用这台相机拍照。

他给基辛格看一张他拍摄的基辛格同毛泽东在一起的照片。这张照片拍得有些发黑,布什说,其中有个人是基辛格。

"不,"基辛格说,"那不是我,是我的兄弟。"

基辛格拿这张拍得令人不敢恭维的照片开玩笑,他说:"我总是说,乔治这位大使并不想夺走我的职位,不过他能想别的点子整我。"

一位摄影记者请他在一匹同真马一样大小的陶马前摆好姿势照相。基辛格说:"是不是要我骑上它跑到大门外?"

在场的中国人无不捧腹大笑。

当基辛格夫人中途告辞去商店购物时,基辛格把脑袋凑上前去,对夫人的中国向导说:

"请你们把贵重商品统统藏起来,好吗?"

报道用简洁的笔墨,淋漓尽致地刻画了基辛格作为学者、外交家和丈夫的三重性格。作为学者,基辛格知识渊博,在学术问题上坚持自己的看法,但是,一旦自己的观点占了上风,他又能巧妙地照顾到他人的情绪,表现出宽宏大量的外交家风度来。作为丈夫的基辛格则处处显示出对妻子的亲切感情和得体的幽默,但又不失外交家的身份。读者从这"三面"中,对基辛格有了一个较全面的认识,可以想象,在谈判桌上的他,大概也是不好对付的。

我国的人物通讯,特别是报道先进人物的通讯,大都注重展示人物的精神面貌和思想品德。这类人物通讯的定位就是要体现时代精神,唱响主旋律。在这类报道中,人物精神面貌和思想品德的展示过程也是人物对外界环境条件选择、改变、适应的过程。如《县委书记的榜样——焦裕禄》,在短短的一年半时间里,焦裕禄带领兰考人民与三大自然灾害——盐碱、内涝、风沙斗,同时还要与自身的疾病斗。在这些斗争与奋战中,人物的精神面貌不断明朗、不断强化。一些记者与学者特别谈到,人物的精神世界只有在矛盾冲突中、在风口浪尖上才能得到淋漓尽致的表现,这是很有道理的。

因此,较长篇幅的人物通讯与特写,应当展示出人物精神面貌和性格特点的丰富性,刻画好典型人物。以此来审视我国报刊上的人物通讯,可以发现,有些长篇人物通讯并没有刻画好典型人物,没有让人物"立"起来,有些还停留在类型人物阶段,或是对人物进行简单的图解。如报道先进劳模,过去的既有模式是:带病工作、节假日不休息、只讲奉献不要报酬,等等。这种模式化的写作,面对不同的报道对象,面对丰富的人生,是苍白无力的。这一现象引起了读者的不满,也引起了新闻界的忧虑。《中国青年报》上载文《为什么不宣传袁隆平爱惜身体》。文章说,被科学界誉为"中国杂交水稻之父"的袁隆平到武汉市与中小学生面对面交流。有学生说,他看过一篇报道,说袁院士累倒在稻田里还不放弃研究,非常敬仰。袁隆平连忙澄清:"一定别受误导,累倒还工作不值得提倡。身体才是最重要的。另外,我也从来没有累倒在田里,那是耍笔杆子的人杜撰……"文章说,这几年关于袁隆平的报道那么多,为什么就没有提到老科学家爱惜身体?实践证明,科技工作者能够既勤奋工作,又爱惜身体,保持旺盛的精力和活力。如果把袁隆平院士处理好两者关系的事迹和经验原汁原味地报道出来,较之编造他累倒在稻田里的虚假情节,不知强多少倍。

二、类型人物通讯写作

类型人物有其特殊的认识价值,它以突出人物性格特征、精神面貌的某一方面为旨趣,以单一、集中、鲜明等特点给人留下深刻印象。

在谈类型人物通讯写作时,有学者提到,不要贪大求全,在一篇新闻中最好只写一人一事一个侧面。中国有句俗话叫"攻其一点,不及其余",写类型人物通讯也应如此,或者改为"攻其一点,略及其余",抓住人物的主要事迹,其余仅作简略的背景交代,这样可以在有限的篇幅里把人物写活。① 这是很有道理的,这也是类型人物通讯写作最重要的特点。请看第二十八届中国新闻奖一等奖作品《"见字如面"23 年》(节选)

"全忠,2 月 14 日,咱们一家三口站台上见。"这是一本普通家庭日记本上的留言。这样的日记一写就是 23 年,用掉了 12 本日记本,留下了 6820 多条只言片语,长达 24 万余字。

写下这段留言的妻子叫任亚娟,是兰州铁路局兰州客运段武威南车队队长。丈夫李全忠,是兰州客运段宁波车队副队长。虽然同在一个单位上班,但因为从事不同车次的客运管理工作,夫妻两人在家碰面的机会少之又少。1995 年,两人步入婚姻殿堂不久,甜蜜的家庭生活就被忙碌的工作带走了——夫妻二人一个值乘北京列车,一个值乘乌鲁木齐列车,每隔 3 周才能相聚一次。

"那时候哪有手机、微信这么方便的沟通平台?我们就把家里需要办的事情都记在日记本上交代给对方,一来二去,日记本就成了我们两人之间最主要的沟通纽带。"任亚娟回忆说,他们出乘回家后的第一件事,就是看看日记本有没有留言。"看到了熟悉的文字,就像见到了本人一样。"丈夫李全忠这样形容。

翻开一本本泛黄的日记本,上面密密麻麻记录着夫妻二人 23 年来的点点滴滴。如今,这些留在家庭日记上的"微记录",被同事们翻出来,赞为"最美留言"。

"亚娟,昨晚在列车上没合眼吧?一回来就趴在沙发上睡着了,看着好心疼。你最喜欢的冬果梨汤熬好了,在茶几上,醒来记得喝,我先出乘去了。"

"亲爱的,这两天武威温度下降得厉害,你的毛衣毛裤我洗好放在卧室第一个衣柜里了。记得穿上,保重!"

……

"现在翻一下,23 年的心酸与牵挂历历在目。"李全忠说。

23 年,经历了传呼机、手机短信、微博微信等不同的通信工具,但是所有的一切似乎都比不上"见字如面"的纯情与质朴。随手写下的留言,笔笔写出的爱意,期待与牵挂,相知与守候,与子偕老的"家庭心灵史"尽在其中。

---

① 刘海贵,尹德刚.新闻采访写作新编[M].上海:复旦大学出版社,1991:229.

每到春运、暑运和黄金周,正是家家团圆或是休闲度假的时候,但对于这对夫妻来说,却是最繁忙的时候。女儿李卓蔚,已经21岁了,在她的记忆里,一家人却没有一起过过一次春节。

任亚娟的父母去世得早,公婆也在客运段上班,李卓蔚很小就没人带,平时只能将女儿寄放在邻居家,到了春节就送到陕西姨姥姥家。"别人家的小姑娘都是捧在手心里养,我们却是'散养',真是觉得对不住她。"一提到女儿,任亚娟的眼里总是泛起泪花。

懂事的女儿不仅没有埋怨过父母,还做起了他们情感的"联络员"。她在家庭日记本上识字、认字、写字,渐渐地也开始留字。

……

忙碌的工作依旧,但今年新年以来,家庭日记本上的内容更多了。

"爸,我跟着电视学,做了一盘您喜欢吃的红烧肉!您回来尝尝!"

"爸妈,我在网上给你们定了一款对戒,样子暂时保密,不过保证你们喜欢!"

……

2月14日,李全忠乘坐K1040从宁波返回兰州,妻子却要乘坐T6601次列车前往武威。女儿带上精心挑选的对戒,一家三口相聚在了兰州火车站站台上,而这次相聚只有短短的37分钟……

在聚少离多的日子里,一家三口仍旧在用"见字如面"的方式守护着纯情家风。浸润在字里行间的牵肠挂肚,还将在家庭日记本上延续。

这篇通讯记载的是铁路上一对双职工的家庭生活故事。聚少离多、只能用留言的方式来"见字如面",突出的是双方全身心投入工作、爱岗敬业的品德。父母的敬业精神也影响到女儿,一家人彼此体谅,互相支持,默默奉献。整篇报道所有的笔墨都集中到这一点上。

类型人物通讯写作还有一个需要注意的地方,那就是挖掘人物特点的新颖点。这篇通讯所表现的爱岗敬业精神,是许多劳动者的共同品质。然而它之所以能从众多的通讯中脱颖而处,就是因为它非常巧妙地将这一点聚焦在这个家庭的留言本上,这就抓住了新颖点,人物就"活"了起来。类型人物通讯突出人物性格特征、精神面貌的某一方面,是从复杂多样中选择单一。选择的标准自然离不开一个"新"字,一句话,离不开新闻性。

三、典型人物通讯写作

按福斯特的说法,典型人物比类型人物的性格特征要复杂丰富得多。典型人物通讯在人物通讯中更加常见,写作时要注意以下几点。

(一) 抓住人物特点

典型人物通讯同样需要抓住人物的特点,以表现人物的个性特征。一般而言,人物的特点越鲜明,人物的个性也就越突出,人物的形象就越生动。因此,有经验的记者总是努力挖掘人物的个性特点,抓住其与众不同之处。著名记者田流曾经谈过这方面的体会。他说:"譬如,报道一个劳动模范,他做了很多事情,特别是那些老模范,事迹更多,我们总不能把他的事迹都写进去……我们应该研究这位劳模和别的劳模有什么不同,一定要找出这个'不同'来。有了这个'不同',那些最能表现这个劳模本质的材料、事迹,就站到前列来了。那些别的劳模都会做、都要做的事迹、材料,对我们要报道的这个劳模说来是次要的事迹、材料,就容易被区别开来,就容易淘汰了。这样我们虽然只写他一两件事,反而更能表现这个劳模的特点,使这个劳模更生动形象地站在读者面前。相反,如果抓不住特点,把一大堆材料、事迹堆上去,写出来的文章,既不是这个劳模,也不是那个劳模,而是一个人的名字加上一大堆事件,是不会感人的。"实践证明,只有抓住了人物特点,才能真正把报道对象写成性格鲜明的"这一个"。

(二) 从"多样性"上做文章

在一些人物通讯中,先进人物通常都十分"高、大、全",这样反而掩盖了人物的个性,将人物特点公式化了。其实,不管是什么样的人,他的品德与精神总是和具体的生活情境与个人的生活经历联系在一起的。2012年12月,新华社推出"七常委"特稿,其中《人民群众是我们力量的源泉》为写习近平的人物特稿。报道在介绍习近平的主要政绩后,特别有一段写他的婚姻与家庭:

> 习近平与彭丽媛1986年一见钟情,结下良缘。婚后,他们各有事业,经常不能在一起,但都一直相互理解、相互支持,尽最大努力去关心照顾好对方。彭丽媛作为军旅歌唱家,经常要接受任务奔赴外地慰问演出,很多都是边远艰苦地区,有时一走就是二三个月,习近平总是十分牵挂。只要条件允许,无论多晚,习近平每天都要跟妻子至少通一次电话,互致平安后才放心休息,几十年来一直如此。每逢除夕,彭丽媛总要参加中央电视台的春节联欢晚会演出,在外地工作的习近平只要回北京过年,就总是边看节目边包饺子,等她演出结束回家后才煮饺子一起吃。彭丽媛说习近平是"称职的丈夫""称职的父亲",对他也非常关心体贴。一有机会与丈夫团聚,她就要操持柴米油盐,想法子变花样给他做可口的饭菜。

在过去的报道中,领导人物的家庭生活通常是秘而不宣的。新华社这次推出的"常委特稿",是一次大的突破。如上面一段,丰富了领袖人物的性格,于平凡中体现不平凡,于人情味中增强了亲民色彩。

(三)善于捕捉细节

在人物写作中,细节最能细腻地体现人物性格,比如人物的一举手、一投足、一言一物等。如焦裕禄为了与疾病作斗争,经常用一根硬东西顶着时时作痛的肝部,将另一端顶在右边的椅靠上。日子久了,他坐的藤椅的右边居然被顶出一个大窟窿。不少先进人物还有充满性格化的语言,比如,"把有限的生命投入到无限的为人民服务中去",这是雷锋的话。"石油工人一声吼,地球也要抖三抖",这是王铁人的话。这一句句闪光的语言,凝聚着人物的思想品德和道德情操。这样的细节,无疑是人物刻画中的点睛之笔。

这里要特别提及专访型的人物通讯。人物专访是发展稍晚的一种报道形式,通过人物的对话内容以及对话时的音容笑貌来写人,可认为是报纸媒体向广播、电视等媒体借鉴的形式,近些年来颇受欢迎。如第二十八届中国新闻奖一等奖作品"走近科学家"系列报道之一《印遇龙院士:"养猪"自有大学问》中的一段:

> 我问印遇龙,最喜欢学生的哪些品质?他脱口而出:踏踏实实。最不喜欢的呢?他又是脱口而出:拖拖拉拉,不诚实。
>
> "现在国家对科技这么重视,年轻的科技人员要把科研当作最大的事,摆在第一位。要喜欢专业,坚持下来,不会吃亏的。"印遇龙说得好实在。
>
> 我问他爱吃猪肉吗?他告诉我:"吃一点。"如果时光倒流,还会选择研究猪吗?他不假思索地说:"还会,和民生结合紧啊。"难怪,他要和产业界结盟,把中国生猪养殖变成技术创新的先锋。
>
> 说话开门见山、想到事情就要去做、不愿在餐桌上浪费时间、喜欢穿着夹克运动鞋的印遇龙,快人快语出了名。
>
> 采访结束时,印遇龙也修改完了一篇文章,起身拿起一个苹果边走边啃,说:"还有人在等我。"几分钟后,他像一阵风走进办公室,口里念着"忘了保存了"。轻点鼠标后,他又冲出了办公室。

这番描写绘声绘色,记者捕捉到了能体现人物性格的细节。几句对话、几个动作,一个勤奋务实、雷厉风行、快人快语、充满活力的科学家形象跃然纸上。

(四)将人物精神面貌与性格特点同时代特征联系起来,努力挖掘人物的典型意义

典型人物的典型性,主要表现在它与时代特征联系的紧密程度上。穆青曾说过:"能否高瞻远瞩地提炼出能够反映时代特征的主题,并且从这个高度来表现英雄人物

的革命精神和思想风貌,就成为决定人物通讯成败、优劣的关键。"①

人物身上的时代特征并非记者加上去的,而是人物生活的时代在人物身上留下的烙印。记者在写报道时,一定要认真观察人物身上最能体现时代特征的精神,努力加以表现。如何从人物身上挖掘出时代特征,需要有特殊的眼光。采写实践表明,人物通讯写作最重要的是解决好针对性的问题,也就是说,要同现实生活中广大人民群众最关心的问题或最迫切需要解答的重大问题联系起来。

第三节　事件通讯

一、事件通讯的两种形式

事件发生通常有两种情况:一是时间跨度比较大,涉及空间广;二是时间跨度不大,场景比较集中。

从事件的性质来看,有些事件发展过程跌宕起伏,故事性强;有些事件以重要性、显著性见长,意义重大。从写作实践出发,故事性强的内容,一般处理为故事型事件通讯;意义重大的题材,一般处理为纪实型事件通讯。下面就按这种划分标准来讨论事件通讯的写作。

二、故事型事件通讯的写作

故事型事件的发展过程充满变化,因此报道题材具有天然的生动性。然而生活中不是所有的事情都具备故事要素,但只要叙述得法,能调动读者的"欲知"兴趣,也可以产生故事效果。

（一）叙事要清楚

叙事要清楚,对于故事型事件通讯而言,是最起码,也是最重要的要求。一般来说,故事型事件通讯涉及的事件可分为两种情况:一是线索比较单一的,二是线索比较复杂、头绪比较多的。叙述线索单一的事件,一般采用纵式结构,以事件的发生、发展、高潮、结束的顺序为叙事线索,脉络清晰,过程清楚。如《一路春风》就是这方面的范例。这篇通讯报道的是山东省兖州区红星乡孔家屯一个两岁半的农家女孩玩铡刀不小心切下了整个左手,辗转济南、青岛、潍坊等地求医的故事。一路辗转,这个普通农民家庭原以为自己无现金、无熟人,只能走投无路、寸步难行。结果却是"一路春风":一路上遇到的净是好人,大家解囊相助,急人所难。这件事线索较单一,通讯便以人物

---

① 穆青.谈谈人物通讯采写中的几个问题[M]//蓝鸿文,展亮,赵赜.中外记者经验谈.北京:中国人民大学出版社,1983:159.

的行踪为叙事线索:迅速送伤者上火车,解决买车票的钱,断手的保存、养护,伤者的入院、转车、转院、手术,等等。清晰的叙事线索很好地表现了"一路春风"这一蕴含社会内涵的主题。

对那些线索比较复杂、头绪比较多的事件,叙述时就要注意事件如何开端,如何分成多头绪、多线索叙述,如何又将它们合为一体、拧成一股绳。在结构上,我们常用纵横交错的方式以"经"来织"纬"。《为了六十一个阶级弟兄》就是这方面的典型例子。"平陆事件"牵涉的部门多、地区广,头绪纷繁,时间紧迫。为了突出表现"一方有难,八方支援"的共产主义协作精神,通讯在以时间为基本叙事线索的同时,分头并进地记叙了北京和平陆两地干部群众为抢救阶级弟兄,克服一个又一个困难的故事。虽然人多事杂,一会儿写平陆,一会儿写北京,在极短的时间内多次来回"跳动",但整篇通讯头绪清晰、线索分明。

(二)叙事要生动形象

叙事的生动性可以从多方面去实现。最重要的是注意行文的变化,少平铺直叙。当然,故事型事件通讯的波澜不是作者虚构出来的,而是事件本身所包含的。如果作者缺乏叙事技巧,复杂曲折的事件有可能变得平淡无奇;而如果作者构思巧妙,擅长叙事,一些平淡的生活故事也可以写出涟漪。请看获第二十七届中国新闻奖一等奖的通讯《老郭脱贫记》中的几段:

> 老郭叫郭祖彬,今年56岁,是河南封丘县王村乡小城村农民。年轻时的老郭并不穷,开四轮,拉红砖,日子过得去。没承想,儿子3岁患病,摘除脾脏,手术费花了1万元。老郭把积蓄拿出来,勉强渡过难关。10年后,儿子再次病发,做心脏搭桥手术花了6万多元。这回,老郭借遍"村里一条街",才凑够医药费。为了还钱,他到天津打工六七年,窟窿没补上,还落下脑梗病。乡邻们忧心地说:"老郭脱贫——猴年马月的事!"
>
> 封丘是国家级扶贫开发重点县,建档立卡贫困户1.86万户、5.8万人。该县对因病、因残等7种致贫原因分门别类,采取"1+2+N"帮扶模式,即每户1名帮扶责任人,2项以上扶持政策,家庭成员每人1条帮扶措施。拿老郭来说,安排公益岗位,每月挣400元;孙子享受教育补助,每年1000元;儿媳转移就业卖手机,每月工资1500元。全家享受人身意外险、医疗补充险,阻断"因病致贫"。
>
> 政府"兜了底",致富靠自己。封丘县实施产业扶贫项目81个,户均可享产业扶贫资金8000元。村支书郭祖良选定种植中药材,请来中医药大学教授,测土、配方。老郭一听,第一个报名。
>
> 4月,是种地黄的最佳季节。可这时麦子已长到腿窝,首批报名的50户

农民看不到效益，谁也舍不得铲麦子。

老郭的老伴儿着急了："万一出不来苗，地黄收不着，麦子也毁了。"

"村支书一心为咱，能把你带到沟里？"老郭坚持己见，并辞去公益岗，专心种药。

第一批10户，种了50亩，老郭种4.5亩。半月后，地黄没出芽。村民议论，老伴数落。老郭一天到地头转几遍，悉心照料。40天，地黄出齐，一地绿色。老郭长出一口气："心里石头落了地，我瘦了18斤。"

村支书郭祖良压力更大："万一种不成，咋有脸见乡亲？"他请专家"把脉"指导，成立种植合作社，与安徽企业达成协议，以优惠价回收药材，让农民吃上定心丸。

12月，地黄叶枯，眼看就到收获的季节。为解销路之忧，村党支部组织贫困户到安徽找市场。见中药材需求旺盛，更多贫困户以土地入股，加入合作社。如今，合作社种3种药材，共计400多亩，明年将扩至1000亩。依托中药材产业，村里将建中药材展馆，开设中医疗养一条街，发展"养生小城"特色游。

挖出一根弯弯的地黄，老郭算了笔账：4.5亩药材，纯收入1.8万元。自己在合作社干工，月工资1500元；老伴在合作社除草、浇地，可挣500元；儿子开车耕地，也能收入3600元。加上养猪，全家年收入5.6万多元，家里6口人年人均纯收入9300多元。

这篇通讯把老郭脱贫的过程写得既有悬念，又有波折。首先是乡邻们的担忧："老郭脱贫——猴年马月的事！"这是悬念。接着又是老伴儿的着急："万一出不来苗，地黄收不着，麦子也毁了。"连村支书也有压力："万一种不成，咋有脸见乡亲？"到了收获的季节，还面临"销路之忧"。可谓一波刚平一波又起，如此一波连一波，使得行文波澜跌宕，富有吸引力。

(三)选取好角度，充分挖掘事件的新闻价值

正如人物通讯要注意挖掘人物身上的时代特征一样，事件通讯也要注意挖掘事件的新闻价值。一个事件包含的信息很丰富，但写通讯不必把事件的各个方面都罗列出来，不要试图在一篇事件通讯中说明许多问题，而要集中笔墨去反映一个事件，挖掘出新闻事件的深层内涵。获第二十八届中国新闻奖二等奖的通讯《一只羊的诞生史——培育高山美利奴羊的创新之路》在角度的选择上就把握得很准，始终将报道聚焦于"创新"二字。在甘肃培育细毛羊新品种，始于20世纪50年代初。经过几代人的努力，终于培育出高山美利奴羊，填补了世界高海拔生态区细型美利奴羊育种的空白。高山美利奴羊也是甘肃有史以来育成的第一个具有自主知识产权的国家级畜禽新品种。几十年的培育过程，包含着三代人的辛勤劳动，但报道只一笔带过："他们既是科

研人员,也是牧工,有时一大早拿点干粮进山,直到晚上才能返回驻地;剪羊毛阶段的分级、整理、打包,以及之后给羊药浴、防疫、穿衣等,工序看似简单,但都是一些技术活,需要科研人员亲自上阵。"而对这一项目的创新意义,报道体现得非常充分:

> ……创新团队历经 20 年连续的杂交创新、横交固定及选育提高三个阶段的阶梯式创新,终于成功培育了羊毛纤维直径主体 19.1—21.5 微米的毛肉兼用细型细毛羊新品种。从此,世界羊品种大家庭中又多了一个新成员——高山美利奴羊。
> 在培育出新品种的同时,创新团队还实现了 5 项重要技术创新:
> ——创新建立了开放式核心群育种、联合育种及三级繁育推广为一体的现代先进育种体系,实现了与国际接轨;
> ——研制了精准生产性能测定设备,开发出的遗传评估系统育种值准确率达 75% 以上,达到澳洲美利奴羊遗传评估系统水平;
> ——探索了新品种适应高山寒旱生态区的重要遗传基础,建立了群体遗传稳定性分子评价技术;
> ——解析了毛囊形态发生发育分子调控机制,筛选出与羊毛细度性状关联的 SNP 标记,建立了羊毛纤维直径分子标记辅助选择技术;
> ——发明了多胎疫苗、多胎基因快速检测及胚胎性别鉴定试剂盒,建立了快速扩繁技术体系,繁殖率平均提高 20%。

选好报道角度,就能使读者充分认识到事件的本质意义。这一点,《为了六十一个阶级弟兄》的作者为大家提供了值得重视的经验。他们说,开始时,"虽然认识到'平陆事件'不是一般的事件,受到了感动,但还没有更深地把握住它的本质,对这个事件的伟大意义的认识很不够"。后来经过多次讨论研究和深入采访,他们"进一步认识到,这一事件所反映的人民群众的共产主义风格、共产主义劳动态度、共产主义道德品质,是十分全面的。'平陆事件'发生后,从领导到群众,从城市到乡村,从部队到地方,从中央所在地到中条山区,到处都洋溢着'一处有难,八方支援'的共产主义精神和伟大的阶级友爱"。"对这样一个震撼人心的英雄事迹,必须深入地发掘它的共产主义因素,真正起到教育群众的作用。"①由于作者在认识事件的本质意义上下了功夫,从而深化了作品的内涵。

三、纪实型事件通讯的写作

从广义上来说,所有的新闻报道都是纪实的。专门列出纪实型事件通讯一种,是

---

① 王石,房树民.更深地发掘新事物的共产主义灵魂——关于《为了六十一个阶级弟兄》报道的几点体会[J].新闻战线,1960(6):5.

因为其纪实色彩要明显强于其他报道形式。

用文字符号来纪实,可以说是人类创造文字符号、运用文字符号的一个极为重要的需求。汉字的象形特性,就来自纪实的需要。但有了广播电视媒体后,文字的纪实就明显不及音响、图像来得直观,人们开始重新认识和发掘文字报道的纪实功能。纪实型事件通讯的写作应注意以下几点。

(一)增大纪实的自由度,在电视镜头不及之处抓画面

首先,文字报道的"纪实"可以把触角伸得比电视镜头更长。这就是西方记者提倡的"要在电视摄像机镜头顾及不到的地方发现新闻",要把电视镜头捕捉不到的画面记录下来,并将这些内容处理得清晰可视。请看美国合众国际社记者乔治·弗兰克写的女杀手图谋刺杀美国总统福特的报道的前几段:

晴空万里,阳光灿烂。一位身穿红衣服的矮个妇女站在人群中,等待着福特总统的到来。

欢迎者们大都想握一握福特的手。

那个身穿红衣的女人带着一只手枪。

目击者说,27岁的林耐蒂·阿莉斯·弗罗莫——她是令人恐怖的查尔斯·曼森家族中有名的"百灵鸟"——悄悄地站在国会大厦中欢迎人群的后面。

"天气多好呵!"她对人群中一位叫卡仁·斯克尔顿的14岁的姑娘说。

"她看起来像个吉卜赛人。"卡仁事后说。

"百灵鸟"身穿红色长袍,头戴红色头巾,手中拿着一个很大的红色钱包。这些东西与她的红头发是十分相称的。

在她的前额上留着1971年在洛斯安赫莱斯审讯中烙下的红十字。在这次审讯中,曼森和其他三位女追随者被证明是杀人犯。

"百灵鸟"——她到加利福尼亚州北部的萨克拉门托来是为了寻找已被监禁的41岁的曼森。她耐心地等待着福特。

在她的钱包里,装着一支上满子弹的0.45厘米口径的自动手枪……

这位女杀手在暴露之前,电视记者是无法捕捉到她的行踪的,报纸记者却可以"独具慧眼"跟踪其行迹,将她那一身红色描绘得非常醒目。特别是反复提到那把电视记者无法拍摄到的枪。这对于引导读者的注意力非常有效,令人联想到俄国小说家契诃夫关于叙事技巧说的一句话:"如果在作品的第一章提到墙上挂着一把枪,那么在后面几章,这把枪一定会开枪。"这一引人入胜的效果是电视媒介无法做到的。

其次,文字报道对现场的还原不受时空限制。从事电视报道的人都有体会,事件发生时,由于摄影师不在现场,无法拍摄到当时发生的精彩镜头,事后"补镜头"就有造

假之嫌。但文字记者却可以轻而易举地"还原"这些镜头与画面。

(二)借鉴电视的纪实手法,作"可视"的努力

按甘惜分主编的《新闻学大辞典》的解释,视觉新闻是指"运用形象化的手法来表现事物,以取得视觉效果的新闻。把概念的表述诉诸具体的形象,运用生动的画面、典型的细节来写新闻,使报道的内容可闻、可见、可触、可感,让读者看到事实的真面貌。它是电视新闻影响越来越大的年代,文字新闻与之竞争的重要手段之一"。电视传播技术中镜头的运用,让报纸新闻文体在写作中更注意将一些有表现力的细节、局部加以放大和镜头化,以此来强化读者的视觉效果。

日本学者藤竹晓在《电视的冲击》中举过一个例子:英国伊丽莎白女王访问日本的最后一天,女王乘坐新干线日光100号,从名古屋到东京。《朝日新闻》第二天报道此事:

……在东京站第十八站台,藤井总裁、东京站长岩渊繁雄等前往迎接。

菲利普亲王说:"这是一次愉快的旅行。"

藤井总裁说:"十天来给您添麻烦啦。今天承蒙乘坐新干线,真是万分荣幸。"

亲王问:"新干线一天发多少趟车?"

总裁回答:"由16对机头组成,一天单程约发120趟车。"

在三分钟左右的对话中,女王一直在旁边和蔼地点头。从远处也可以看到藤井总裁的手和膝盖由于紧张而不停地哆嗦。总裁反复五次鞠躬。

藤竹晓对这篇报道大加赞赏,认为它"是电视时代报纸新闻的典型例子。在这里成功地使用了这样的手法:向习惯了影像画面的读者提供具体的线索,让读者想象出现场的景象,就像自己亲眼看见一样"。"这则消息只有以电视时代这一社会土壤为前提,才能发挥效果。""如果是在电视时代到来之前的新闻编辑室,这条新闻最后的句子恐怕注定是要删去了。"

为什么后面这短短的一段话引起了这位学者的高度重视呢?藤竹晓解释说:"这是因为新干线东京车站月台此时氛围一方面是紧张的,但另一方面又是平静的,通过对对话和藤井总裁动作的描写,使读者将文字和具体的画面结合起来。"说到底,还是文字的描绘产生了叙事如画的效果。文字记者借鉴电视镜头的表现形式,青出于蓝而胜于蓝。

(三)文字纪实追求形神兼备的"实"

形与神的关系是一个古老的美学命题。在文学艺术作品中,如何处理好形与神的关系是颇有争议的。以绘画语言为例,绘画符号的纪实功能远远要比文字符号来得直

观,然而在中国画中,写意的思想始终要优于写实的主张。曾经有不少人提出不求形似,只讲传神。苏东坡就说:"论画以形似,见与儿童邻。""谨毛而失貌"的故事更是表明,只注意局部处的"实",往往会失却整体上的真实。但在画论中,最公允的主张还是讲究"形神兼备"。明代李贽说:"画不徒写形,正要形神在。"比起绘画符号来,文字符号在写"形"上显然处于劣势,但在写"神"上却毫不逊色,这更有理由要求我们在纪实中追求形神兼备了。

电视的纪实功能让我们重新审视文字报道的纪实特色。显然,电视的纪实,长处在于"写形",而文字报道的纪实,应当重形似,更重神似。请看第十七届中国新闻奖作品《九公里的女人们》中的这段描写:

> 这12位女人,最大的44岁,最小的30岁,都在宁夏上班。这些人都特别爱笑。据她们自己说,屁大点事儿也要笑上一场。可事后想一想吧,有些事儿其实没啥可笑的。
> 笑的时候呢,嘴要张得很开,嗓子要捏得很尖,声音要放得很大,表情要很古怪,肢体动作要很放肆,反正跟前没有男人。
> "哎呀,这套高级化妆品算是白买了,回家用烙铁(把脸)烫一烫,唉……"于是,所有的人拼命地、前仰后合地笑,至笑不动为止。
> "我是个老'窝门(woman)'啦!"众女人:哈哈哈哈,哈哈哈哈……
> 有人打哈欠。"咋啦?你们家那位回来了?睡眠不足了吧?"众人再度大笑。
> 若此时有男同志经过,女人们迅速低头、捂嘴、红脸、息声。

这段文字描写女人们的笑,笑中透出豪放,现出乐观,有幽默,有潇洒,体现了常驻工地、献身事业的一组女工的风采。重形又写神,其纪实效果恐怕是电视画面所不及的。

(四)纪实应有所取舍、有详有略

郑板桥云:"删繁就简三秋树。"详略得当的纪实表述更简洁,表现对象更鲜明、更突出。而在电视纪实画面上,删什么是不易做到的。请看《侗家厕旁议实事》:

> 3月柳州,龙潭湖畔,小雨淅沥。广西壮族自治区副主席李振潜与卫生部部长陈敏章信步走近山坡上的一幢侗家"竹楼"。
> 竹楼墙上有副对联,上联是"男女有别来此行方便需认清去向";下联是"大小均可入内得轻松请注意卫生";横批为"轻松山房"。
> 两人都笑了,原来这是公厕。身兼全国爱卫会副主任的陈敏章说:"这联写得风趣。不知'内容'怎样?进去看看。"

进至厕内,陈敏章连声称道,认为它清洁,处理污水得当,地方政府为少数民族办了很好的实事,既解决了实际问题,又有远见。

陈敏章还说,厕所问题不是小事。肠道传染病的发生和流行,与粪便、污水的处理有极大的关系。有些沿海经济发展很快的地区,群众富裕后盖了很漂亮的新房,却不考虑配套建个厕所,连外观也很不相称。有的渔村大兴土木盖了很气派的龙王庙,却不能集资盖个厕所。卫生习惯的建立虽不是一朝一夕的事,但像柳州从教育、引导、支持入手解决老百姓的卫生习惯问题,就值得提倡。

在这篇短短的报道中,那副对联特别醒目,极具视觉冲击力。在电视报道中,当然也可以通过特写等技巧来对某些内容作突出处理,但对"夹杂"在画面中的某些内容,却无法删除。比如上述场景,电视拍摄时画面中可能会飞进一只苍蝇,这只苍蝇就成了与画面极不和谐的"杂音"。类似镜头我们在电视报道中不难发现。电视新闻要想去掉这只苍蝇,只有将整个镜头全部删除。

可见,文字的纪实虽不及电视的纪实来得直观,但它独特的优势也是电视镜头所不及的。在多媒体竞争时代,纸质媒体更应发挥好自身特长。

第四节 风貌通讯

一、风貌通讯的两种形式

风貌通讯据《新闻学大辞典》解释为:报道某一区域、某一地点、某一单位的新风尚、新面貌、新气象的通讯。风貌通讯的题材广泛多样,举凡社会变迁、风土人情、单位新貌、建筑风光、名胜古迹等,均可写成风貌通讯。①

按表现对象划分,风貌通讯可分为概貌式风貌通讯与速写式风貌通讯两种。概貌式风貌通讯涉及面广,综合性强,重点是反映社会的变迁、时代的新貌,社会内涵极为丰富;速写式风貌通讯涉及面要窄些,场景具体,既可以社会性信息为主,也可以自然风貌这类社会性不强的信息为主。

概貌式风貌通讯是由旅途通讯发展而来的,是早期通讯中运用较多的一种形式。仅五四运动后的一段时间内,著名之作就有瞿秋白的《饿乡纪程》《赤都心史》,邹韬奋的《萍踪寄语》《赤都心史》,范长江的《中国的西北角》《塞上行》《西线风云》等。这些通讯都以客观的笔调描绘作者的旅途见闻和所思所感,令人大开眼界。随着时代的发展和社会变化的日新月异,这类通讯的新闻性和时代性不断加强,发展成了反映社会新

---

① 甘惜分.新闻学大辞典[M].郑州:河南人民出版社,1993:159.

貌的报道。

概貌式风貌通讯在实践中常以不同的形式出现,最常见的是见闻类和巡礼类。

见闻类通常包括"见闻""见闻录""参观记""访问记""札记"等。它主要写作者的所见所闻。这些所见所闻是充满新鲜感或令人触动的情景。作者将它们具体生动地表现在作品中,同时还可以直接表达个人的印象和意见,抒发自己的感受。

巡礼类通常包括"巡礼""纪行""掠影""拾零""走笔""纪游"等。这类通讯虽然也离不开写见闻,但是以写作者在现场观察到的新情况、新事物、新变化为主。作者运用移步换形的写法,随着视点的变化,笔下的场景也不断变化。

见闻也好,巡礼也罢,它们都有一个共同点,即以突出"新"貌为主,事物的演变过程可以简略一些。为防止报道的平面化,防止"如何"要素的淡化,它们大量使用对比手法,以旧衬新,愈显其新。

速写式风貌通讯常常只写一个场景,人、景、事交织在一起,是一幅简洁的素描式图画,记录的是场景的神韵,重在气氛渲染。

速写式风貌通讯相对来说更具文学气质。人们在谈论新闻报道的"散文化"时,常以它为例。"新闻向散文式方向发展"的问题,是在1982年1月穆青同新华社四川分社负责人谈话时提出的。穆青说,我们的新闻报道不应规格化,不应当为新闻报道设置清规戒律。我们要鼓励和支持记者捕捉社会生活中最重要、最生动、最活泼的新事物,鼓励和支持记者探索最能反映丰富多彩的社会生活的新闻形式。我们的时代,应当是新闻、速写、特写比较发达的时代。穆青自己所写的一些风貌通讯,其实就是"新闻向散文式方向发展"的代表作。一般而言,速写式风貌通讯时效性不强,实质是写景抒情,这很像散文的品格。虽然从整体上提倡"新闻向散文式方向发展"值得商榷,但我们不妨将速写式风貌通讯作为一块试验田,在这块试验田里,"向散文式方向发展"是大有作为的。

二、概貌式风貌通讯的写作

概貌式风貌通讯的写作,要注意以下两点。

(一)处理好点与面的结合,写出事物的全貌

概貌式风貌通讯总是以全景式的介绍来报道对象,但是"概貌"不等于高度概括和抽象化。概貌式风貌通讯要将"点"——反映报道对象特点的具体事物、精彩片段或侧面,与"面"——报道对象全貌结合起来,让读者既能了解报道对象的全貌,也能看到报道对象的细微之处,形成立体化的认识。

概括式的平面介绍是不能给读者留下什么印象的,这样的"概貌"势必是苍白的。只有抓住特征,才能将风貌写活,给读者留下深刻的印象。点面结合的手法,首先要求

作者用具体可感的生活画面,形象地表现事物的全貌,以增强报道对象的质感。如《黑河见闻》,描写俄罗斯商人到中国采购货物"速战速决"的场面。黑河这边繁忙的商品贸易,吸引着俄罗斯商人。报道中说:

> 靠近阿穆尔河岸边,我不时被扛着大背包的中国男女拦住去路,向我兜售商品,从男袜到蛇药膏,无所不有。
> "便宜卖给你,便宜卖给你……"一位女子拉住我,用不熟练的俄语说。转眼间,我便被一群小贩围住了。
> 我掏出钱包。在黑河,100卢布能买到任何东西,我不敢相信自己的眼睛和耳朵。如果讨价还价,还能更便宜些。这简直是共产主义!这曾是俄罗斯努力的目标,但最终没有建成,而中国将它变为了现实。

这段描写里,"大背包"里无所不有的商品、路上随处可闻的讨价还价声,构成了黑河商品经济繁华之貌,成了俄罗斯商人眼中的"共产主义"。

运用点面结合的手法,除了以"点"去具体地表现"面"外,还要在对"点"的描述中处处体现"面"的意识,即努力把读者的眼光从具体的事例引向更广袤的空间。

(二)通过对比展示事物的变化过程,重点放在"新"上

概貌式风貌通讯在表现"概貌"时,要突出一个"新"字,这是由报道的新闻性决定的。如何突出这个"新"字?如何展示过程?事物的变化总是相对而言的,通过新与旧的对比,就能衬托出事物的新貌,展示出变化的过程。

概貌式风貌通讯的对比通常是从多方面进行的,如场面状貌的对比、具体数字的对比、群众语言的对比、作者观感的对比等。在对比的两面中,旧的一面只起到陪衬作用,重点应突出新的面貌,运用新鲜有力、生动形象的材料勾画出新的"风貌图"。以第二十五届中国新闻奖一等奖作品《一水激活万水流——吉林省"河湖连通"工程走笔》为例。文章报道吉林省"河湖连通"工程改变了这里过去长期干旱、遇水泛滥的局面。治水后的嫩江之畔面貌一新。作者在盛赞今日的美景之后,情不自禁地想起了过去:

> 星罗棋布在八百里瀚海的数百个天然湖泊沼泽,向我们述说着这里过去独特的生态系统:丰水期,地表水蓄满湖泊泡沼;枯水期,地下水默默滋养大地农田。河与湖之间循环连通,天与地之间循环反复,年复一年,生生不息。
> 深秋的莫莫格,眼前的美景似乎在证明着生态"回归"。成千上万的白鹤、天鹅、大雁、野鸭在天空翱翔,在水波中踱步,在苇海间穿行……
> 向南100多公里以外的向海,是另一番繁茂景象:湖上水鸟低飞,岸上黄榆静立,苇荡芦花飞扬……
> 这一派生机盎然,很难让人想到被誉为"吉林西部之肾"的向海和莫莫格

两大湿地,此前一度濒临枯萎的边缘。

"1998年洪水后,连年干旱,向海原有的22个湖泊泡沼多数干枯,湿地由3.6万公顷减少到3000多公顷,减少90%还多。"白城市水利局副局长张柏良说起历史非常痛惜。几年前,莫莫格湿地面积也一度缩小70%,水鸟由100多种减少至50多种。

西部是我省重要的生态屏障,而如今,常年干旱已让这里成为全省生态环境最脆弱的地区。

"从长春去白城,长春下雨,到农安变阴天,到白城就晴天。"这一描述真实地反映出我省西部的生态状况。

这种今昔对比在文章中处处可见,对比中自然而然地流露出对新的面貌的赞美:

"湿地又'活'了过来!"10月16日上午,在向海水库一场闸,从向海水库放出来的清水沿着幸福渠浩荡远去,它们的目的地兴隆水库此前曾经干涸了12年。通榆县委书记孙洪君手指幸福渠激动地说:"通榆县历来在白城最早,降雨最少。据观测,今年地下水位升高了1米左右,平均降水量现在已接近500毫米,没有'河湖连通'工程,这绝对不可想象。"

通过"河湖连通"工程,白城累计为向海、莫莫格补水6亿多立方米,恢复湿地近4万公顷。

新旧对比形成巨大的反差,引人思索,令人感叹。对比衬托突出了一个"新"字,同时也道出了一个"变"字。在概貌式风貌通讯中,"变"与"新"是彼此联系的,写好了"变",实际上就突出了"新"。再如1991年9月5日《人民日报》发表的文章《变化就在你的身边——从衣食住行看中国》,围绕衣食住行这人类生活的四大要素,对新中国成立42年以来特别是改革开放十多年来发生的变化作报道,其中作者精心安排的一组组对比,有力地说明了中国人在衣食住行上的巨大变化。如"衣"的变化:

只要大家稍作回顾,少男少女身着牛仔裤招摇过市而引起行人侧目,大红大紫与蓝灰黑显得格格不入的记忆似乎并不遥远。如今,你走在大街上,西装、T恤、套裙、牛仔系列、超短裙、风衣,长短交叉,千姿百态,赤橙青绿黄蓝紫,色彩缤纷,活脱一个时装博览会……

又如"吃"的变化:

先看看早餐变奏曲。十几年前,或许你还是稀饭、馒头加咸菜,条件好一点的是豆浆加油条。近些年来,牛奶、鸡蛋、面包已不鲜见。在一些经济发达的地区,高兴了,还可以和朋友家人去饭馆喝"早茶"。

对比就是摆事实,见变化。这些发生在我们身边的变化并不是突然发生的,而是不声不响有时甚至是令人难以觉察的。如果不通过新旧的对比,人们难以有如此强烈的感受。

以对比衬托来表现事物的新变化还要注意一点:应当抓住富有特征的变化,以一当十地揭示全局的变化。如第十三届中国新闻奖获奖作品《壮丽的发展诗篇——从数字看上海巨变》。通过数据反映上海巨变,但又不是简单地罗列数据。作者抓住了一些最有表现力的数据,以一斑窥全豹展示巨变。如关于绿化面积的数据,报道说:"过去,人们在形容上海缺乏绿化时惯常的比喻是,每个人拥有的绿地还没有一张报纸大(1989年市区人均公共绿地面积为0.96平方米),而到2001年年底,上海每个市民已拥有5.56平方米的绿地,相当于一个小房间的面积。赏心悦目的大型绿地、温馨雅致的小区绿地,已经成为上海人的休闲好去处。"这一数据足以表明"上海整个城市生态环境的改变"。

三、速写式风貌通讯的写作

速写式风貌通讯画面简洁,不像概貌式风貌通讯那样注意画面的景深,画面蕴含较深的社会意义。速写式风貌通讯画面的背后,是作者丰富的情感。要写好这类报道,关键是处理好两个问题:情与景的交织,人、事、景的交织。

(一)情与景的交织

速写式风貌通讯描写某地风光景物,此时作者往往将饱满的激情寄寓其中,以此来感染读者。

王国维在《人间词话》中曾说过,"一切景语皆情语"。这虽然是对文学作品而言的,但对于新闻报道来讲,也同样适用。在速写式风貌通讯中,作者写景状物,首先是因为这些客观现象对作者的主观情感有了强烈的撼动,这些情感在行文过程中往往会情不自禁地喷发出来。当然,速写式风貌通讯不是抒情诗或抒情散文,它不以抒情为目的,但作者的情感完全可以交织于写景状物的字里行间,以间接的方式抒发出来,增强文章的表现力和感染力。

请看新华社记者写的《雨中西湖速写》:

> **新华社杭州7月3日电** 接连3天连绵不断的雨,使得整个西湖处于一片迷蒙之中,远处群山则因蒸腾的水雾笼罩而显得隐隐约约。
>
> 从前天开始,杭州地区普降大雨,西湖水位随之急剧上升。西湖水域管理处主任王柏荣告诉记者,西湖出现了最近12年水位最高处,达到黄海标高7.69米,远超平时的7.23米。
>
> 白堤和断桥一带较浅的堤岸已被水淹没。许多石板双人靠椅的椅脚立在水中,只露出个椅面。

与往日热闹的场景相比，今天的西湖显得有点静谧。游人们多是些情侣，大多共打一把花伞，也有青年男女双双卷着裤脚在堤边漫步；断桥上一个小伙子正给姑娘留下以远处烟雨朦胧中的塔为背景的倩影。

　　奇怪的是，平湖秋月一处茶室的生意并不差，二三十人把6张桌子挤得满满的。人们一边嗑着瓜子，品着龙井茶，一边听着雨下在湖里的"唰唰"声。有一张桌子竟坐着5个黄发高鼻的外国人，或许他们也知道"晴湖不如雨湖"这一说。

　　平日有四五百只游船的西湖今天显得空空荡荡，只有两只小船在湖中晃晃悠悠。最令人遗憾的是，大雨淹了湖中心三潭印月、湖心亭、阮公墩三个小岛差不多三分之一的面积。负责西湖水域安全的王柏荣说，为确保游人安全，这两天三小岛暂停游览。因湖水暴涨而关闭三岛40多年来还是第一次。

这篇速写写的是雨中之西湖。虽然水位高涨淹没了西湖的部分堤岸，但西湖素有"晴湖不如雨湖"之说，雨中西湖更显幽娴、朦胧。这样一个题材，换一个人来报道，可能处理成突出"何事"，即西湖三小岛因湖水暴涨而关闭，这是40多年来第一次。但作者不是这么处理的，他淡化了"何事"，将它置于篇末。他用休闲的笔调，写西湖的静谧与安详。游人们嗑着瓜子，品着龙井，听着雨声。在普降大雨、水位猛涨的情况下，问君何以得闲适？难道不是因为西湖景区管理得当吗？更深层地说，这难道不是一种国泰民安的表现吗？作者在从容的笔墨中，实际上表达了对国家治理、人们生活、祖国河山等多方面的赞美之情，虽未着一字，却尽得风流。

　　(二) 人、事、景的交织

　　速写式风貌通讯虽以景物为中心，但离不开人、事这些元素，特别是写社会环境时更是如此。可以说，人、事是赋予风貌通讯社会意义的重要元素。请看第二十七届中国新闻奖一等奖作品《别了，白家庄矿》中的一段描写：

　　　　在二号井副井处，青灰色的墙体、巷道口两旁的说明牌、井口右侧的检身房……每一处缝隙里都嵌着黑色的煤屑，无声地诉说着这些年的辛劳和付出。

　　　　"以前，这里坐人的小车一辆接着一辆。现在，拆得就剩下这一个铁杆了。"站在井口，顺着老矿工祁彬茂手指着的方向望去，是黑黢黢的巷道，深不见底。巷道宽7米多，上有钢梁，下有轨道。曾经，采煤工人坐车沿着巷道斜面向下700多米，再步行前往各个作业面，那里纵横交错，是黑色的煤的世界。

　　　　站在坑口，有风从巷道深处劲烈吹来，带着历史的呼啸，涌向外面的广阔天地。

　　　　别了，白家庄矿。

这段文字既有画面现场感,又有历史纵深感,既有对过去的怀念,又有对新生活的向往,完全可视为一幅象征性很强的图画,寓意深刻。

　　速写式风貌通讯中人、事、景的交织,应和谐地制造出一种气氛,让读者受气氛感染,仿佛置身于报道所描绘的情景之中。穆青的许多速写式风貌通讯都是这方面的范例。如《狂欢之夜——长沙市民欢迎解放军入城速写》中这样写道:"当下午八时解放军渡过浏阳河缓缓地向灯火辉煌的市区开进时,到处响起'来了,来了!'的欢呼声,广播台更高声播出:'我们的队伍来了! 我们的亲人来了!!'接着,人民解放军嘹亮的军号就传过来,人群中鞭炮声、锣鼓声、口号声、欢呼声,立即响成了一片。人群像一阵急风骤浪一样,拼命地向前拥挤着。男女老少大家都手拉手地扭起来、唱起来。许多老太太被挤得东倒西歪,仍一直欢笑着不肯退出去,一定要看看自己的军队。"这种人、事、景全方位的描写,给人视觉、听觉极强的冲击力,仿佛自己就是庆祝队伍中的一员。

思考题

1. 通讯与消息有何不同?
2. 事物的变化过程有何独特的认识意义?
3. 为什么说对于通讯而言,细节具有特殊的意义?
4. 常见的通讯结构方式有哪些?
5. 两类人物通讯在写法上有何区别?
6. 如何才能写好事件通讯?
7. 如何才能写好风貌通讯?

第八章　深度报道写作

- **本章要点：**
  1. 深度报道重在挖掘事实的前因后果与内在联系，重在写"为何"。
  2. 解释性报道重在解释事实形成的原因，主要指向"前因"。
  3. 分析性报道重在分析事实的走向，主要指向"后果"。
  4. 调查性报道以调查研究为手段，重在揭露。西方称为"揭丑报道"。

深度报道是新闻写作中最具现代气息的后起之秀。它的崛起，不但增加了新闻报道文体的品种，也大大丰富了新闻媒体报道生活的手段，故深受记者、读者的喜爱。美国高等学校新闻专业的教材把深度报道作为高级报道业务。

《经济日报》原总编辑、著名记者艾丰说："记者有三个任务，第一个是报道，第二个是解释，第三个是预测。"可以说，这三个任务只有在深度报道中才能体现得最为完整。

第一节　深度报道概说

一、深度报道的内涵

深度报道之"深"体现在它要"以今日的事态核对昨日的背景，从而说出明日的意义来"。也就是说，它不停留在事件的表层，而是要透过客观事实的肌理，通过调查分析去梳理和剖析其脉络，从而解释其内涵和意义，挖掘"新闻背后的新闻"，揭示其本质。媒体对"非典事件"、西安"宝马彩票案"的报道如是，对安徽"阜阳毒奶事件"、深圳"富士康跳楼事件"的报道亦如是。从这个意义上讲，"深挖"也是为了"拓广"。正如美国哈钦斯委员会的报告《一个自由而负责任的新闻界》中所说："所谓深度报道，就是围绕社会发展的现实问题，把新闻事件呈现在一种可以表现真正意义的脉络中。"即深度报道不但要对社会现象和问题进行深层分析和解释，还要对社会现实具有一定的指导意义。唯其如此，才能体现深度报道真正的价值。

学界就深度报道究竟是一种报道文体还是一种报道方式一直存有争议。因此,对深度报道的文体划分也有所不同。如有学者就将解释性新闻、调查性新闻、预测性新闻与连续报道、系列报道、组合报道放在一起,不作区分。① 还有学者将深度报道划分为两类:单项类深度报道和集合类深度报道。单项类深度报道包括分析性新闻、解释性新闻、开拓性新闻、精确性新闻、调查性新闻、预测性新闻等,集合类深度报道包括立体综合式报道、连续报道、系列报道、组合报道、问题讨论报道等。②

实际上,深度报道有广义和狭义之分。广义的深度报道包括所有追踪事件的来龙去脉、刨根究底地回答"How"和"Why"的新闻报道;而狭义的深度报道以"Why"为中心,即主要以解释"为何"为旨趣,以解释性报道、分析性报道、调查性报道为代表。

解释性报道既可重在提供背景来作"解释",也可用思辨议论来完成"解释",具体可以分为背景式解释报道和述评式解释报道两大类。

分析性报道由已知分析未知,探索事实发展"将会如何"。有一种是直接预测结果的,可称为预测结果式报道;还有一种只是大致分析事实发展的趋势走向,可称为分析走向式报道。分析性报道因为其主要功能在预测,故也称为"预测性报道"。

调查性报道是一种深入探究事实成因的报道。按报道对象可分为事件型调查报道与问题型调查报道两种。前者着重对某一具体事件作深入调查分析,后者则着力剖析某种社会现象、某些现实问题,寻找解决问题的途径。

二、深度报道的特征

深度报道之所以广泛地受到记者和读者的欢迎,原因在于它具有一些不可替代的特性。

(一)它是报纸新闻同广播、电视、网络新闻相抗衡的主要报道形式

在众多新闻媒体中,报纸是最早的一种。但由于电子技术的发展,现代传播媒体广播、电视、网络的出现,使得报纸一统天下的局面被打破,并且面临着愈来愈严峻的挑战。的确,以往报纸在传播新闻时所追求的"新、快、实",广播、电视和网络可以轻而易举地做到。通过电波的发射,广播可以让受众真实地感受到现场的音响,而电视更是从视觉和听觉两方面双管齐下,立体地传播可视可感的新闻信息。网络对于信息的传播,更是有着传统媒体不可比拟的优势。同时,比起报纸来,这些媒体传递信息的速度不知要快多少倍。所以,以往报纸拥有的那些优势,在广播电视特别是网络的挑战之下变成了劣势。"此时,记者只是简单地叙述发生了'什么'事实,只是简单地交代传统报道中的5个W已不合时宜,而'为什么'的问题突然成为新闻报道中最重要的事

---

① 巨浪. 新编新闻写作[M]. 杭州:浙江大学出版社,2005.
② 程世寿. 现代新闻写作学[M]. 北京:新华出版社,1992.

项。在电子时代,新闻报道中需要意义和背景,而提供这些内容的工作便获得一个特别的称谓:解释(interpretation)。"①

概括地说,报纸的新闻报道与广播、电视、网络等媒体的新闻报道抗衡可以从两方面进行。一是吸取广播、电视、网络新闻的优点,从"实"字上做文章。"视觉新闻"即是如此。它以文字的描绘努力造成读者"可视"的感觉。二是挖掘自身的优势,向"深、广、快"方向发展,这就是走深度报道的路子。比较而言,后者显得更有竞争力。广播、电视、网络虽然速度快、时效性强,但难以对纷繁复杂、变化无穷的新闻事件的发生、发展过程作出全面的反映,更难以将新闻事实的本质直接通过画面或音响揭示出来。比如微博传播,它受140字的容量限制,信息是碎片化的。而对于报纸来说,它可以系统、全面、深入地报道新闻事实。在事实发生之前,可发预测性报道;在事实发展过程中,可发解释性报道、连续报道等;在事实发生之后,还可发新闻综述、新闻评论等。这样,新闻事实的来龙去脉、前因后果、内在实质和外部联系以及意义影响、发展趋势等都可说清楚。

(二)它满足了读者对新闻信息多层次的需求,拓宽了新闻报道的功能

在信息传播高度发达的今天,人们对于新闻的需求有时候已经不再止于"发生了什么"这样表层的报道,而是想更深入地了解新闻事实的发生"意味着什么"。这正是新闻继客观报道后又出现深度报道的原因。

深度报道的长处在于通过系统地提供新闻事实的背景,以此作出客观的解释和分析,延伸和拓宽新闻领域。它既适用于事件性新闻报道,又适用于非事件性新闻报道;既能分析预测即将出现的新闻事实,又能通过调查统计将那些到处分布而人们往往无法直接观察到的新闻事实呈现在读者面前。正是因为它拓宽了新闻报道的领域,所以有人认为传统的关于新闻即新近发生的事实的报道这一定义恐怕要作相应的修改。

(三)它将事与理有机地结合起来,深入挖掘新闻事实的意义

深度报道的长处在于事理结合、融理于事,不仅告诉人们新近发生了什么事实,还告诉人们"新闻的发生意味着什么",以起到教化启迪的作用。

深度报道的事理结合,不像述评新闻那样采取叙议结合的手法。深度报道的"理",是通过大量的背景材料"说"出来的,遵循"用事实说话"的报道要求。正如日本学者武市英雄在《日美新闻史话》中所言,由客观报道发展而来的深度报道不是"主观报道方式",而是一种新的报道方式。这种以事携理的方式,更能起到"润物细无声"的教化作用。

---

① 福克斯.新闻写作——报刊记者指南[M].李彬,译.北京:新华出版社,1999:14.

第二节 解释性报道

按解释方式的不同,解释性报道可以分为背景式解释报道与述评式解释报道两类。

一、背景式解释报道

背景式解释报道,是典型的西方式的解释性报道文体。美国新闻学者麦尔文·曼切尔将新闻报道分为三个层次:第一层报道是客观的报道。它严格地按事实的本来面貌作记录式的报道。第二层报道是记者发挥主观能动性,核实材料、增补材料,特别是寻找发现读者想要了解的细节。第三层报道的旨趣就是"阐明和解释"。"人们并不仅仅满足于知道发生了什么,他们还想知道这些事为什么发生,它们意味着什么,结果又是什么……当这个报道是重要的,并且这些材料是能够挖掘出来的时候,那么记者应该毫不犹豫地开采这第三层。"①

另一位美国新闻学教授卡尔·林兹特诺姆说:"所谓解释性报道,就是在报道新闻事件中补充新的事实,即'历史性的、环境性的、简历性的、数据性的、反应性的'事实,这样就能使正在发生的新闻事件更加明白易懂。"

这些见解,是对背景式解释性报道恰如其分的描述。

(一)背景式解释报道的特点

所谓背景式解释报道,是指其"解释"主要是靠提供背景材料来完成的。它的特点是:

1. 对新闻事实以解释为目的,而不是以报道为目的

这一点是解释性报道与一般新闻报道最根本的区别,也是解释性报道的价值所在。美国西北大学新闻学院教授柯蒂斯·麦克杜格尔指出:"新闻必须解释的问题是第一次世界大战时提出的。那次战争爆发时,世人多数为之震惊——事实上是目瞪口呆。他们对战争的根源感到茫然。"正是因为解释性报道能道出新闻事实产生的"根源",为读者提供"新闻背后的新闻",所以一直大受欢迎。美国学者约翰·赫亨伯说:"提供新闻、学识、消遣,都是报纸的正当功能。此外,还要加上一个解释的因素。这个因素对于今天的报纸具有前所未有的重要性。"②目前,新闻界已基本上达成共识,即将解释性报道作为报纸媒体与广播、电视、网络媒体相抗衡的重要手段。

---

① 曼切尔. 新闻报道与写作[M]. 艾丰,张争,明安香,等译. 北京:广播出版社,1981:144-163.
② 复旦大学. 外国新闻事业资料[Z]. 1979(4).

在我国,这种以解释为目的的新闻形式也愈来愈受到读者的欢迎,成了报道新闻中常见的品种。

2. 在新闻六要素的处理上,它侧重于"为何"这一要素

无论是一般的新闻,还是解释性报道,都离不开新闻六要素。但是,解释性报道在处理六要素时,侧重点与一般的新闻迥然不同。在一般的新闻报道中,最突出的是"何事",其他要素往往处于从属地位;在一些快讯、简讯中,"为何""如何"等因素甚至可以省略。而解释性报道则不同,它抓住"为何"这一要素进行详尽透彻的解说,尽可能地扩大读者的视野,从更深、更广的范围去认识新闻事实,让读者不仅知其然,还知其所以然。正如美国资深报人马克·埃思里奇所说:"在当今异常复杂的世界中,解释性报道是一种有用的工具。孤立的、与其他事物不相关的事实,仅仅因为是事实而给人以印象,其实最容易使人误入歧途。背景材料、周围环境、先前发生的事件、动机的形成,都是真正的、基本的新闻组成部分。"

3. 大量地使用背景材料来完成"解释"的任务

解释性报道对新闻事实的"解释",是靠提供新闻背景、内幕材料来实现的。很多新闻学家直截了当地在解释与新闻背景之间画上等号。他们认为,"解释,就是提供新闻的背景知识,就是新闻报道的深入化",所以解释性报道就是"一种加入背景,揭示新闻更深一层意义的报道"[①]。

和一般的新闻比较,解释性报道在使用背景材料上有两点不同:一是侧重点不同,二是容量不同。就侧重点而言,一般新闻报道中的背景材料侧重于补充和说明,而解释性报道中的背景材料偏重于揭示和解惑。如1991年埃塞俄比亚领导人门格斯图乘飞机出逃,一般的报道介绍他自1974年推翻皇帝后,一直担任后来成立的埃塞俄比亚工人党的总书记这一背景就足够了。而路透社1991年5月20日的解释性报道《门格斯图是苏政策又一牺牲品》,用大量的背景材料解释他出逃的原因:戈尔巴乔夫的"新思维"削弱了这个党同苏联的联系;克里姆林宫因财力枯竭,不能再以优厚的条件、提供武器的做法来支持仆从国的战争了,如果他们需要苏联武器的话,必须用硬通货来购买;门格斯图正在与游击队进行着一场旷日持久、取胜无望的战争;由于东德政权的垮台,原打算从那里得到200辆坦克的计划也随之落空。如此等等,深刻地揭示了门格斯图出逃的原因。

解释性报道中的背景材料数量多、容量大,远非一般新闻报道所能比拟。一般新闻报道为了防止喧宾夺主,往往尽可能地限制背景材料。因为背景材料过多,可能造成绿叶掩盖红花之弊,所以需要注意做"掐叶打枝"的工作。而解释性报道以恰当地运用背景材料见长,背景材料在整个报道中具有举足轻重的意义。像《门格斯图

---

① 海敦. 怎样当好新闻记者[M]. 伍任,译. 北京:新华出版社,1980:211.

是苏政策又一牺牲品》,对基本事实门格斯图出逃只作了概括式的交代,其他大量篇幅都是关于出逃事实的背景材料,去掉这些材料就不能称其为解释性报道了。

(二)背景式解释报道的写作

背景式解释报道的写作,要注意以下几点:

1. 遵循"用事实说话"的原则,用背景材料来解释新闻事实

背景式解释报道的写作关键在于掌握好解释的技巧问题,而解释的技巧就是如何用事实说话,特别要注意不能用议论代替解释。在西方新闻学家的眼里,下面这句话就是一个明显发议论的例子:"目光短浅的市政厅拒绝在瓦茵街和培佑街安装路灯,致使五人丧失生命。"因为这句话中含有主观判断,这样的语言就不宜作"解释"用。新闻应该这样报道:先写事实,五人因没有路灯而死于车祸,然后引用某个交通警察的话说应在十字路口安装路灯,还可以引用某公路官员的话,指出其部门曾要求安装路灯,但是遭到市政厅的拒绝。为了公正起见,报道应该弄清楚市政厅为什么拒绝安装路灯。美国《纽约时报》已退休的星期日版主编莱斯特·马克尔指出,是解释还是议论,这是不难区别的。他举了一个例子:史密斯辞去市政府职务——事实;他为什么辞职——解释;他是否早就该辞职——议论。在解释性报道中,那些带有主观色彩的议论是不允许的。

离开客观事实,脱离背景材料,只凭主观猜测而下判断、发议论,这样的解释是极不可靠的,容易失真。美国新闻学者麦尔文·曼切尔在《新闻报道与写作》一书中说,在1960年的联合国大会上,当秘书长发表一项声明时,苏联代表团团长、苏联部长会议主席赫鲁晓夫微笑着,同时拼命地敲桌子。这一矛盾的举止意味着什么? 当时,有些记者在没弄清人家意图的情况下就乱加推断。有的说赫鲁晓夫当时"气得脸发青,并且敲桌子大发雷霆";有的说赫鲁晓夫的脸"是喜洋洋的",敲桌子"表现他(对联合国秘书长)的个人友好"。事实证明,这些解释都是无稽之谈。赫鲁晓夫事后说,他只是想表明,他不赞成秘书长的声明,仅此而已,别无他意。①

可见,解释性报道虽然是阐释新闻发生的原因,但同样必须用事实说话,通过背景材料的安排来揭示"新闻背后的新闻"。

2. 扩大视野,在广泛的背景下解释新闻发生的原因

新闻事实与一般事实存在着千丝万缕的联系,如果把新闻事实同一般事实联系起来考察,便可以清楚地从事物之间的联系看到新闻事实所具有的特殊意义,这是一种横向的联系。同时,新闻事实是"果",一个结果往往是由多种原因导致的,有直接原因、间接原因,表层原因、深层原因等。解释性报道要清楚地解释新闻事实为何发生,

---

① 曼切尔. 新闻报道与写作[M]. 艾丰,张争,明安香,等译. 北京:广播出版社,1981:165-166.

就少不了从多方面进行纵向的挖掘。

随着认识水平的提高,人们越来越多地意识到世界上的万事万物是互相影响、互相制约的。西方著名的"蝴蝶效应"理论——"今天在北京有一只蝴蝶扇动翅膀,可能改变下个月在纽约的风暴"向人们揭示:一个新闻事实的背后,有着深远的背景可以挖掘。正如西方一首民谣所唱:"钉子缺,蹄铁卸;蹄铁卸,战马蹶;战马蹶,骑士绝;骑士绝,战事折;战事折,国家灭。"①可见,以一个更大的背景为参照,人们对新闻事实的认识就会更加接近本质。

下面这条背景式解释报道在这方面很有特色:

美国黑人寿命连续缩短
一些官员认为是里根经济政策所致

《华盛顿邮报》12月15日报道 据美国健康状况统计中心的一项报告,20世纪美国黑人寿命首次连续两年下降,而白人的寿命却不断增加。

该中心死亡率统计所主任亨利·罗森堡说:"问题很严重。如果找找原因,那就是凶杀和交通事故。"罗森堡说,最近,白人和黑人青年凶杀事件大增。但是,黑人遭受的打击更惨。1985年和1986年针对黑人青年的凶杀事件增加15%,而针对白人青年的只增加5%。这两年,汽车交通事故对黑人和白人造成的死亡情况也不同,黑人死于车祸的增加8%,白人只增加4%。

黑人近几年死于艾滋病和其他传染病如肺炎和肺结核病的人数也多于白人。

一些官员把这些问题部分归咎于里根政府的经济政策。他们说,里根的经济政策导致无家可归者增加,给穷人的援助和保健费用减少。

美国健康状况统计中心的报告说,到1984年白人的估计寿命增加到75.4岁,而黑人的估计寿命1985年降到69.5岁,1986年又降到69.4岁。

记者将凶杀案、交通事故、艾滋病患者人数、黑人和白人的寿命差距等几个方面的情况集中起来,从里根的经济政策上寻找原因,从而让读者豁然开朗。

3. 引用专家权威的见解,增强解释的说服力

专家权威的意见在新闻传播中具有很强的说服力,比起记者用自己的话解释,它不仅因为来自第三者,符合客观手法,更在于读者对专家权威的认同,在心理上首先就产生了可接受性。李良荣先生说:"在解释性报道中几乎极少有不引述权威人士观点的例子。在解释性报道中引述权威人士的观点成为写作的要义,尤其在新闻写到关键

---

① 格莱克. 混沌——开创新科学[M]. 张淑誉,译. 上海:上海译文出版社,1990:24.

处,常常以引述权威人士的发言作为结论,成画龙点睛之笔。"①

请看下面这条报道:

印度发生毒气事件有某种必然性
发展中国家因急于工业化而降低安全标准

英国《泰晤士报》12月8日　在印度博帕尔发生灾难之后,不管世界上多国的化学工业如何申明自己是无罪的,但仍有许多环境问题专家认为,这种灾难是有某种必然性的。

一些化学公司否认人们对它们进行的谴责:它们采用双重标准——存心利用发展中国家不太严格的安全规定,在发展中国家建立西方不能接受的带有危险性的工厂。

一些环境问题专家的确对此发出过警告。李·塔尔博特博士说,由于发展中国家迫切希望实现工业化,它们"常常迫使跨国公司降低自己的标准"。有些跨国公司对此进行了抵制,有些则发现,要这样做很困难——尤其是在当前世界化学工业处于萧条的情况下。塔尔博特曾经担任国际自然与自然资源保护联合会的总干事,现在是设在华盛顿的国际资源研究所的一名研究员。

塔尔博特博士还指出,在人才培养方面存在的问题使这些危险增加。博帕尔必须对当地的管理人员和操作人员进行训练(在博帕尔,没有外籍工人),还必须对不识字的工作人员进行一些基本技术——例如如何关闭阀门和插销——的训练。如果这些工作人员是文盲,必须让他们通过符号来掌握这些基本技术。

联合国环境规划署的副执行主任彼得·塔彻说,急于工业化将导致工厂"缺乏质量管理"。由于发展中国家的许多大型化工厂同在博帕尔的联合碳化物公司一样都是由国有企业和私人企业合资经营的,这一状况就更为严重。塔彻说:"发展中国家的所有政府都是在强烈的诱惑下工作的,随着债务的增加,这种诱惑力与日俱增。"

他说,发展中国家的环境污染程度现在越来越严重,而西方国家的环境污染程度却在减轻,这不可能只是一种巧合。

一些机构正努力在更大的范围里强调这些同样的问题。联合国环境规划署上月在法国凡尔赛举行了一次有关工业和环境问题的会议。这次会议主要强调,要把提供有关工业污染的情报作为技术转让的一部分。

---

① 李良荣.西方新闻事业概论[M].上海:复旦大学出版社,1997:129-130.

发展中国家强调，它们需要建立一个国际性的资料基地，使人们能够就设计和安全规定作出有根据的决定。但是，正如英国环境事务部的一位主要科学家、联合国环境规划署管理委员会的前主席马丁·霍尔盖特博士指出的那样："许多发展中国家都发现自己现在处于一种进退维谷的境地。它们不愿进口社会和环境方面的危险，但是那里的人民却想得到收入和工作。"

文中提到的出现毒气事件的几个原因，如跨国公司采取双重标准、管理和操作人员培训问题、质量管理问题等，都引用了权威人士的见解，比起记者自己来解释，说服力要强得多。

4. 把握好解释的尺度，既要解惑答疑，又要考虑到读者的接受能力，力避烦琐唠叨

解释的任务说到底就是让读者知道更深一层的内幕，理解事实更深一层的内涵。为了达到这一目的，首先就要求解释必须通俗化。通俗化是一种表达方式，化复杂深奥为明白易懂。1985年，日本《朝日新闻》曾开展一个"通俗化运动"，由局、部负责人及编辑委员、著名记者组成专门班子负责研究新闻写作的通俗化问题。这个班子认为通俗化的途径很多，而运用背景材料，对事实加以分析、解释，是一个重要方法，是更高层次的通俗化。它使新闻事件的内在原因和深层意义显现出来，其意义远远超出文字的通俗化。

对事实比较单一、意义不言自明的题材，只需写成一般消息，把事实交代清楚就行，不宜画蛇添足，敷衍成解释性报道。所以，解释什么，不解释什么，用什么方式解释，解释到什么程度，都要视题材而定。那些复杂的事实，包括带有普遍性、倾向性、与国家和人民群众的利益密切相关的重大事件和疑难问题，其症结和意义隐藏在表面现象的背后。对这样的事实不进行必要的解释，读者便无法了解其作用和意义，甚至还会对事实本身感到困惑不解，产生误解。这些题材通常是：由党和国家制定的，且又需要向人民群众作解释的某项方针、政策和措施；突然发生的较大的政治、军事、经济等方面的事件；比较重大的科学技术成果；涉及广大人民群众切身利益的重大问题，等等。

要写好背景式解释报道，还要求记者有敏锐独到的眼光、丰富渊博的知识、公正诚实的品德修养等，只有这样，记者对事实的解释才有可能是准确的、真实的。

请看2010年10月18日《参考消息》上刊登的一则背景式解释报道：

日本为何急于冲击"武器出口三原则"

作为日本身为和平国家的证据，"武器出口三原则"长年扎根在日本国民的心底。然而近年来，日本国内不时出现修改"武器出口三原则"的声音。尽

管日本一再声称"坚持武器出口三原则",但是不可否认,这一原则不断松动。

日本防卫大臣北泽俊美10日在越南称,受现行的"武器出口三原则"限制,日本难以在下一代战斗机等项目中参与国际合作研制工作,在军工领域日趋落后。为此,他有意修改这一原则,"基于和平国家的理念,提出符合时代需要的'新武器出口三原则',并向美国方面说明其设想"。次日上午,美国国防部长盖茨在与北泽俊美的会谈中表示,美国支持日本的武器出口。

尽管如此,北泽能否成功修改"武器出口三原则"还是一个未知数。盖茨在支持日本武器出口的同时,还有其他要求:日本政府切实落实和加快解决好驻冲绳普天间基地的搬迁问题。此外,北泽必须回国后在内阁中进行协调工作,以达成统一见解。而今年年中,日本首相菅直人在国会答辩时曾表示日本将坚持"武器出口三原则"。

修改"三原则"呼声不断

北泽并非首次提出修改"武器出口三原则",今年1月北泽就曾发表言论,称应考虑修改"武器出口三原则",希望内阁予以讨论。不过,此言一出,即遭到时任首相鸠山由纪夫和联合执政的社民党党首福岛瑞穗的严词批评。《朝日新闻》报道,鸠山由纪夫直言"北泽的言论过于轻率",并重申,"一定要遵守'武器出口三原则',这是日本作为和平国家长期以来的姿态"。福岛瑞穗态度更加强硬,她明确表达了自己的不满:"简直难以理喻!表示强烈抗议!"

日本"武器出口三原则"于1967年佐藤内阁时期面世,指日本不向社会主义国家、联合国决议禁止的国家、冲突当事国出口武器。1976年三木内阁时期,"武器出口三原则"范围扩大至"其他国家",实际上意味着日本全面禁止武器出口。到1983年,日本政府决定只把对美国的武器技术出口当作"例外"处理。自此,随着业界呼声不断加强,关于修改"武器出口三原则"的意见开始冒头,"武器出口三原则"不断松动。

2004年,日本政府决定把与美国共同开发生产的导弹防御系统作为例外,同时关于为支持反恐和反海盗而出口武器也"根据个案进行研究得出结论",进一步打开了武器出口的门缝。

2007年,日本将三艘由日本生产的巡逻舰交付给印尼方面。这是日本第一次以政府开发援助的形式向外界提供武器。外界认为,日本向印尼提供海上舰艇,有借政府开发援助突破"武器出口三原则"的意图,同时兼有对马六甲海峡等战略通道施加影响的现实考虑。

2009年8月,日本政府设置的咨询机构"安全保障与防卫力量恳谈会"向时任首相麻生太郎提交了关于制订2010—2014年度新《防卫计划大纲》的报告,要求政府修改关于禁止行使"集体自卫权"的宪法解释、修改禁止武出口的"武器出口三原则",并建议巩固日美同盟和加强日本自身的防卫力量。

据日本媒体报道,美国国防部部长盖茨也曾要求日本向第三国出口东京和华盛顿联合开发的某种新型舰载拦截导弹。盖茨的这一要求可能导致日本数十年来的武器出口禁令进一步放松,并引发执政的日本民主党及联合执政的社民党内和平主义人士的反对声浪。

今年7月,日本经济团体联合会曾提交报告,要求修改"武器出口三原则"。经团联说,防卫省的新合同金额从20年前的约1.07万亿日元下降到本年度的约6800亿日元,防卫产业严重衰退,长此以往殃及日本防卫技术发展。随着武器装备高端化和研发费用上升,多国间的共同开发日益普遍,"武器出口三原则"阻碍了日本参与这一国际潮流。

冲击"三原则"为了什么

冷战结束尤其是进入21世纪以来,在日本政治大国化路线和国际形势变化的推动下,日本某些人士急切推动安全防卫领域的调整和变革,引发了国际社会的高度关注。清华大学日本问题专家刘江永教授认为,日本急于放宽"武器出口三原则",主要原因不外乎三个。

首先,经济原因。日本的军工产业亦军亦民,大多集中在一些如三菱重工、川崎重工这样的大企业。企业通过接受防卫厅招标项目的形式生产军事装备。近年来,日本军工企业经济不景气,政府需要更多的资金来维持军工产业的运营。而如果允许日本与除美国以外的第三国合作研制武器,需要巨额经费的武器开发可由日本与盟国分担,而且共同开发出来的武器零部件可以向第三国出口。这一减一增,便带来巨大的经济利益。

其次,技术原因。通过与欧美等国家的共同开发、技术合作,可以提高日本的军事技术与制造能力,保持日本在军事方面的国际竞争力。

最后,战略原因。通过修改"武器出口三原则",日本可以向其需要出口武器的国家出口,并限制向其他国家出口武器,从而协助其在政策战略上的调整,提高其战略地位,维护其战略利益。

对于二战后一直坚持和平宪法的日本来说,"武器出口三原则"是日本外交的有力支撑,是日本在世界上引以为荣的原则。修改"武器出口三原则"虽然可以开辟日本参与国际军备合作的道路,但也带来了日本军备流入国际冲突当事国等现实问题,一旦滥用就难以遏制。

当然,这只是北泽的个人意见,首相和内阁还没有统一的方针。对于竞选成功不久的菅直人来说,这是一个不可轻视的难题,不知他是否还会坚持今年8月的态度。

这一报道用了一段背景材料解释何为"武器出口三原则",并对提出修改"武器出口三原则"的背景作了详细交代,然后分别从"经济""技术""战略"三个方面作了解释,条理十分清晰。将这些内容联系起来看,读者可以很轻松地理解这一事实的深层原因。

二、述评式解释报道

述评式解释报道与背景式解释报道的写作重心都在"为何"上,但解释的方式却不尽相同。背景式解释报道受西方客观报道思想根深蒂固的影响,重视用事实本身蕴涵的意义来解释,即通过大量的背景材料(另一些事实)来揭示意义。美国报人罗斯科·德拉蒙德曾说:"背景式解释性报道就是把今天的事件置于昨天的背景之下,从而揭示它对明天的含义。"对于什么是解释、什么是议论区分得很清楚。而述评式解释报道并不排斥议论,相反,它较多地依赖议论等表达方式来完成解释,思辨色彩比较浓。

(一)述评式解释报道的特点

述评式解释报道的特点,顾名思义,主要体现在"述评"二字上。可以从以下三个方面来分析:

1. 从内容上看,述评式解释报道以议论见长,思辨色彩较浓

述评式解释报道以解释为旨趣,但它的解释方式是边述边评,重点在评。请看2019年6月7日《参考消息》上刊登的报道《中国为何不会重蹈日本覆辙?》:

> **俄罗斯《专家》周刊网** 华盛顿对华发动贸易战外加"技术胁迫",希望削弱中国经济,与它当年成功对付东京的做法如出一辙。
>
> 中国经济在很大程度上重现了日本20世纪80年代的辉煌。当时,日本正处于经济实力的顶端。日本的汽车及零部件、办公设备以及电器热销全球。当时日本对美出口大幅超过了美国供应日本的商品总额。全球民众都开始将日本视为在技术领域已赶超美国的全球翘楚。
>
> 作为美国的盟友小弟,日本的经济发展可谓风生水起,直至它开始对自己的庇护者构成威胁。为削减贸易逆差,美国在1985年迫使日本签署了《广场协议》,导致日本央行逐步陷入瘫痪。在此之后的数年里,决定日元汇率的不再是日本,而是美国。1990年东京股市崩盘,令日本深陷通货紧缩之中。20世纪90年代也成了日本"失去的十年"。
>
> 中国吸取了邻邦的教训,拥有一系列优势,不致重蹈日本的覆辙。
>
> 首先,人民币与当年的日元不同,它并未如前者那般深度融入全球金融体系当中。中国也不会轻易被国际金融义务所束缚,强加给日本的《广场协

议》不会重演。北京对华盛顿的依赖度不及当年的东京,因而能在平等基础上与美谈判,迈出独立步伐。

其次,中国拥有庞大的国内市场:近 14 亿消费者。尽管美国的施压来势汹汹,但中国市场对压力的应对可圈可点。中国政府正在大举培育国内需求及消费,希望全面建成小康社会。

最后,现如今中国经济的规模要比当年处于巅峰时期的日本雄厚得多。中国现在的出口规模远超日本 20 世纪 80 年代的水平。此外,中国将重点放在高科技产品方面。如今,在其出口中占据最大份额的是昂贵的高技术产品,包括播放设备、电脑、办公设备、集成电路、手机等。

报道先是对中日两国的情况作出比较,指出相同的地方,然后再说出中国不会重蹈日本覆辙的三点理由。有理有据,令人信服。

2.从题材上看,述评式解释报道喜欢关注热点话题,评述视野开阔

以第二十六届中国新闻奖获奖作品《十几年搬不掉一个"筹"字》为例。2015 年全国两会开幕前,有全国政协委员透露,2015 年两会将重点关注国家实验室建设中存在的虎头蛇尾问题。自 2000 年以来,我国先后有 15 个国家实验室进入筹建阶段,而十几年过去了,依然"筹"字难除。记者敏锐地感觉到这一主题的重大意义,立即展开调查。报道紧扣国家实验室筹建十几年迟迟未验收这一反常案例,既深刻揭示了导致科技创新链不畅的管理陈弊,又以小见大,从另一个侧面巧妙反映了包括国家实验室建设在内的诸多领域改革存在的因政策不连贯导致的"断头路"问题,发人深省。正如报道中全国政协委员、中国科学院软件研究所计算机科学国家重点实验室学术委员会主任林惠民所说:"一提起国家实验室建设,大家往往都会提到体制机制问题,而体制机制问题是体现在很多细节上的,如国家实验室的主管部门问题、人员的编制问题等。看似小问题,其实都是关乎实验室发展的大问题,这些问题解决好了,体制机制问题才能解决。"简政放权,疏通科技创新链上的"堵点",使科技成果顺利转化,是当下中国产业转型升级的关键所在。这篇报道敏锐捕捉到这一社会热点,巧妙地反映出制约国家创新驱动发展战略实施的突出问题,受到科技界、教育界和国务院发展研究中心等的高度关注。

3.从表述上来看,述评式解释报道中常常闪烁着作者理性的火花,流淌着真切的情感

述评式解释报道与一般的新闻评论不同,报道熔叙事与议论、描写与抒情为一炉,为新生事物鼓与呼,对社会问题充满忧虑,对社会弊端锐于批判。这些特点,只要我们打开作品,它们就会扑面而来。《光明日报》记者樊云芳等人写的《一个工程师出走的反思》,是刻意远离主观评说之作,号称是"中性报道",即记者在新闻中并不充当"法

官"和"教育者"的角色,而是提供全面的、翔实的事实,让读者去思考与判断。即使动机如此,但因为受整个写作风格的影响,记者也情不自禁地议论上几句:

> 一场深刻的社会变革,难免要出现一点偏差,或者有些疏漏,人们对此无须惊诧。随着改革浪涛的滚滚向前,疏漏会得到填补,偏差会被引上正确的轨道,人们将会学得更加聪明。本文之所以把这件事公之于众,旨在让广大读者都来思考,加以议论,从中悟出道理,总结教训,将艰巨而光明的改革事业推向前进!

(二)述评式解释报道的写作

述评式解释报道因其解释方式不同,写作上也表现出不同的特性。

1. 述评式解释报道兼报道与评论二者于一身

述评式解释报道往往以事实入题,通过对事实的评论来展开报道。并且,在报道与评论之间,它更偏向于对事实意义的阐述。通常是,事实的现象已为人们所知甚至为人们所习惯,但事实的本质尚待揭示和发掘。述评性解释报道就是由实入虚,对事实的意义作出评论。这就自然形成了浓郁的"解释"色彩。在消息写作中,述评式消息一类也是集报道与评论于一身,且以评论为主。述评式解释报道可以说是继承了这一传统。

2. "解释"主要靠议论完成,但议论必须建立在事实的基础上

述评式解释报道是通过夹述夹评来完成"解释"的,但要注意不能离开事实展开议论。这是新闻评论与述评的区别。前者以理服人,后者还得靠事实来说话。在以往的新闻报道实践中,过多地用议论而不是用事实来作解释,其负面效应已经引起了业内人士的注意。早在1988年全国好新闻学术讨论会上,专家对解释性报道中的述评问题就发表过重要意见。与会者提出:解释性报道的深度究竟是深在事实还是深在思辨?一些学者指出,解释性报道中的"重大问题经人民讨论"绝不能变成"记者的议论"。理性思辨作为一种新闻的"批判的武器",任何时候都不能代替新闻事实这种"武器的批判";那种"事实不够,议论来凑"的新闻作品,其思辨力量是贫乏和苍白的。[①]

优秀的述评式解释报道以议论见深度,但议论一定是建立在事实的基础上。请看2012年12月18日《参考消息》上刊载的《"末日"谣言何以在中国有市场》一文。

> 新加坡《联合早报》12月14日报道 中国微博上近日有两种蜡烛在传递。一是12月13日南京大屠杀75周年祭,网民响应号召贴上蜡烛图案,在网上传递悼念;二是12月21日世界末日的"玛雅预言"疯传,不少人相信地球将

---

① 时统宇.深度报道范文评析[M].北京:新华出版社,2001:17-18.

迎来3天黑夜,纷纷抢购蜡烛严阵以待。

　　一家网站称,咨询公司益普索询问21个国家的民众如何看待世界末日,结果5个中国人当中,就有一个相信玛雅历法,即2012年12月21日为世界末日,这个比例远高出其他20个国家。俄罗斯、韩国、日本、美国、法国约有10%至13%的民众相信玛雅历法。

　　宗教情结、占卜文化和预言文化推断的世界末日,过去多次证明不靠谱,1988年和1999年都盛传世界末日快到,但是狼来了吗?如果世界末日真降临,就单凭几根破蜡烛会得救?世界末日的恐慌情结,远比世界末日还要可怕,别被千年前的玛雅人忽悠了。

　　从中国各地引发的"末日蜡烛"热购潮,人们也自然联想到"辐射盐"和"非典板蓝根"。去年3月,日本地震引发核泄漏恐慌在中国掀起抢盐潮,不少居民奔走各大超市抢盐,因为谣传吃碘盐可防辐射。2003年暴发"非典",据称煲醋和喝板蓝根可以防病,市面上出现抢购米醋和板蓝根的风潮。

　　这些非理性的谣言市场是如何形成的?是盲从心理,还是因为对生活及未来充满焦虑?又或者是正道消息太少,小道消息乱窜,谣言又往往跑在真相前面,导致民众养成听风就是雨的习惯?

　　对于所有非科学、有违事实的谣言,媒体和官方应该第一时间出来澄清,并向大众说明真相。不论是涉及个别人士的人身攻击或是引起民众恐慌的不实传言,只要真相不公布、信息不流通,荒诞的奇闻怪谈和流言蜚语总会有人听信,对未知的恐惧和社会的不满就会在民众心里不断扩散。

　　要严防谣言满天飞,胡乱爆料者或散布谣言者更应受到惩罚和制裁,在这方面中国警方确实有所行动。陕西黄龙县警方抓了7人,他们涉嫌在公交车上散布传单,散播"世界末日"谣言。

　　让人不解的是,既然过马路纠集一群人就过了,坐前座也不系安全带,黑心食品经常拿人命开玩笑,中国人日子不都照过了,为何还担心世界末日?

　　上海交通大学科学史与科学文化研究院院长江晓原认为,在大多数情况下,伪科学比科学更具有娱乐功能,因此像世界末日这样的伪科学话题在人们想要娱乐的时候,就会被热烈地讨论。他说,"对于中国媒体和公众而言,这一话题是从西方植入的,由于'末日类'电影的营销炒作而甚嚣尘上,与我们的文化传统没有任何关系"。

　　12月22日,太阳肯定从东边升起,地球将继续运转,世界末日不会来。只能叹憾工作照旧要做,路上照样堵车,世界一样乱糟糟,生活烦事一箩筐。民众笃信世界末日的背后,相信除了包含对现实生活和未来的集体焦虑,更多还隐藏着逃避现实的消极心态。

报道由"末日蜡烛"抢购潮联想到"辐射盐"和"非典板蓝根"等事件,进一步指出过马路乱闯、坐前座不系安全带、黑心食品不时出现等问题,"中国人日子不都照过了,为何还担心世界末日?"由这些现象推论,"末日"谣言是"非理性的谣言市场"在作祟。

3. 评论要多用权威意见,减少记者的主观色彩

述评式解释报道不可避免地会带有记者的主观色彩,但如果主观色彩过浓,就会影响报道的客观性。而新闻报道的力量恰恰在于后者而不是前者。事实上,面对复杂的新闻事实与社会现象,记者的思辨能力毕竟是有限的,有时很难议论到点子上。所以在报道实践中,就有记者尝试"中性报道",即记者不掺带任何主观褒贬,客观准确地反映事实的不左不右不偏不倚的新闻,如《光明日报》记者樊云芳的《一个工程师出走的反思》。有学者在谈深度报道时感叹:"我们的记者太累了,累到非要把报道对象的性质、地位、作用都要搞个水落石出不可。其实,记者就是记者,让记者担负太多的使命的确不堪重负。事实上,记者也是凡人,对当今纷繁复杂的社会现象也不见得都吃得准,因而记者不是也不可能是审判官,新闻的本质是反映事物而不是裁定事物。把事实真相原原本本地告诉读者吧,是非自有公论。"①即使是议论,报道也应多用专家的权威意见,而不是记者本人直接发议论。如上文所举《"末日"谣言何以在中国有市场》,就引用了上海交通大学科学史与科学文化研究院院长江晓原的意见,指出伪科学比科学更具有娱乐功能,"对于中国媒体和公众而言,这一话题是从西方植入的,由于'末日类'电影的营销炒作而甚嚣尘上,与我们的文化传统没有任何关系"。这样的引用让报道更有说服力。

第三节 分析性报道

分析性报道中,有一种是直接预测结果的,可称为预测结果式报道;还有一种只是大致分析事实发展的趋势走向,可称为分析走向式报道。

一、预测结果式报道

预测结果式报道,或称预测性报道。它报道的不是已经发生的事实,而是对读者关心的新闻事件或新闻现象的变动结果、发展前景进行科学式的报道。

预测结果式报道算不算新闻,这是有争议的。原因在于它不是对"新近发生的事实"的报道。的确,与传统的新闻报道比较,它不是等事实发生后再报道,而是在事实发生前作预测;但它是基于已经存在的事实,通过对这些事实的分析,进一步揭示其发

---

① 时统宇.深度报道范文评析[M].北京:新华出版社,2001:110.

展走向。归根结底,还是对已发生的事实作深层透视。既扩展了新闻报道的领域,又符合新闻报道的基本要求。

(一)预测结果式报道的特点

1. 超前性

预测结果式报道的任务就是对将会发生的和可能发生的事实提前作出报道。从它发展的情况来看,预测的时间跨度越来越长。

超前性不仅仅是指预测的时间跨度大,它还指将某些尚难预料的事情提前提供给读者一种经过仔细分析的参考答案,最终得到读者的认同。1986年6月22日、23日,第十三届世界杯足球赛八强分组淘汰,前景扑朔迷离。新华社记者于6月19日撰文《哪个队将进入世界杯足球赛决赛圈?》,认为法国和巴西"两队极有可能打成平局,随后靠踢点球碰运气来决出胜负。硬要作出预测,胜券将握在法国队手中"。结果完全被言中,所以新加坡《联合晚报》在6月25日赞叹"新华社记者料事如神,预测胜负丝毫不差""预测得比气象局天气预报还要准"。

2. 引导性

预测结果式报道在告诉读者将发生什么的同时,实际上也在引导人们的行为指向。怎样的发展是良性的,应提倡;怎样的发展是恶性的,应避免。在经济领域中,通过对生产和消费的预测,人们可以知道某种产品越来越走俏,急需发展;某种产品产量过大,很可能滞销,不可盲目发展。例如《经济日报》1984年12月25日发表的《明年农村纺织品销售量将平缓回升——纺织部经济研究中心提供信息给有关厂家参考》,是根据对辽、川、陕、冀、豫五省大量供销社、农村集市、农村个体经营者以及7500户农户的调查,通过科学分析,从而提出了很有指导性的意见,引导有关厂家去适应新的市场需求变化。

预测结果式报道的引导作用具有很浓的权威性色彩,它是以新闻的真实性为担保的。当预测的内容能满足真实性的要求时,这种引导就会产生积极的作用,反之,当预测的内容失真时,报道就会对人们的行为产生误导。有媒体曾载报道预言"我国将出现蚯蚓养殖热",一时许多农户争购蚯蚓,成本暴涨,结果养殖的蚯蚓无人收购,致使养殖户损失惨重。这从反面说明了预测结果式报道的引导作用不可低估。

3. 探索性

预测结果式报道是在对"已知"充分研究的基础上,探索事物的发展规律,以把握"未知"。然而,事物的发展充满了偶然性和必然性,只有必然性能够反映事物发展的本质联系和必然趋势。人们只有探索到事物发展的必然性,才能预见它的未来。从这个意义上说,预测就是探索的过程。我们调查研究某一事物昨天和今天的广度和深度,同预测这一事物明天发展趋势的准确度成正比。

当然,既然是预测,就难以保证绝对的准确。球王贝利曾多次预测国际足联世界杯,虽然他对足球了如指掌,但事后证明,他的预测大多数都不对。所以,对于预测结果式报道的探索,我们也应该取辩证的态度观之。

(二)预测结果式报道的写作

预测结果式报道以调查、研究、展望见长,在写作上应注意以下几点。

1. 以事实为依托展开分析,努力表明预测的依据

同其他新闻报道一样,预测结果式报道必须遵循"用事实说话"的报道原则。所以报道应当在可能的范围内提供支持预测结果的事实依据。事实依据一般有数据、引言、实例、某种迹象等,要注意选择最能说明问题的典型材料展开分析。如2010年10月17日《参考消息》上的这篇报道:

政见分歧促普京参加大选

美国《华盛顿邮报》10月16日报道 几周以来,普京频频接受采访。专家和记者予以密切关注,为解答俄罗斯的重大谜题寻找线索:普京会参加2012年总统选举吗？抑或他会让梅德韦杰夫连任？

人们没有找到确凿证据,但普京确实自豪地公开阐述了自己的战略议程。该议程几乎与梅德韦杰夫"现代化"举措的所有关键主张背道而驰,其中包括"重启"美俄关系。

梅德韦杰夫认为俄罗斯经济"长期落后"、"原始"、依赖"原材料",忽视了"人民的需求"。俄罗斯的一些知名独立经济学家指出,正因为如此,俄罗斯经济早在世界经济危机导致油价暴跌之前就已经开始下滑,2009年的国内生产总值下跌幅度居世界主要大型经济体之首。

然而,普京认为俄罗斯"正在稳步前进","不存在重大问题"。当然,危机(与俄罗斯经济"毫无关联",源自"我们的领土以外")确实阻碍了俄罗斯的发展,但"并不严重"。从总体来看,国家经济"仍处在正确的轨道上"。

梅德韦杰夫指责说,"长期以来的"腐败"侵蚀着"俄罗斯。他把反腐作为总统任期内的主要任务。

普京对此的回答是:"没错,俄罗斯确实存在腐败,但许多国家都存在这个问题。"俄罗斯的反腐工作"可能确实还有改进余地",但这是一个需要"细致研究"的难题。

梅德韦杰夫对穆斯林聚居的俄罗斯北高加索地区表示严重关切。这个地区几乎无法掌控,贫穷和失业问题肆虐,饱受持续不断的伊斯兰宗教激进

主义恐怖活动的困扰。尤其在塔吉克斯坦和印古什,几乎每天都有官员(警察、法官、检察官和地方官员)在恐怖袭击中遇害。梅德韦杰夫说,这些地区的局势是"我国最严重的国内政治问题"。

普京的看法呢?他说北高加索的事态"不是真正意义上的恐怖主义",而是"各部族"为"重新分配财产"而展开的争斗。车臣领导人卡德罗夫是个"不折不扣的军阀",但也是个"非常出色的经济领袖",是个"了不起的家伙"。

与美国"重启"关系的问题呢?梅德韦杰夫曾3次在与奥巴马总统会晤时作出这个承诺。普京说,他"很想"对重启寄予信心。但是,美国不是曾帮助格鲁吉亚"重新武装"吗?两年前,不正是类似的"重新武装"促使格鲁吉亚"侵略"南奥塞梯吗?美国不是打算在其他欧洲部署"反导系统"吗?"重启从何说起"?

这些采访表明,普京和梅德韦杰夫对俄罗斯未来的构想存在广泛而深刻的分歧,所以"普京2012年参选"的问题并无悬念。普京不可能在下一次总统大选时作壁上观。他不会耐心等到梅德韦杰夫在2018年结束第二个任期,再着手扭转严重背离普京主义的趋势。

梅德韦杰夫能做些什么?他可以像赫鲁晓夫那样,实施"体制内"改革,也许会像赫鲁晓夫一样遭到激烈反对,也许改革会因为腐败和反动的官僚作风而大打折扣。这种做法十有八九会给人以无能的印象,也许会导致他在2012年不光彩地"退休"。

报道对普京参加大选的根据作了充分的分析。全文围绕"政见分歧"谋篇布局,从多方面提供了事实依据,分析说服力强。

2. 见微知著,透过现象把握事物的本质和发展趋势

预测结果式报道之所以受人欢迎,关键在于它比一般的见解要高出一筹,看问题要比他人远出几步。当别人的视线被眼前浮云所遮时,预测结果式报道利用自身极强的穿透力,道出事物的发展结果。如2019年6月11日《参考消息》上刊登的这篇报道:

GAFA 垄断走向终结?

法国《费加罗报》网站6月9日报道 30年来,数字行业带来了最大规模和最为迅速的技术革命,将全球45亿人连通起来。但是,它也孕育了两个"威胁资本主义的怪物":美国的GAFA(谷歌、苹果、脸书、亚马逊)四巨头,以及中国的数字化武器(百度、阿里巴巴、腾讯、华为、滴滴)。这两大科技势力正处于"美中冷战"的核心。

美国方面,在自由和网络中立性的名头下,GAFA 打造了一个脱离一切监管的技术超级权力,它们像垄断联盟一样运转,通过划分数字经济势力范围而聚集了强大的市场权力:99%的智能手机预装了谷歌和苹果操作系统;谷歌独揽 90%的搜索引擎市场;美国半数网上销售出自亚马逊;谷歌和脸书共同占有 2/3 的线上广告市场;脸书以不透明的方式收集和开发 24 亿个人数据。

市值近 3 万亿美元的 GAFA 拥有惊人的资金打击力量。由于掌握了个人隐私信息,它们拥有的政治权力可以影响舆论和选举。

鉴于 GAFA 对美国经济复苏的贡献以及同美国情报机构的紧密联系,长期以来 GAFA 都在美国逍遥法外。但是,不断出现的丑闻打破了数字经济可以自我监督的幻想,也证明了其对市场经济和个人自由的威胁。GAFA 超然于法律和税收之外的地位已经变得难以支撑。

决定性的转折自 2016 年开始出现。作为对 GAFA 至关重要市场的欧盟,在 2018 年 5 月制定了首个个人数据保护制度,并以违反竞争和避税为由重罚 GAFA。谷歌累积的罚金达到 83 亿欧元。美国也在紧随欧盟的做法。美国司法部和联邦贸易委员会达成前所未有的协议,前者有权调查苹果和谷歌,后者有权监管脸书和亚马逊。更为重要的是,美国政治阶层从奥巴马时代的无条件支持出现了转向。

报道先是叙述 GAFA 对美国经济复苏的贡献以及同美国情报机构的紧密联系,然后指出 GAFA 垄断可能走向终结的三个方面原因:其一,长期以来,GAFA 在美国逍遥法外,还出现过丑闻,对市场经济和个人自由构成威胁。GAFA 超然于法律和税收之外的地位已经变得难以支撑。其二,近年来,欧盟制定了个人数据保护制度,并以违反竞争和避税为由重罚 GAFA。谷歌累积的罚金达到 83 亿欧元。美国司法部和联邦贸易委员会也达成协议,前者有权调查苹果和谷歌,后者有权监管脸书和亚马逊。其三,更为重要的是,美国政治阶层从奥巴马时代的无条件支持出现了转向。文章虽然没有直接下结论,但读者从这三点变化中可以感受到 GAFA 的垄断地位已经面临种种挑战了。

见微知著的本领不是一朝一夕可以学到的,它建立在记者长期观察、长年积累、长期研究的基础之上。所以,记者必须长期用心观察学习,厚积薄发,多向权威专业人士请教,这样把握事物的发展趋势,才具有极高的可靠性。

3.努力表明预测的权威性,增强报道的说服力

从传播学接受心理来看,报道越具有权威性,受众的接受度就越高。预测结果式报道的权威性,当然首先是来自对大量事实的科学分析。此外,加强预测话语的权威色彩,也是写作中一个重要的技术问题。

从根本上说，预测结果式报道可分为两种情况：一是他人预测，二是记者预测。他人预测都应是权威专业人士的话语。正如天气预报应该来自气象局一样，这种报道表明权威性比较容易。在记者预测中，要想做到这一点，就应该在分析事实的过程中注意援引权威专业人士的意见，或是表明资料数据出自专门机构。不论是他人预测还是记者援引权威意见，都应交代预测者的身份、学术地位等背景性资料。

报道既不要用模棱两可的语言，又要注意留有余地。预测结果式报道的内容毕竟不是既成的事实。不管预测的可靠性多大，智者千虑尚有一失，很难做到绝对准确。所以，预测结果式报道不能把话说得太绝，但是也不能因此就净说模棱两可的话，说甲乙丙丁都有可能性，张三李四都有可能赢。读者耐着性子读半天，结果还是一无所获，这样的预测等于没预测。

预测结果式报道应用肯定性的口吻来表达。新华社《哪个队将进入世界杯足球赛决赛圈？》的结尾是："英格兰队看来不是阿根廷队的对手，其长传冲吊常常劳而无功，短传配合是'班门弄斧'，阿根廷队再晋一级希望极大。"这样的语言既十分肯定，又不绝对化。

有时记者在预测中并不会把结果直接告诉读者，而是给读者某种提示。这也是可以的。如美国《芝加哥论坛报》1990年10月31日的《欧洲人说：海湾不久可能爆发战争》，结尾写道："但是一些人士说，西方军事情报表明，萨达姆的顾问们不敢把现在同他的军队对峙的国际部队的规模和战斗能力告诉他。这使人想起二次世界大战的日子，当时希特勒的将领们由于担心被降职或以叛国罪被处决，所以都不让希特勒了解他在军事上遭到的挫折。"读者据此去揣摩海湾战争的危险性，比记者直接说出效果更好，因而更具有说服力。

二、分析走向式报道

分析走向式报道，或称分析性新闻。它是在报道事实的基础上，通过记者的分析，帮助读者认清新闻事实的本质，并展望其未来的发展趋势。

(一)分析走向式报道的特点

1.分析事物发展的内因求深度

这类报道通过深入分析事物运动的内部规律，探寻事物发展的走向和趋势。分析走向式报道与解释性报道有不少相同之处，以至于有人将二者混淆起来。的确，它们都以新闻事实为依据，以新闻事实作为分析和解释的对象。但在解释和分析的时间取向上，解释性报道较多地停留在回顾事实形成的过程上，而分析走向式报道则重在回答"此事的发展走向如何""为什么会是这样而不是那样"等。以《经济日报》记者詹国枢等人采写的两篇(组)报道为例：一是就"特区怎样'特'下去"的话题推出的一组报道,二是《开封缘何不"开封"?》。前者是分析走向式报道,后者是解释性报道。"特区怎样'特'下去"的报道通过对特区发展过程的总结回顾,剖析特区人当时的失落感与焦灼感的由来,以及特区面临的不可回避的种种困难与考验,以令人信服的理由回答了特区还能"特"下去和"特"下去的走向。《开封缘何不"开封"?》一文,则主要是对改革开放大潮中开封的落后状况作剖析。记者与开封干部群众一起摆事实、找根源,列举出五大原因,准确地抓住了问题的实质。

2. 观照事物形成的外因求广度

按照辩证唯物主义的观点,内因是事物发展变化的根据,外因是变化的条件。一般来说,与内因相比,外因具有更多的不确定性。恩格斯曾说:"历史是这样创造的:最终的结果总是从许多单个的意志的相互冲突中产生出来的,而其中每一个意志,又是由于许多特殊的生活条件,才能成为它所成为的那样。这样就有无数互相交错的力量,有无数个力的平行四边形,而由此就产生出一个总的结果,即历史事变,这个结果又可以看作一个作为整体的、不自觉地和不自主地起着作用的力量的产物。"分析走向式报道对影响事物发展的诸多外因进行逐个考察,分析它们所起的作用。特别是在动态过程中探寻"平行四边形"中各种力量的互相影响,充分估计事物发展中可能出现的不确定因素。正是因为这一点,分析走向式报道与预测结果式报道表现出不同来:预测结果式报道只是分析判断将会发生什么事情,超前预测事物发展的结果;分析走向式报道注重揭示多种外在因素所能产生的作用力,大致展示事物的发展方向,对事物的发展规律是一种更宏观的把握。

(二)分析走向式报道的写作

分析走向式报道是在对事物发展规律充分分析的基础上对其未来走向的一种宏观把握,写作难度较大。下面通过一个实例来了解其写作特点,请看新华社记者采写的一篇报道:

人造肉未来会走向百姓餐桌吗?

新华社北京 2019 年 5 月 21 日电(记者关桂峰) 最近一段时间,人造肉这一新鲜词走进大众视野。人造肉到底是什么?未来会走向百姓餐桌吗?

人造肉是什么?

多位业内人士在接受"新华视点"记者采访时表示,人造肉只是方便大众理解的表述,严谨地说,所谓人造肉指的是植物蛋白肉以及清洁肉两类,也有人称之为素肉和试管肉。

——植物蛋白肉,或称植物肉、素肉,即利用植物蛋白原料,主要是大豆蛋白、小麦蛋白、豌豆蛋白等,添加由酵母合成的植物性血红蛋白来制作的。

鳗鱼、烤肉串、无锡小排、糖醋里脊……在北京一些环境雅致的素菜馆，用植物蛋白、蘑菇等制作出来的植物肉经过烹调，不仅外观可以以假乱真，吃起来口感也很相似。经常光顾素菜馆的北京市民何先生说，素菜吃起来感觉健康些，也过了吃肉的口舌之瘾。

在美国拉斯维加斯举行的2019年美国消费电子展的会场外，快餐卡车上的牛肉汉堡并不是普通的牛肉汉堡，人们闻到的牛肉香其实来自人造肉。美国Impossible Foods公司发布的新款牛肉汉堡，完全不含胆固醇、动物激素和抗生素等，与传统牛肉汉堡相比，热量更低，属于植物肉。

——清洁肉，是利用动物体内分离得到的成肌细胞或全能干细胞，将其置于营养液中培养，以促使其形成类似肌肉的组织，其外观、口感类似于传统肉。中国农业科学院农产品加工研究所研究员张波说，对于这种被称为清洁肉或试管肉的产品，美国、荷兰科研人员的研究已经取得了突破性进展。

人类为何研究人造肉技术？

全球知名科技评论期刊《麻省理工学院技术评论》发布2019年"全球十大突破性技术"，其中，人造肉汉堡与核能新浪潮、定制癌症疫苗等一起入选。

"这肯定了植物原料替代肉类的技术性突破。"中国植物性食品产业联盟秘书长薛岩说，随着对环境的关注，对自身健康的追求，人们希望用植物原料代替动物，既满足味觉需求，又降低食品产业对自然生态环境的影响，减少能耗。

实际上，人造肉并不高深，而且早有应用。薛岩说，我们所熟知的午餐肉、火腿肠等都有大豆蛋白的填充，这些都是从豆粕加工而来的。

北京工商大学食品学院副教授李健认为，人造肉兴起的背后是人类饮食方式、消费方式的变革，也是替代食品市场崛起的标志。消费者对人造肉的理解、接受程度以及食品价格的合理性，将是该技术能否拥有未来市场的关键。

"客观来说，在现阶段，人造肉等合成食品主要解决的不是粮食问题，而是更多的文化问题和社会健康需求。"美国靛蓝农业首席执行官兼董事大卫·帕里表示。

当前人造肉技术发展如何？记者在中国知网以人造肉为关键词检索，发现多篇学术文章。其中，《人造肉大规模生产的商品化技术》一文指出：相关产品的市场认可度还很低，根本原因是现阶段人造肉制品还无法逼真地模拟真肉的品质。要想生产符合大众需求的人造肉制品，必须对人造肉制品进行一系列的商品化加工和重塑成型处理。对于肉的颜色问题，国内外正对血红素及不同来源的血红蛋白生物合成进行研究，但仍未达到进行大规模生产的条件。

多位科研工作者认为，当前模拟出真肉的口感是比较难的。"我们可以用植物蛋白做成牛肉饼，但是很难做出牛排、红烧肉、红烧排骨，如何模拟出真肉的口感是当前科研攻关的重点之一。"科信食品与营养信息交流中心副主任钟凯说。

张波认为："植物蛋白与动物蛋白营养成分有差异，如何提取营养素保证人造肉的营养成分，也是当前研发重点。"

人造肉会走向百姓餐桌吗？

未来人造肉真的会走向百姓餐桌，成为肉类的替代吗？

有持乐观态度的业界人士认为，从长远看，在解决了吃饱问题后，消费者更关注吃得更健康。人造肉含有更高的蛋白质、较低的脂肪，属于蛋白质良好来源食物。随着人们对营养健康的重视，素食植物肉有一定的市场基础和消费群体。

但多数专家表示，目前大规模用人造肉类替代肉类仍然比较困难。记者采访发现，当前，人造肉更像个商业噱头。农业农村部食物与营养发展研究所副研究员刘锐说，要开发感官与真实肉制品类似的植物肉，生产技术要求较高。对于用动物细胞或组织培养的清洁肉，模拟体内的生理环境，在无菌、适温和丰富的营养条件下，使离体细胞或者组织生存、生长并维持结构，目前市场上还没有成熟产品，消费者是否能够接受还未知，市场前景也不明了。

此外，制约人造肉商业化的重要原因是成本高昂。"尽管当前成本已较几年前大幅降低，但是仍大大高于传统肉类。"薛岩说。

李健说，植物肉的未来发展还比较可期，但是植物蛋白有一些腥味，严重影响植物肉的品质，还需要攻克。

未来人造肉的发展，仍离不开国人的饮食结构和饮食习惯的调整和改变。

这篇报道预测的是"人造肉"未来会不会走向百姓餐桌，是典型的分析走向式报道。全文由三个部分组成，思路非常清晰。对于普通老百姓而言，"人造肉"是个新鲜事物，所以第一部分先回答"人造肉是什么"是十分必要的。第二部分"人类为何研究人造肉技术"，让受众了解这一研究的意义，既满足了报道的新闻价值，也激发了受众的好奇心。第三部分重点回答"人造肉会走向百姓餐桌吗？"这一问题，展示的是在充分分析的基础上水到渠成的答案。文章的思路沿着"是什么——为什么——将会如何"展开，即由已然向未然不断探索的过程。

由一斑窥全豹，结合其他案例，我们大致可以总结出分析走向式报道在写作上的几点要求：

1. 一定要对已然的事实作充分分析，在此基础上得出事物发展的走向

以上文为例，报道分析的是"人造肉的未来"，但花了不少笔墨谈"人造肉的现状"。

报道告诉我们,人造肉这一事物已经来到我们身边,一些消费者早已尝鲜。同时,关于人造肉的研究也已开展多时,权威期刊《麻省理工学院技术评论》新近发布的"全球十大突破性技术",人造肉汉堡与核能新浪潮、定制癌症疫苗等一起入选。

人造肉既然已经存在,这方面的研究也颇有进展,从健康的角度来说很有应用价值,那么接下来的问题是:人造肉会不会走向百姓餐桌?报道综合专家的见解,主要提出了三个方面的问题:一是市场认可度不高,在营养和口感上还有技术问题待解决;二是成本大大高于传统肉类,难以在百姓家中普及;三是百姓的消费观念还难以适应。在这基础上,报道最后推出了多数专家的意见:目前大规模用人造肉类替代肉类仍然比较困难。这样的推论就容易让人接受。

2.依托事实,借助权威话语,综合把握事物发展的规律

《人造肉未来会走向百姓餐桌吗?》从现有的事实入手,表明"人造肉类替代肉类"已经小范围地存在。人造肉目前以两种形式出现:一种是植物蛋白肉,在北京的一些素菜馆就可以吃到;一种是清洁肉,在一些西方国家已经取得突破性的研究进展。报道借助权威期刊发布的信息,表明这项研究在科技界受到的重视程度。对于未来能否走上平常百姓的餐桌,报道也是引证多方专家的意见来回答。中国植物性食品产业联盟秘书长从生态环境保护的角度指出它的研究价值,北京工商大学食品学院的专家从人类饮食方式、消费方式等角度考虑该技术未来能否拥有市场。此外,还有来自中国知网的学术文章、业界多位专家的见解等。这些权威的声音较为充分地揭示了事物发展中方方面面的矛盾,有助于受众对事物的发展走向作出判断。

3.把握用语分寸,注意表述的准确性

分析事物发展的走向,重点不是对已然的陈述,而是对未来的推测。一般来说,宏观性、规律性的内容,一定要做到信息准确、观点鲜明;对一些枝节性、偶然性的内容,表述上则要留有适当的余地。例如这篇报道既肯定了人造肉的存在价值,但也不回避其发展上存在的制约因素。"目前市场上还没有成熟产品,消费者是否能够接受还未知,市场前景也不明了。"这样的表述客观准确、分寸拿捏得当,表现了分析走向式报道的特点。

第四节 调查性报道

调查性报道,是指以调查为手段,揭露某些新闻事件的真相、某些社会问题的本质的报道。在美国,调查性报道又称为"揭丑报道",专门揭露政府和公共机构中的腐败行为和丑闻。调查性报道按题材的事件性与非事件性之别,可分为事件型调查报道与问题型调查报道两种。

一、事件型调查报道

事件型调查报道,主要是针对某些事故、负面的社会事件所作的具有调查深究性质的报道。

(一)事件型调查报道的特点

1. 从题材的性质来看,事件型调查报道属于批评揭露一类

这一点,可以说是调查性报道与生俱来的重要特色。在西方,早在18世纪后半期,报业大王普利策就主张"有力的写作和讨伐性新闻",强调报纸应揭露贪污腐败。在他的鼓吹下,不少记者都热衷于揭露社会的阴暗面。到20世纪初,美国报界形成了一场揭露运动,当时的美国总统罗斯福指责这种揭露性报道是"专揭丑闻",是"淘粪",人们干脆称之为"淘粪运动"。美国著名的关于"水门事件"的报道即属此例。在我国,事件型调查报道有些是作为内参的形式出现,有些则公开发表于报端。

2. 从题材的获取来看,事件型调查报道的题材需要经过记者艰难的采访才能得到

按日本学者的说法,"不是依赖当局发表的材料写报道,而是记者亲自进行调查,逼近真相;不像独家新闻那样只依靠到手的单个秘密材料,而是通过彻底的调查采访,揭示事件的整体情况"[①]。事件型调查报道的采写,最大的难处是题材的获取,调查对象总是千方百计地阻挠记者的采写活动,绝对不会主动向记者提供相关事实材料。如2001年7月17日,广西南丹发生了特大井下透水事故,共造成81人遇难。当地政府官员竟隐瞒不报。7月28日,一批最先得知情况的记者赶赴现场进行调查,随后全国多家新闻媒体的记者也都赶往南丹采访。通过深入调查,这起被掩盖的特大事故终于被揭露于众。这一点,也是调查性报道与批评性报道的重要区别。我国一些较为重大的批评性报道,大都是在内部处理已经得出结论的情况下才开展的。在这种情况下,记者获取材料不必做艰难的调查,只须得到上级有关部门的准许,如《渤海2号钻井船翻沉事故说明了什么》。但调查性报道不仅没有有关部门主动提供线索,相反还刻意隐瞒,记者不通过辛苦的劳动是无法了解到事实真相的。

3. 事件型调查报道与其他报道相比,要求有更强的实证性

这一点,对于报纸记者来说,难度更大。事件型调查报道对真实性的要求更为苛刻,稍有差异,便可能与报道对象对簿公堂。实证性体现在报道中,是记者的采访亲历,对第一手材料、第二手材料的发现、考据。报道中的素材越具有原始形态,就越具有实证性。

---

① 刘明华. 西方新闻采访与写作[M]. 北京:中国人民大学出版社,1993:10.

所以,事件型调查报道并不需要对调查材料做过多的加工整理,也不必过多地对事件发表评说,而是靠事实之间的逻辑关系来说话,引导读者步步逼近真相。

(二)事件型调查报道的写作

1. 展现调查过程,直接记叙记者的所见所闻

事件型调查报道与一般的新闻报道不同。一般的新闻报道注重结果,是终结式报道,而事件型调查报道更重视调查的过程。因为整个调查过程实际上就是记者接触事实现象、分析事实背景、揭示事实真相的过程。如第十七届中国新闻奖获奖作品《忻州煤矿安监局好气派》,就大量展示记者在调查中耳闻目睹的事实材料。请看全文:

> 山西省忻州煤矿安全监察局最近两年"财气"暴长。
> 几年前,忻州煤矿安监局还叫忻州煤炭安全监察站的时候,四处租房办公,常为房租与房东发生不快,工作人员也大都是骑自行车或步行上下班。现在,忻州煤矿安监局仅有10名工作人员,却有四五十间带卫生间的超大面积的办公室,有36套超大面积住房。
> 与此同时,近两年,每年都有一两起特大煤矿安全事故发生在忻州。
> 2005年7月2日14时20分,忻州市宁武县阳方口镇贾家堡煤矿接替井发生特别重大瓦斯煤尘爆炸事故,造成36人死亡,11人受伤。事故发生后,矿主和有关部门瞒报事故死亡人数,转移藏匿遇难者尸体。
> 2005年10月31日16时50分,忻州原平市长梁沟镇坟合峁煤矿发生瓦斯爆炸事故,造成15人死亡,1人受伤。
> 2006年11月5日11时45分,大同煤矿集团轩岗煤电公司焦家寨矿(地处忻州市原平市境内)发生瓦斯爆炸事故,47名被困矿工全部遇难。
> 忻州煤矿安监局的办公楼和住宅楼及正在兴建的宾馆,位于忻州市经济技术开发区内。靠近(五)台忻(州)公路的是该局正在建设的宾馆(正式名称是:忻州市煤矿安全监察局职工培训中心),地下1层,地面已经建起5层,建筑面积在3000平方米以上。"培训中心"后边的一幢欧式建筑,是该局的办公大楼。在办公大楼的后边,是一幢6层的住宅楼。住宅楼共3个单元36套房,房间面积最小的140平方米,大的180平方米。该局有10名正式职工,五六名临时工,记者在忻州市车管所调查得知,共有9辆公车挂在该局名下。
> 忻州市煤矿安全监察局刘副局长在接受记者采访时表示,该局办公楼在2003年由山西煤炭安全监察局后勤处负责动工兴建,直至今年秋天才启用。由于一些配套工程还未完工,大楼的一些设施还未完善。他强调说,整个办公楼的建筑面积2000平方米,只比朔州的(煤矿安全监察局办公楼)大一点儿,全省11市除运城外,条件算是最差的。目前,大楼的装修装饰工程还未

完工。完工后,"条件会改善一些"。

对于职工住宅楼,刘副局长说共有 36 套住房,但"那是由局里职工和其他单位的一些工作人员集资兴建的"。至于每平方米 1100 元的房价,是由于该地"地处荒郊野外,那时候(2003 年)忻州的房价还没涨起来时制定的"。住宅楼后共有 22 间私家车库,刘副局长说:"分给住户后,想做车库做车库,不想做车库安上门窗可以当住房,放杂物也可以。"统一包了塑钢阳台,是为了使单位的建筑显得整齐、美观。

刘副局长是今年才被提拔的,所以他对办公大楼资金来源、投资多少、装修花费、购置办公设备和职工住房补贴等问题都"不太清楚"。

不过,有知情人士透露,建设资金中有小部分是向部分乡镇和煤矿"借的",忻州市宁武县某乡镇就"借给"该局 5 万元。而被该局监管的宁武县的一煤矿,则花了 35 万元购买了该局的一些旧的办公设备。

这篇报道没有发表任何评论,而是以调查获得的大量数据与实景为材料,以材料的第一手性和真实性来说话,非常具有实证性力量。

2. 突出调查中具有实证性意义的细节

细节具有很强的表现力。在事件型调查报道中,这种表现力可以转化为实证性力量。调查性报道如果没有实证性,就失去了揭露力。对于报刊媒介上的调查性报道来说,增强实证性是非常重要的。一些报社和通讯社记者感叹:"同样内容的批评报道,如果报纸、杂志报道,被批评者往往要告状打官司,而如果电视对其现场报道,被批评者往往不敢如此。原因就是摄像机已将现场的当事者说的什么、干的什么以及旁观者的反应,都记录下来了,不容反驳。"[①]因此,突出具有表现力的细节,是使调查性报道具有实证性力量的重要策略。如获第八届中国新闻奖的力作《一次艰难的采访——吴川市 4000 亩耕地撂荒调查见闻》,本来是调查广东省吴川市博茂管理区将 4000 亩耕地撂荒的事件,结果演变成了有关部门阻挠记者采访的事件。这一新发生的情况闯入记者视野,成为这一次调查的"附带产品"。当地开发区办公室为了掩盖其"开发"行为,居然将自己说成是征兵办的。记者如实记录了以下细节:

当记者来到开发区办公室门口时,这里的人在高高的房檐上挂了一幅红布,上面写着"依法服兵役,是每个公民的光荣义务"。红布下面的牌子上的字是"吴川市经济技术开发区办公室",室内所有的人都说自己是搞征兵工作的。

这一细节,有力地揭露了该单位欲盖弥彰的拙劣手段。

[①] 中央电视台新闻评论部. 把握生活主流,遵循电视规律,增强传播效果——关于《焦点访谈》《东方时空·焦点时刻》的采访与制作[J]. 中国广播电视学刊,1995(8):15.

3. 在比较与鉴别中探寻事实真相

事件型调查报道具有很强的揭露力,这一力量不是靠议论得到的,而是靠事实,让读者在事实的比较中来明辨是非。如前面的《忻州煤矿安监局好气派》列举了安监局超出办公人数的办公室、大面积住房、新修的宾馆等,与此相对的是每年发生在忻州的特大煤矿安全事故,意义不言自明。

二、问题型调查报道

问题型调查报道,是对社会上普遍存在的不良现象和弊端、工作中存在的问题所作的调查性报道。

(一)问题型调查报道的特点

问题型调查报道与事件型调查报道有不少相同之处,它们都必须基于记者亲身的调查研究。陆游说:"纸上得来终觉浅,绝知此事要躬行。"调查性报道正是靠记者的"躬行"来增强报道的真实性与权威性,加强报道话语战斗力的。两者比较,也有一些不同之处。我们不妨先来看一个实例,获第二十八届中国新闻奖二等奖的作品《共享单车停放难倒13条热线》:

"共享单车停到哪儿才合适?"市民张先生算是共享单车的忠实用户,手机里下载了4款共享单车软件。他说:"最近半年,我几乎每周骑车六七次,都是用手机扫码,骑上就走,图的就是随时租还的便捷。可除了收费的停车场,自行车停哪儿才算合法,谁能说清楚?在哪儿能查到?"

昨日,记者带着他的疑问先后拨打了13个不同部门的热线电话咨询,回复五花八门,但"不知道"和"没有相关信息"成了出现频率最高的两句话。到底正规的自行车公共停车场都施划在哪儿,谁也没说清。

乱停可举报 停哪儿不知道　自行车停车场在哪儿?

记者最先拨通了北京交通运输服务监督电话12328。接线员805号听完问题,给出答案:"建议您咨询一下122,我这边没有自行车停车的信息。"

随后,记者拨打了122。一遍语音提示听完,直到听筒里传来"您未选择,等候超时,请您挂机"的提示,也没有找到符合自行车停车场咨询的选项。

第二遍拨打122后,记者选择了3号菜单,因为这里包括相关政策咨询,其他选项是事故和紧急报警、拥堵报警等。可最终,还是找不到任何关于自行车的信息。

96310"城管热线"的接线员挺痛快,直言:"我们这儿只负责接听举报电话,但是没有停车信息。"

哪儿禁停公布了　停哪儿说不清

本周一，西城区市政市容委发布"西城10条大街将禁止停放共享单车"的消息。其中涉及灵境胡同和西安门大街沿线、西黄城根南街、南北长街、府右街、大会堂西侧路、长安街沿线、太仆寺街、兵部洼胡同、石碑胡同。

发"禁令"的部门是否知道车应该停在哪儿呢？

记者先拨打了北京市非紧急救助热线12345，12937号接线员查询后表示，"没有登记（自行车）停车信息"。随后记者希望要到西城区热线电话继续咨询。话务员给出了"您是想要联系电话，还是想要我们去继续核实这个问题"的询问。记者表示两者都需要，并挂机等待回复。

其间，记者通过114查询到北京城市管理委员会的电话，接电话的工作人员说："这是西城的事儿，我们不是一个单位。"根据她提供的西城区市政市容委办公电话，记者联系到一位工作人员，对方很坦诚地说："除了10条大街，其他地方都能停。具体哪儿有停车位，可以问问所属的街道。但是施划车位也得有一个过程。"

隔了20分钟，12345回复：已经分别咨询了12328、12341和96156三个热线，给出了可能了解信息的西城区交通委联系电话。

单车软件只提示"禁停区"

对于共享单车应该停到哪儿，各企业也大多采取了划"禁区"的方式来描述。比如打开摩拜单车的App，会跳出"文明北京，绿色出行"的对话框，里面提到请勿将车停在长安街及其街道两侧的胡同、景区、公共设施和机关单位等区域。同时，这款软件给出的正确停车方式是：路边白线、停车圈或单车聚集区域。ofo对于停车的描述是：无固定停车点，结束使用后，将车辆停放至道路两旁的安全区域，方便他人取用。

"禁止是一种管理手段，但更多的应该是疏导，并广而告之哪里可以停车。"市民张先生说。

结合实例，我们可以看出问题型调查报道有以下几个特点：

1. 题材具有非事件性

问题型调查报道的调查对象不是某一孤立的新闻事件，而是在一定时间或空间里普遍存在的问题与弊端。因此，它的题材具有非事件性新闻的特征。上面这篇报道，在北京首次划定共享单车"禁停"的时间节点上，记者运用逆向思维发现问题，由"禁停"想到"停哪"？又如第二十八届中国新闻奖一等奖作品《甘肃祁连山：问责风暴下的生态突围》。祁连山生态环境遭破坏，中办、国办发文通报，上百人被严肃问责。记者就此展开调查，实地探访了甘肃祁连山国家级自然保护区。既报道了祁连山"问责"后的整改情况，又引发了人们对探采项目和环境保护等诸多问题的思考。

2. 采写目的具有明确性

带着问题去采写,这是问题型调查报道一个重要的特点。一般的报道在采写前当然也有采写目的,但比较而言,问题型调查报道所调查的"问题"一般已经引起了人们的关注并进入了舆论的范围。《共享单车停放难倒13条热线》,开篇就提出了市民关心的问题:"共享单车停到哪儿才合适?"通过跟进式采访,涉及部门达十余家,暴露了很多热线电话的敷衍情况,发现了相关管理部门决策不完善的问题。报道以材料的第一手性和真实性来说话,非常具有实证性力量。

3. 报道内容具有调研性

问题型调查报道,不仅是调查问题,还有对问题的研究。这一点,与我们常说的"工作通讯"有很多相似之处。或者说,正是因为问题型调查报道具有很强的研究性,所以过去人们常将它划入"工作通讯"的范畴里。其实,工作通讯这一概念的范畴是不太确定的。有些是推介经验的,又称典型报道,目的是以先进经验来引导其他单位。这是舆论引导中正面引导的做法。有些是记者对某些热点问题的思考,从现象出发深究"为何"与分析"将会如何",这些比较接近解释性报道与分析性报道。近些年来,随着以解释性报道为代表的深度报道的勃兴,"工作通讯"这一概念逐渐淡化。但是,记者的社会责任感不会淡化,他们对一些社会问题所做的艰辛的调查研究,就以调查性报道的形式出现。与工作通讯相比,问题型调查报道的调查研究性质不变,但对社会负面现象的关注,却有别于一般意义上的工作通讯。它的采访过程就是一个对问题剖析与思考的过程。例如《共享单车停放难倒13条热线》采访的虽然是关于共享单车停放的问题,实际上也具有普遍意义,那就是任何工作仅靠"禁止"不能解决问题,重要的是从实际角度出发,让政策既有前瞻性,又有可执行性。又如《甘肃祁连山:问责风暴下的生态突围》一文:

> "停采整治我没有二话,"袁晓坚定地说,"但是,我们一直翘首期盼的补偿政策到现在还没有说法。"他已拿出所有积蓄给工人发了遣散费,不够的只能先欠着,等着补偿款到了再一并补给大家。
>
> 驻甘某国有企业负责人直言,他们的探矿权、采矿权是在当时条件下合法取得的,是地质人员多年艰苦工作和反复论证取的成果。他们坚决支持退出探矿、采矿活动,"但也请相关部门关切企业的合法权益,在补偿时要考虑实际矿业权方面的投入、固定资产投入和预期收益等要素,拿出切实可行的办法"。
>
> "矿老板"们的疑虑也正是高林俊所担忧的。目前,国家和省级层面的矿业权退出补偿机制尚未建立。"这是关闭注销矿业权后所有问题的根源。"高林俊说。

"按正常程序,应该是先进行赔偿、注销证照,然后清理退出,可现在未注销而先行关闭退出与恢复治理导致了资产评估难度陡升,且有法律诉讼的隐患,"高林俊说,"更为严峻的是,由于补偿机制尚未建立,由矿业权人向登记管理机关提出申请办理注销登记手续的方式就无法开展。可由区县政府直接发布关闭公告进行注销,势必会引起行政诉讼,这使得关闭注销的工作困难重重。"

破坏的生态要恢复,但"单位要出路、职工要吃饭"的问题同样应该引起有关部门的重视。

(二)问题型调查报道的写作

1. 解剖麻雀法

从报道中事实与信息的关系来看,问题型调查报道大都用"解剖麻雀法"。也就是说,它是通过解剖具体的案例,去揭示更为普遍的现象。如《甘肃祁连山:问责风暴下的生态突围》,就是在中央问责风暴下,对甘肃省祁连山地区生态修复现状与问题的调查。文章既肯定了生态修复的重要性,又反映了生态修复过程中存在的一些带有普遍意义的问题。

我们知道,问题型调查报道属于非事件性新闻,它调查的是一种社会现象、一个普遍存在的问题。相对来说,这类题材不及事件性新闻那么"实"。但记者的调查却是实实在在的,调查的结论必须由实实在在的事实来表述。这就存在一个"虚"与"实"的矛盾。它需要化"虚"为"实",即围绕调查的问题选定一个具体实在的调查对象,并且调查对象必须具有典型意义。

正是因为这类报道所选的事实具有典型性,所以它传递的信息要大于事实本身。"解剖麻雀法"的意义就在这里。通过一个有代表性的个例,去认识一种普遍现象。"解剖麻雀法"的关键是选好"麻雀"。选得好,可以一当十,选得不好,可能以偏概全。

2. 顺藤摸瓜法

顺藤摸瓜法是以记者的调查为线索,纵向地接近事实真相。新华社记者采写的问题型调查报道较多采用这种方法,如《菜价追踪》《化肥价格千里追踪》等。这两篇报道是一种结构模式:导语提出问题,然后从"源头"着手开始调查采访。《菜价追踪》是从蔬菜的生产地开始一直追到市民的菜篮子。《化肥价格千里追踪》是"顺着进口和生产企业这个化肥供给的'源头',一直追到农民的田间地头"。通过这一根"藤",读者可以看到,化肥价格在源头并没有上涨多少,主要是流通环节涨价太多。记者将主要流通环节 30 多种收费的价格变化,客观翔实、一笔一笔地交代出来,使读者一看就知道化肥价格是怎样涨起来的,涨在哪里,哪些是应该涨的、合理的,哪些是不应该涨的、不合理的。

3. 扇面铺开法

扇面铺开法适合于横向展示一定空间的情况,它以数量的聚集来表明问题的普遍性和严重性,以唤起人们的关注。如《共享单车停放难倒13条热线》,记者先后拨打了13个不同部门的热线电话咨询,回复五花八门,但"不知道"和"没有相关信息"成了出现频率最高的两句话。到底正规的自行车公共停车场都施划在哪儿,谁也没说清。有关部门的热线电话"踢皮球"现象已经到了如此严重的程度!

从报道的语言来看,记者的意见表述比较客观。可以说,大多数问题型调查报道都是以调查过程的展示来完成对调查结论的表述的。也就是说,调查结论已经包含在调查过程的叙述之中,这符合新闻报道"用事实说话"的要求。如普利策新闻奖作品《一次感冒?一个小时看了三个医生》,把病人在医院看感冒的曲折经历生动地记叙下来:先是填表,然后被安排去脚病医生处检查脚,脚病医生检查上药;接着又去看内科医生,内科医生说他患的是"伦敦型感冒",开了一大堆盘尼西林注射剂;精神病医生问他是否有女朋友,等等。请看其中一段记叙:

> 在候诊室,一位穿白衣的护士用静电复印机复制了好几张病人的医疗证,并不断问道:"请问您的姓名、出生日期,您有电话吗?"
>
> 她将这些情况填在一张登记表上,这张表将由病人附在账单上,等看完病,再交给医院。接着,她问道:"您要看什么病?"
>
> "我觉得有点感冒,我得找医生看看。"
>
> "好吧,内科医生正忙着呢。你先到脚病医生那儿去看看脚,他现在有空。"
>
> "干吗?我只是有点感冒。"
>
> "那你也得先检查检查脚。"
>
> "好吧。"病人说道。在他"表兄"的陪伴下来到脚病医生大卫·盖勒的治疗室。医生是一个性情很温和的人,他让感冒病人躺在一张床上,放松一会儿。
>
> 鞋和袜子都先后脱掉了,医生用手捏了捏他的脚,然后问道:"你脚上有什么毛病吗?"
>
> "没有。我只是有点感冒,为什么要我来看脚呢?"
>
> "啊,我们这里检查病情是由下到上的。我们先看看你的脚,然后再检查其他部分。"
>
> 医生在病人的左脚上发现了一块小疹,问道:"这有多久了?"
>
> "好几天了。"病人答道。

"我给你开点药,就到楼上药房去取。将药在上面涂几次,很快就会好起来的。"

读者从以上这段叙述中,不难看出医院的问题和弊端,也不难感受到作者的褒贬态度和评判倾向。

思考题
1. 深度报道在新闻报道中有何特殊意义?
2. 背景式解释报道与述评式解释报道各有何特点?
3. 如何写好解释性报道?
4. 分析性报道分为几种?如何写好分析性报道?
5. 调查性报道分为几种?如何写好调查性报道?

第九章　融合新闻写作

- **本章要点：**
  1. 融合新闻即将不同媒介的叙事优势融合为一体的新闻报道文体形式。这种融合包括信息采集融合、信息呈现融合两个方面。
  2. 融合新闻的叙事元素较传统的新闻报道来说更为多样，主要包括文字与图片、音频与视频、图表等。
  3. 融合新闻的文本呈开放式，主要包括超链接、数据库、社交平台等。它们既丰富了报道文本的内容，也让报道内容的走向出现更多的可能。
  4. 融合新闻写作要领：利用多空间场景进行融合报道；让受访者的声音以各种形式出现在报道中；合理安排融合新闻的内部节奏；有技巧地使用图片、音频、视频塑造沉浸式的叙事语境；利用社交平台，加强受众互动。
  5. 相对于传统媒体的新闻报道而言，融合新闻也有其局限性。主要表现为：题材选择的有限性、新闻真实的不确切性、内容导向的不可把控性。

媒介融合时代下的新闻叙事，不再是传统意义上的文本叙事，而是一种更为复杂的叙事体系。在这一背景下，融合新闻应运而生。掌握好融合新闻的写作，成了新闻写作的新课题。

第一节　融合新闻的产生和发展

随着互联网技术的发展和迅速普及，PC、手机、平板电脑等手机成为人们接收信息的主要终端。从纸质终端到电子终端，再到如今的触网终端，新闻报道的产品呈现形态也随之发生改变。

终端的革新、大数据、H5技术、VR、AR以及人工智能的发展，让新闻产品的类型越来越丰富。全景式报道、可视化报道等成为各大媒体竞相采用的新型报道方式。媒介融合实践越来越普遍地应用于各类新闻报道,其场景化、可视化、交互性、趣味性等特点迎合了受众的阅读习惯,提升了受众的阅读体验。

一、理解融合新闻

1983年,伊契尔·索勒·普尔教授提出"媒介融合,就是各种媒介呈现出多功能一体化的发展趋势。从本质上讲,融合是不同技术的结合,是多种技术融合后形成的新传播技术,由融合产生的新传播技术和新媒介的功能大于原先各部分的总和"。此外,普尔教授还指出"媒介间界线日渐模糊(blurring the lines between media)"以及"过去由不同媒体提供的服务,在今天可以由一个媒体提供"和"过去由一种媒体提供的服务,在今天可以由不同的媒体提供"也是媒介融合的表现。[①]

美国西北大学研究数字创新的戈登教授对"融合"的概念进行了分类,认为融合有以下几个类别:所有权融合、策略融合、组织结构融合、信息采集融合、信息呈现融合。其中前三种"融合"更加偏向于媒介背后的资本形式的融合重组,而后两种则是从新闻实践的角度来定义"融合"的。

关于"融合新闻"的定义,比较有代表性的来自美国"背包记者"先驱人物、学者简·史蒂文斯(Jane Stevens)。他认为:"融合新闻即文本、照片、视频、音响、图表和互动性的集合体,它以非线性结构呈现在网站上,不同媒介的内容相互补充且不重复。"[②]

综上所述,融合新闻即将不同媒介的叙事优势融合为一体的新闻报道文体形式。

从新闻实践的角度考察,融合新闻包括信息采集融合、信息呈现融合两个方面。与以往各媒介平台相互独立进行新闻呈现的形态不同,融合新闻是文本、图片、视频、音频、图表、数据库、交互性页面、社交媒体等各个媒介互相流动贯通的集合体。它以非线性的叙事结构呈现,不同媒介的内容相互补充、相互联结且不重复。

二、融合新闻的发展

融合新闻的发展首先得益于技术的支撑。

"第三代新闻终端是互联网技术驱动的触网终端,PC端、手机端、平板电脑端都属于第三代新闻终端的范畴。"[③]触网终端最重要的特点之一就是互联,依据"万物互联"的环境,融合新闻才有了制作和传播的可能。

---

① POOL I. Technologies of freedom[M]. Cambridge, MA: Harvard University Press, 1983, p. 23.
② 方洁. 美国融合新闻的内容与形态特征研究[J]. 国际新闻界, 2011(5):29.
③ 沈浩, 王宇飞, 姜智勇. 理解与选择:融媒时代的新闻终端与新闻端口[J]. 新闻与写作, 2016(3):10.

首先，技术的互联是融合新闻存在的最重要前提。触网终端在互联网技术的驱动下，实现了数据的抓取和海量信息的聚合。"终端即媒介，应用即端口"，第三代新闻终端的普及，既为社交平台、数据库等端口、终端与新闻端口和终端提供了无缝衔接的可能，又使社交媒体的力量、大数据的信息量以及人们阅读习惯的改变汇聚为一体，让新闻生产流程、传播方式得以再造。

其次，融合新闻的发展得益于受众的转变。融媒体时代，受众市场呈现出几个特点：第一，用碎片化时间阅读海量信息。在信息大爆炸时代，人们喜欢利用碎片化时间获取信息，智能手机、4G 及 5G 网络的普及为这一现象提供了技术载体。因此，新闻产品的制作不仅要适合传统的纸质版本传播，还应当满足屏幕显示的需要。第二，眼球经济，或者说注意力经济成为新媒体传播中难以避开的一环。引入游戏新闻、H5 交互页面、短视频、flash 动画这些元素，往往能够让习惯于浅阅读的受众以泛娱乐的心态接收非娱乐新闻。在信息大爆炸时代，记者编辑既要承担起优质内容的制作任务，还应当考虑如何以多元的叙事方式，让优质的内容抵达更多的受众。第三，社交媒体的力量得以强化。非线性叙事是融合新闻的特点之一，而在非线性叙事的基础上实现交互性叙事的最主要方式就是社交媒体的分享功能。受众不仅可以通过社交媒体的分享阅读新闻，还能参与新闻叙事，建构新闻文本，让新闻事件得以持续更新。

目前，各类新闻客户端 App 慢慢成为媒体发布新闻的主要阵地，而微信、微博依然是国内用户传播新闻的主要平台。不可忽视的是，短视频平台也加入了新闻传播的大军，官方新闻类账号进驻各类短视频平台，视频类自媒体也成为信息传播的重要组成部分。一个新闻事件的报道呈现出越来越开放的形态，融合新闻的普及是未来的发展趋势。

第二节　融合新闻的叙事元素与文本构成

融合新闻与传统新闻相较，具备更加丰富的叙事元素和更为开放的文本构成。

一、丰富的叙事元素

融合新闻叙事元素的丰富性体现在它融合了多种媒体的叙事形式。以 2016 年普利策新闻奖中的融合新闻为例，各篇报道运用的叙事元素见表 9-1：

表 9-1 2016 年普利策新闻奖融合新闻的叙事元素分析

作品编号	叙事元素	出现频数	功能分析
18	文字	10	背景介绍、事实描述、分析和解释性信息、人物特写、社会反应、总结
	图片	39	人物肖像、现场照片
	视频	6	事件解说、人物采访、事实记录
	图表	4	地理位置呈现、事实呈现、分析和解释性信息
19	文字	8	背景介绍、事实描述、分析和解释性信息、人物特写、社会反应、总结
	图片	8	人物肖像、现场照片
	音频	7	事发电话录音、警察通信录音
	图表	8	地理位置呈现
20	文字	7	背景介绍、事实描述、分析和解释性信息、人物特写、社会反应、总结
	图片	70	人物肖像、隐喻式画面、信息呈现、历史照片
	视频	8	监控录像、事实描述、人物采访
	图表	2	事实呈现
21	文字	7	背景介绍、事实描述、分析和解释性信息、人物特写、社会反应、总结
	图片	73+3(图集)	人物肖像、环境照片、隐喻式画面、图片故事
	视频	8	政府机构回应、当事人采访
	交互性图表	8	事实呈现、分析和解释性信息
	图表	2	事实呈现
22	文字	9	背景介绍、事实描述、分析和解释性信息、人物特写、社会反应、总结
	图片	5	人物照片、现场照片
	交互性图表	2	事实呈现、分析和解释性信息

综合表 9-1，我们对不同叙事元素及功能作一分析：

(一)文字与图片

融合新闻的文字与图片继承了传统新闻叙事的特点，是主要的叙事元素，发挥着集合新闻事件的主要信息、介绍事件背景以及联系各个模块、对其他媒体形式的信息呈现进行补充说明的作用。在融合新闻中，在文字设计、版面安排、flash 动画技术的支撑下，文字有了更大的可塑空间。而图片除了对于人物、事件发生现场进行还原外，还起着渲染气氛的作用。不过，由于视频应用的普及，图片的部分叙事功能已经让渡给了视频。

(二)音频与视频

音频在融合新闻中以三种形式出现：一是单独出现在页面中，如 2011 年《华盛顿邮报》关于白宫枪击案的报道，交互页面中就有大量以现场音为主要内容的音频；二是与文字相结合，对文字信息起着还原、补充、强化的作用；三是剪辑到视频中，音频与文字、图片、视频结合成视频故事,起到强化现场语境的作用。

我国的融合新闻中,也常使用音频这一元素。如腾讯新闻关于汶川大地震十周年纪念的《地震丧子后,天堂有来信｜吾儿勿忘 3》报道,就使用了母亲刘莉教孩子恩恩叫姐姐的音频,而姐姐姗姗在那场地震中已丧生。虽然没有画面,但这则音频的独立出现却能让受众更加深切地体会到其中的复杂情绪(图 9-1)。

图 9-1 《地震丧子后,天堂有来信｜吾儿勿忘 3》中的音频

视频在融合新闻中的出现频率也很高,它既能充当导语,起到渲染气氛的作用,又能承载起新闻主题的叙事。视频弥补了静态图像"去语境化"和"非连续性"的叙事缺陷①,有助于全景事态的呈现,更有利于全媒体符号的交互使用,使空间特性得到较完整的表达。

音频和视频在融合新闻的叙事中,主要发挥了两个作用:一是丰富了叙事视角的层次,破解了传统新闻文本中以第三人称为主体的讲述,第一人称的音频和视频资料能够真实还原当事人的状态;二是提升了新闻的"客观真实",相对于文学叙事,新闻叙事的特殊性就在于"话语"应与客观事件相符合,能全面真实地反映事件原貌。② 融合新闻中的音频与视频打破了传统新闻因语言的线性特征而无法完好地还原事件的原貌,甚至可能产生误解的局限。

(三)图表

图表与多媒体技术的结合实现了新闻的可视化叙事,这也是对互联网时代受众阅读习惯的适应。其中地图的应用帮助受众架构起一个崭新的地理空间,从宏观的角度对事件的发展脉络进行把握,如《圣贝纳迪诺恐怖袭击》中的恐怖袭击地点图(图 9-2)、

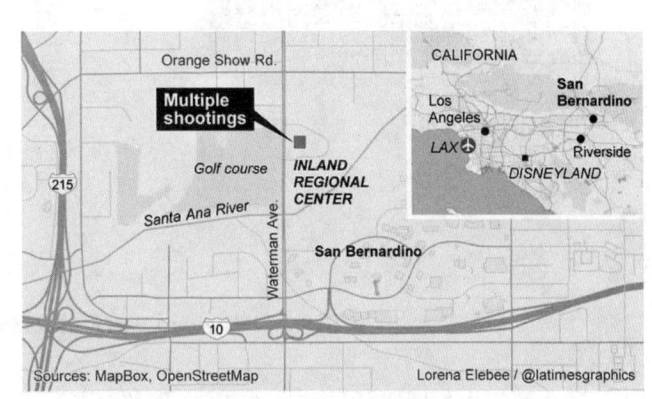

图 9-2 恐怖袭击地点

---

① 李薇,季水河. 普利策新闻奖特稿的新闻叙事语法特征辨析——以《"玛丽夫人"号的残骸为例》[J]. 湖南大学学报,2016(5):153.
② 李凌燕. 新闻叙事:客观真实性与主观倾向性间的博弈[J]. 东华大学学报(社会科学版),2009(3):182.

《直到死亡将我们分开》中的受虐妇女庇护所和被虐杀妇女死亡地图等。澎湃新闻《寻路胡焕庸线上的中国》也用大量地图对胡焕庸线的地理位置、经济发展、人口情况等背景信息进行了详细精要的呈现。

地图在融合新闻中大量使用，对与空间相关联的事件进行了可视化的呈现，以直观的图形释义性叙事帮助受众理解新闻事件。

图表中还有一种常见的形式叫数据图表。在融合新闻中，它的主要作用是将纷繁复杂的数据信息合理地整合起来，以简洁的形式呈现给受众，传达数据本身的意义。2019年中国国际电视台制作的 *Who runs China？* 运用数据动态图表清晰地呈现了中国历届全国人民代表大会的人员组成情况（图9-3）。

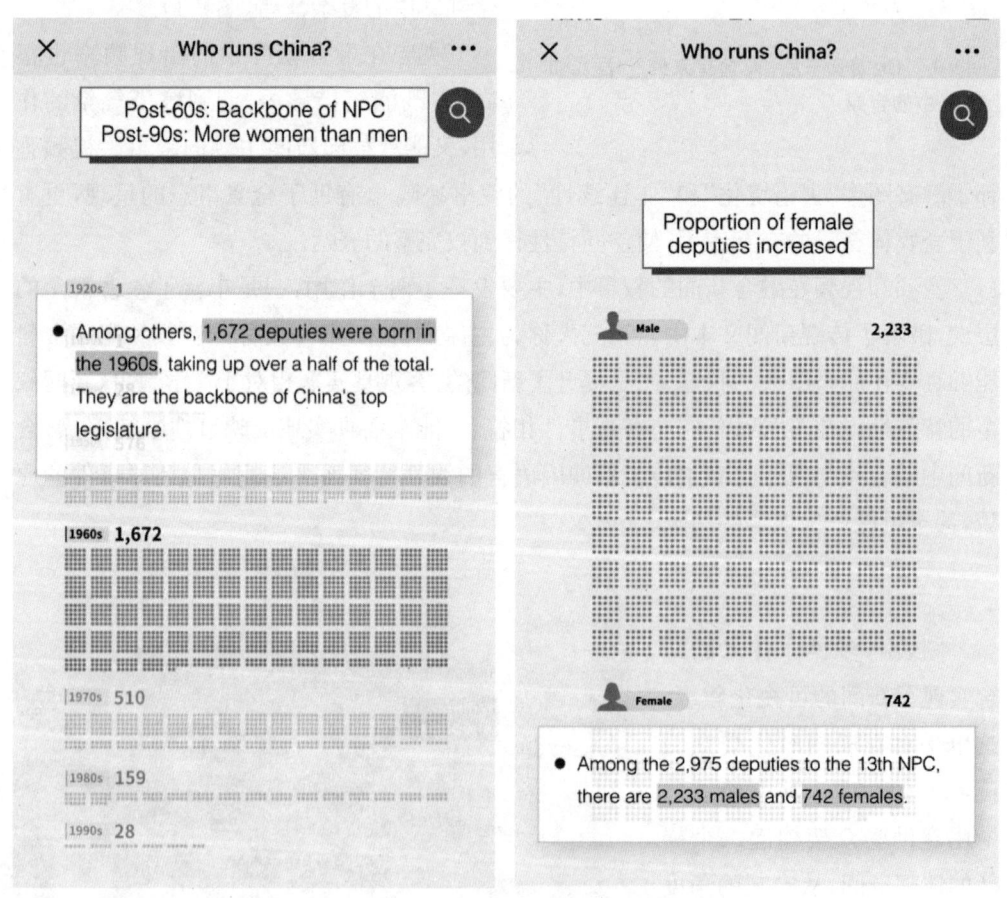

图9-3　*Who runs China？* 的数据截图

融合新闻中的图表的特殊性在于，在网络环境下进行图表的交互性设计后，图表本身就被赋予了一层隐喻色彩，受众在接收信息后，能够通过这些生动的图表以最快的速度获取数据信息的隐含意义。

二、开放的文本构成

叙事学学者布雷蒙将叙事看成"序列"。他认为:一个基本序列由三种逻辑关系组成,体现出任何变化过程的必然阶段:可能性的出现→实现可能性的过程→由此产生的结果(图9-4):

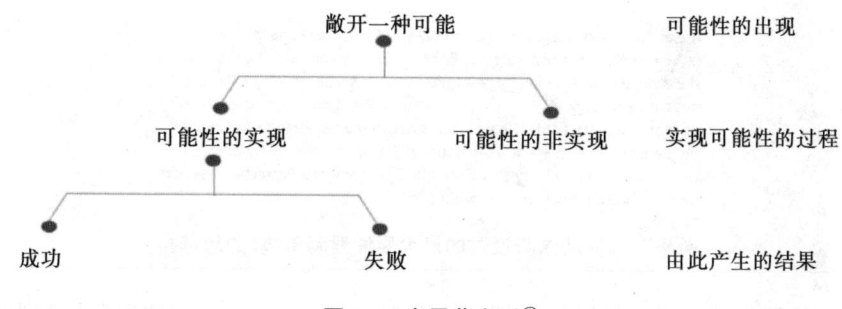

图 9-4　布雷蒙序列①

布雷蒙序列类似计算机中的简单程序。玛丽·劳勒·莱恩在《电脑时代的叙事学:计算机、隐喻和叙事》一书中将电脑时代的叙事比喻为"曲径交织的园林"。她认为,新闻叙事不是对事物特定状态的静态再现,而是潜在地包含着将多个事态交织起来的多条不同的叙事路线。这样一来,新闻的叙事就可以重构多个"可能的世界"。②这种"曲径交织的园林"中多个"可能"的存在,就是由布雷蒙序列演化而来的。

融合新闻中的多媒体技术,体现在交互性上就是这种一层一层序列的展开。这种序列呈现出不同的叙事路线,并且将叙事的选择权交予受众。这种"敞开一种可能"在融合新闻的多媒体技术上主要体现在以下三点:

(一)超链接

超链接简单来讲就是内容链接。它是指从一个网页指向一个目标的连接关系,这个目标可以是另一个网页,也可以是相同网页上的不同位置,还可以是一张图片、一个电子邮件地址、一个文件,甚至是一个应用程序。超链接是一个简单的跳转程序。相比于其他多媒体形式,超链接本身并不进行信息呈现,也就是说,超链接并非是信息的承载体,而是一个选择的通道。

以2013年普利策新闻奖获奖作品《你从未听说过的最大原油泄漏事故》为例。报道成功地使用"超链接"这一形式,解释事件中的数据来源,回顾与事件相关的历史报道,跳转到涉及的官方机构页面,甚至连事件中引用的人物语言都能找到准确的出处(图9-5)。受众可以从这些超链接中得到充分的背景知识,这些超链接也成为该报道

---

① 布雷蒙.叙事可能之逻辑[M]//张寅德.叙事学研究.北京:中国社会科学出版社,1989:154.
② 赫尔曼.新叙事学[M].马海良,译.北京:北京大学出版社,2002:66.

真实性与客观性的有力佐证。可见,饱满的分散叙事结构能够以一种强势而严谨的说服态度让受众无法质疑并接受其观点的输出。

> The spill happened in Marshall, a community of 7,400 in southwestern Michigan. At least 1 million gallons of oil blackened more than two miles of Talmadge Creek and almost 36 miles of the Kalamazoo River, and oil is still showing up 23 months later, as the cleanup continues. About 150 families have been permanently relocated and most of the tainted stretch of river between Marshall and Kalamazoo remained closed to the public (until June 21).
>
> The accident was triggered by a six-and-a-half foot tear in 6B, a 30-inch carbon steel pipeline operated by Enbridge Energy Partners, the U.S. branch of Enbridge Inc., Canada's largest transporter of crude oil. With Enbridge's costs already totaling (more than $765 million), it is the most expensive oil pipeline spill since the U.S. government began keeping records in 1968. An independent federal agency, the National Transportation Safety Board, is (investigating the accident) and the U.S. Environmental Protection Agency has launched criminal and civil probes.

图 9-5 《你从未听说过的最大原油泄漏事故》的超链接

超链接提供了大量使报道立足的原始材料出处。这种言必有"据"的呈现方式是对网络平台的有效运用。一方面让报道更加真实严谨,另一方面也为受众提供了广阔的探索空间。

超链接让传统新闻中被迫隐形的边缘性事件、背景事件有了存在的空间。尽管融合新闻的叙事依然无法消除主观倾向性,但它将这种主观倾向性通过超链接的方式交还给受众,这些过去隐形的事件可以在受众的选择下重新现身。这是超链接这一叙事形式在融合新闻写作中最为可取之处。

(二)数据分析和融入文本的数据库

大数据的出现促进了传媒行业的发展与变革。大数据在传媒行业的应用主要体现在两个方面:一是通过海量抓取受众数据,丰富受众画像,从而实现新闻的精准推送。二是建立数据库,并利用数据库数据进行事实的陈述与观点的表达。互联网兴起后,普利策新闻奖中有大量"建立数据库"的案例,这种数据库甚至成为新闻叙事的本身。

2012年普利策新闻奖获奖作品《美沙酮:疼痛的政治学》利用美国医疗系统的统计数据找到近年与美沙酮有关的死亡案例,建立数据库对这些案例进行分析。在2015年普利策新闻奖获奖作品《直到死亡将我们分开》中,《华尔街日报》的记者、编辑从州检察官、警察局、法院等各处汇集报告、记录,整理出一个过去十年该州家庭暴力杀人案件数据库,从中总结出案件在一天中多发的时间、常用凶器等。2016年普利策新闻奖获奖作品《高频次的警察枪击案件》建立了一个全国数据库,整合了2015年以来美国警察枪杀平民的案件,包括受害者的种族、被杀环境、受害者是否携带武器、是否患有精神疾病等信息,展示了警察开枪杀人的频率、原因以及最有可能的下一个受害者。

这些数据不仅成为支撑新闻文本叙事的重要内容,其构建的开放性数据库也发挥着检索和呈现的功能,让一则融合新闻链接出更多的可能性。数据化呈现分为开放式和封闭式:开放式呈现是媒体自己建立数据库,在叙事中发挥着"故事线索"的作用;封闭式呈现是媒体将数据分析后的结果直接呈现给受众,既可以作为此时新闻的佐证工具,也可以单独出现在新闻中,阐释问题的规模和影响。数据库的构建,既是记者发现该新闻线索的源头,也能对其后续的新闻报道进行数据支持。

(三)社交平台

社交网站的出现,为新闻叙事提供了新的平台。通过社交平台,报道者可以对新闻进行实时更新,这种时效性和受众参与度是传统媒体无法比拟的。如专注于美国亚拉巴马州新闻报道的《塔斯卡卢萨新闻》全体记者获得 2012 年普利策突发新闻奖。2011 年 4 月 27 日,一场龙卷风袭击了亚拉巴马州的塔斯卡卢萨,最高时速达到 320 公里,造成数百人死亡。从当地时间 2011 年 4 月 27 日上午 10 点起,《塔斯卡卢萨新闻》的记者就开始通过 Twitter 报道龙卷风的发展动态。截至 2011 年 4 月 28 日晚上 6 点,记者们共发布了 130 多条短博文,报道了龙卷风 20 多个小时的行进路径,并通过 Twitter 帮助定位失踪人员(图 9-6)。

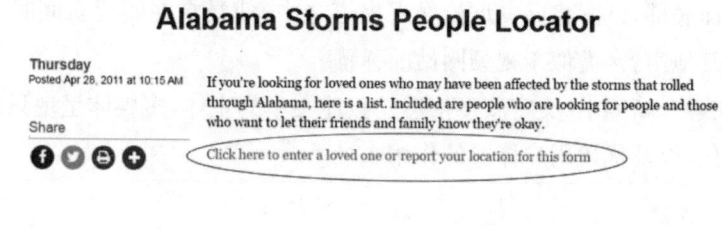

图 9-6　《塔斯卡卢萨新闻》记者在龙卷风报道中利用 Twitter 进行定位

2013 年普利策突发新闻奖获得者运用各种新闻工具,包括 Twitter、Facebook、视频和书面报告,全面记录了发生在科罗拉多州奥罗拉电影院的恐怖袭击。一方面,不在场的记者通过 Twitter、Facebook、Google 和 Tumblr 的更新来分析现场情况;另一方面,在场的记者也在 Twitter 上实时更新照片与信息。带有♯电影院枪击♯话题标签的信息流迅速涌入社交平台,不过这也给记者辨别真实的信息带来了一定的困难(图 9-7)。

社交平台的碎片化信息丰富了整个新闻的叙事结构,而其强大的分享功能更是贯穿了整个新闻的始终。网页、视频、图片均可以一键分享到受众的社交圈,促进了信息在各大网络平台的流通。同时,社交平台可以获取海量的受众信息,描绘出更加清晰的受众画像,从而实现新闻的个人定制和精准推送。在获得普利策新闻奖的融合新闻中,还有两种情况值得我们注意:一种是在新闻页面中标明关注、推荐本篇报道的好友

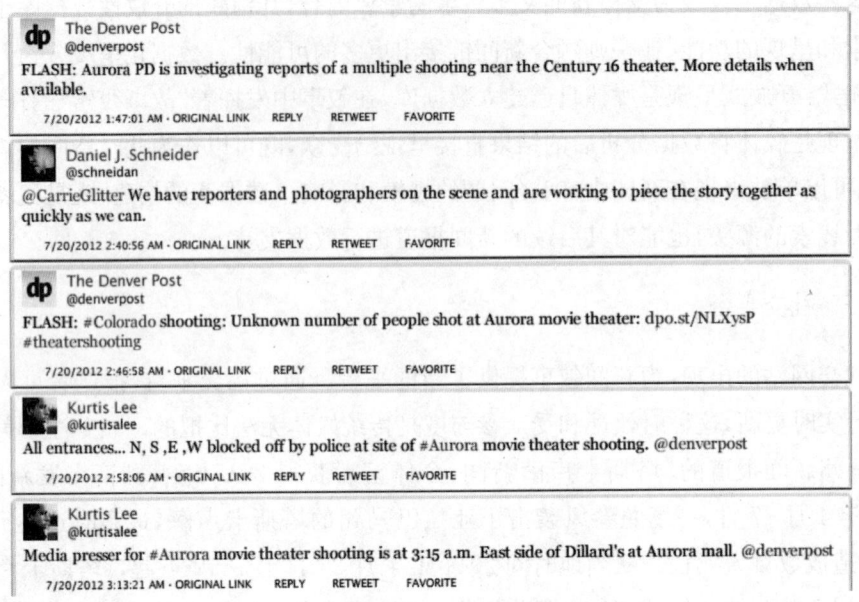

图 9-7　电影院枪击事件发生后四天内的社交平台上关于此事件的部分讨论

数,希望通过好友的影响吸引受众点击阅读。另一种是将网友评论放置于新闻页面右侧而不是页面底部,试图将网友评论融入报道之中,使受众在阅读新闻时实时接收到来自网络的其他声音,类似于视频网站的弹幕。

不过,在融合新闻中,文字叙事依然是叙述文本的主体,多媒体呈现只是发挥着佐证、补充、强化,以及优化用户体验的作用。

第三节　融合新闻的写作

从前面的讨论中我们可以看出,与传统新闻写作不同,融合新闻的叙事元素与文本结构都发生了很大的变化,这就决定了它的写作也会发生革命性的变化。虽然我们在这里继续沿用"写作"这一概念,但其实融合新闻的写作更像是一种制作。

融合新闻的写作,要注意从以下几个方面下功夫。

一、利用多空间场景进行融合报道

传统的新闻叙事中,对于空间场景的构建多依靠详尽的细节描写和气氛渲染,但在融合新闻中,技术的使用给予了叙述者还原空间的能力。如视频的插入、图片与音频的组合、flash 动画对于真实空间的解构与重塑,等等。在融媒体时代,一篇报道的篇幅是有限的,直观的部分让图片和视频来表现,文字就可以去表现更加宏大和丰富的信息,各取所长。视频、图片和其他交互性场景往往能吸引受众的注意力,更容易让受众迅速沉浸在文本的叙事空间中。

一个融合新闻作品之中可以存在大量的空间,它们或是并列,或是交叉,受众对于不同空间的转换以及转换模式可以有自己的选择。未来,以 AR、VR 为代表的技术对于"虚拟真实空间"的重建将更加全面,这也许会给融合新闻中的空间叙事带来新的可能。

以澎湃新闻的《寻路胡焕庸线上的中国》为例。该新闻一共分为三大块:寻路胡焕庸线之视频、寻路胡焕庸线之图文、寻路胡焕庸线之全景 360°。视频章节由 11 个视频、一个 H5 页面、一个动画构成,每个视频时长 3—5 分钟。图文章节由 15 篇报道构成,包括一篇名为《地图湃|寻路胡线:怎样通过地图和数据来了解中国?》的带有科普性质的文章。全景 360°则是由 10 张全景图构成,直观展示胡焕庸沿线的城市风貌。这三部分相辅相成,每一个分支的内容都十分丰富,实现了多个空间场景的互通(图 9-8a、图 9-8b)。

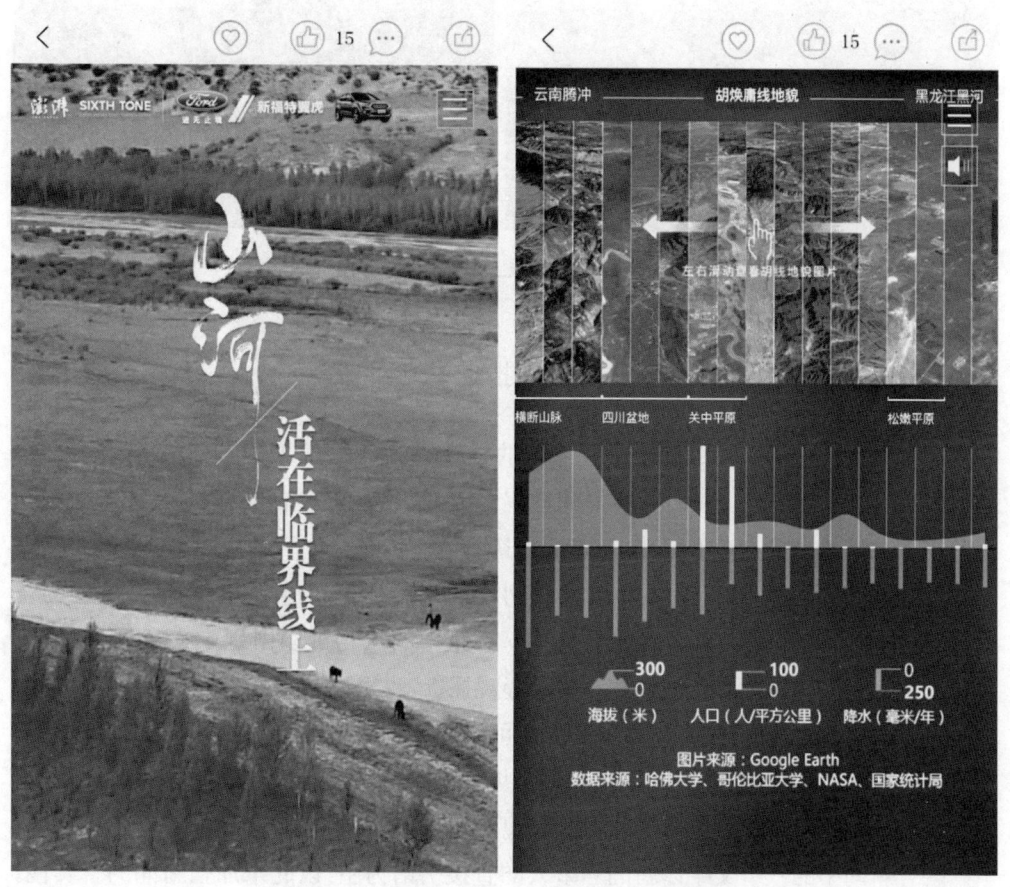

图 9-8a 《寻路胡焕庸线上的中国》部分内容截图

图 9-8b 《寻路胡焕庸线上的中国》部分内容截图

二、让受访者的声音以各种形式出现在报道中

在传统新闻中,人物形象是在叙述者的描述和读者的想象的双重作用之下构建的,这大大加深了对于一个人物形象的理解偏差,叙述者文字描述的人物、读者接收并想象重构的人物以及真实的人物之间很难达到统一。

但在融合新闻中,可以为文本中直接引语的来源加上超链接,以解释该人物的背景信息,同时不影响整个文本的叙事节奏。视频中的人物可以由别人来描述,也可以由自己主动呈现;可以是被动地由叙述者旁观捕捉,也可以与叙述者协商好,有预见性地呈现;可以是人物群像式地并列呈现,也可以以人物故事或特写的方式支撑起故事。在一些无法取得视频画面的情况下,音频也能发挥出文字所没有的还原现场音的功能。总之,融合新闻的大体量让人物的呈现空间变得不受局限。

融合新闻中的叙事文字以新闻当事人的直接引语为主,以此来加强新闻的真实性。2016年的普利策公共服务奖获奖新闻,用9篇系列报道揭露了美国大型超市和餐馆海鲜供应链上的劳工滥用情况。其中《为奴22年》的交互性页面中有一节直接以劳工第一人称为视角,讲述他们如何走上被"奴役"的过程与遭遇,并在文字之间配以大量的劳工手持一张白纸的单人照,纸上面写着他们的名字、国籍、年龄和被囚禁的船只(图 9-9)。第一人称亲历者的讲述与极具视觉冲击力的图片大大增强了故事的感染力,记者完全隐匿在劳工背后,让受众感觉自己就在与劳工进行直接对话。

图 9-9　《为奴 22 年》的交互性页面

在 2016 年普利策突发新闻报道奖《圣贝纳迪诺恐怖袭击》中,视频用来播放枪击事件的现场影像,图片是对叙事高潮的补充,记录下恐怖袭击现场的混乱。人物群像式并列放置,展现了这些无辜者的生平,更加反衬出恐怖分子的残忍(图 9-10)。这些都是从不同的角度来报道该事件。

图 9-10　《圣贝纳迪诺恐怖袭击》中人物群像式故事叙事

三、合理安排融合新闻的内部节奏

在传统新闻中,记者常用细腻而冷静的笔触对新闻事件发生的场景进行勾勒,而在融合新闻里,叙事语境的营造更多地被视频、音频以及可视化的视觉符号所取代。碎片化剪辑的视频、带有冲击力或强烈隐喻的图片、与新闻事件有密切联系的声音,甚至是符合新闻主题的音乐都能使整个叙事的氛围更加浓厚。就日常的融合新闻来说,引入游戏新闻、H5交互页面、短视频、flash动画这些元素,往往能够让习惯于浅阅读的受众以泛娱乐的心态实现对非娱乐新闻的接收。

热奈特指出,在一个故事中,几个事件可以同时发生,故事的时间可以是多维的,但是在故事的叙述中,叙事者必须调整这些事件原本的发生顺序,将这些事件有先有后地排列起来。因此在传统的叙事中,叙事的时间是线性的。[①] 但在后经典叙事学中,数字技术给了叙事者更多的可能性,因为叙事时间从线性转向了非线性。

同样,在融合新闻的叙事中,事件的叙述顺序由叙事者结合不同的媒体以及舆论环境进行相应的安排和调整。一般来说,叙述顺序的第一时间并非故事发生的第一时间。故事时间与叙事时间的错差,由时距、频率和语式决定。时距是事件或故事实际延续的时间和叙述它们文本的长度之间的关系。[②]

获普利策新闻奖的融合新闻多为调查性、解释性长篇报道,时间跨度很大,但由于采取了视频、音频等多媒体形式,其片段式的事件呈现可以与实际延续时间等同。如《直到死亡将我们分开》的第二部分在指责司法机关无作为时,网络专题页面上有两条纵向时间轴。对比这两条不同颜色的时间轴,受众可以清晰地看到:黑色时间轴上的案件密集紧凑,而另一条红色时间轴上的司法机关的行动,则显得滞后且对于案件没有实际的推动和解决(图9-11)。这种双重叙事时间的并行叠加,生发出一种奇妙的隐喻作用。

一般而言,不同的媒体有着不同的叙事时距,这也是影响受众阅读节奏的重要原因。因此,叙事者要合理地安排和组合不同的叙事文本,以便更好地吸引受众,降低其疲惫感出现的可能性。

[①] 热奈特. 叙事话语 新叙事话语[M]. 王文融,译. 北京:中国社会科学出版社,1990:13.
[②] 肖锋. 媒介融合与叙事修辞[M]. 北京:中国传媒大学出版社,2012:123.

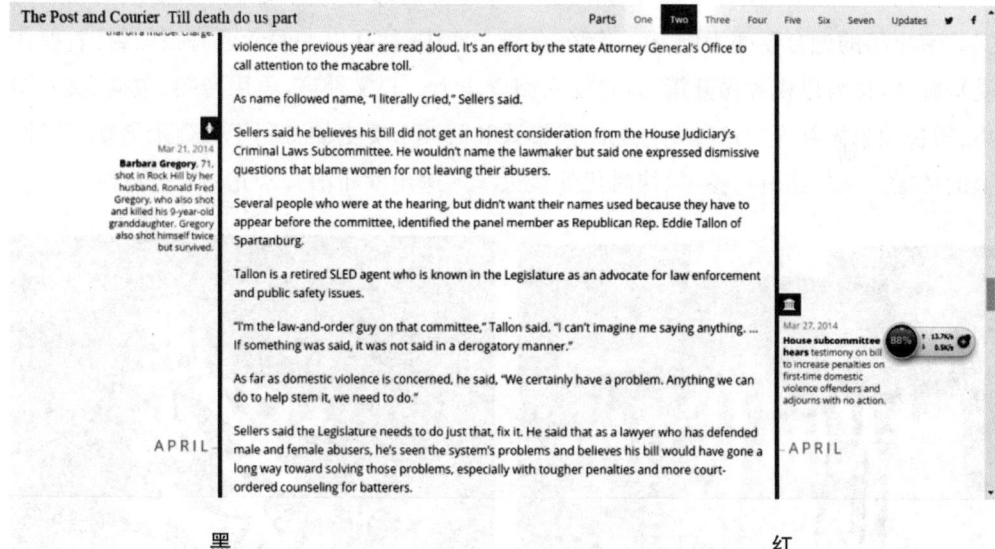

黑　　　　　　　　　　　　　　　红

图 9-11 《直到死亡将我们分开》交互性页面中的两条时间轴

频率是指故事的反复能力与叙事的反复能力之间的关系。事件和叙述事件都有反复的能力。在融合新闻中，并列式事件可以看作频率的体现，调查性报道、灾难新闻、突发事件新闻等常用这种报道形式。比如获 2016 年普利策调查性报道奖的《狂乱、危险而隐秘》，用多个人物故事反复丰富报道的情节（图 9-12）。再如突发事件中的信息的实时补充，强调该新闻中的某一影响因子，通过反复叙事传递出报道者的观点与倾向。反复叙事能不断提醒受众故事的重点所在。

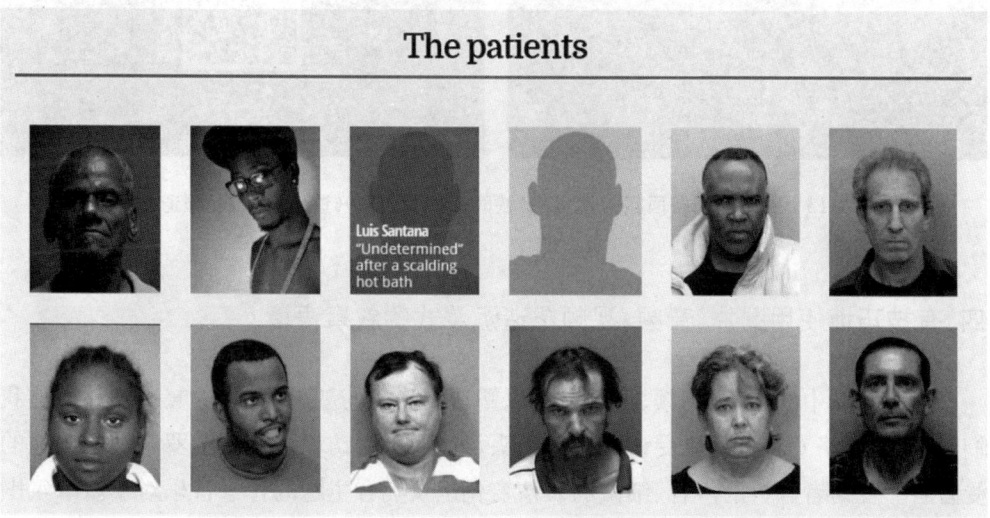

图 9-12 《狂乱、危险而隐秘》揭露了佛罗里达精神病院里不断升级的暴力和漠视问题，通过对患者故事的反复叙事强化事件的严重性

国内一些相对"轻巧"的融合新闻也十分注重内部节奏的安排。以腾讯新闻谷雨实验室出品的融合新闻为例,在一篇公众号文章中,往往以一幅专题海报做封面,抓住受众眼球,接着以视频做开篇,减轻受众阅读压力。长文铺展,再用音频、数据表格、图集、短视频来做补充。这种变化的阅读形式和阅读节奏更加有利于长篇报道在互联网上的传播。具体案例可参考《快时代的慢火车》《逃出罗布泊》《吾儿勿忘》等(图9-13)。

图 9-13　腾讯新闻谷雨实验室出品《快时代的慢火车》《逃出罗布泊》报道封面

四、有技巧地使用图片、音频、视频塑造沉浸式的叙事语境

融合新闻中的图片、音频、视频多用以塑造沉浸式的叙事语境。如《直到死亡将我们分开》的网络专题页面以受访者视频开头,视频中,受访者多为南卡罗来纳州当地的受害者。受访者颤抖的声音、细微的表情变化以及契合主题的背景音乐对于叙事氛围的营造有着极大帮助。这样一方面向受众传递出南卡罗来纳州女性遭受家庭暴力的事实,另一方面也对受众进行着一种情绪的渲染。再如打开《雪崩》的网络专题页面,狂风呼啸的音效与风卷积雪的动态图像栩栩如生,让受众有身临其境之感。文字部分

中受访者的语言直接用音频来代替,夹在段落之间,极大地提升了新闻的真实感。还有 2013 年普利策国内报道奖《击中夜色白宫的子弹》,设置了两个音频页面,分别对特工和民众进行了采访。带着嘈杂背景音的现场录音对话,加上断断续续的音响效果,不仅塑造出一种紧迫感,抓住了受众的注意力,也增强了报道的现场感。这些多媒体的运用,帮助受众迅速地沉浸于新闻报道的叙事语境之中。

五、利用社交平台,加强受众互动

非线性叙事是融合新闻的特点之一,而在非线性叙事的基础上实现交互性叙事的最主要方式就是社交平台的分享功能。受众不仅可以通过社交平台参与新闻叙事,建构新闻文本,还能在文本之外继续讨论故事,实现了故事的永久开放,即一个故事的结束意味着另一个故事的开始。

在融合新闻中,一些受众在社交网站上的留言就成了该新闻文本的一部分。如 2012 年费城校园暴力案报道专门开辟了读者评论区;2012 年科罗拉多州奥罗拉电影院的恐怖袭击报道引用了来自 Twitter、Facebook、Tumblr 等的留言和视频;2013 年美国波士顿马拉松爆炸案报道中,自媒体参与发布现场图文和视频。

此外,获得普利策奖的融合新闻都设置有一键分享的功能,交互性网页和交互性图表的存在暗示了这些隐含叙事只有通过人机交互才能转变为有效叙事。文本的互动性及非线性促成了多元叙事主体的出现,融合新闻成了一个开放式作品,"点击"这一人机交互行为将新闻叙事的一部分主体权利交还给了受众。受众可以选择是否点击视频、音频、超链接,是否跳过相关的文字叙事,是否通过社交平台参与新闻叙事的建构。最终,"人机综合共同体共同构成新闻叙事人,新闻叙事文本是在人与机器、人与人的不断交流与对话之中构建而成的"[①]。

国内的融合新闻不仅设置有常规的线上分享、讨论功能,制作单位还会针对某一期主题设置线上或线下沙龙,邀请主创团队与受众进行直接的讨论和故事分享。这种形式不仅增加了受众黏性以及受众对于新闻制作团队的品牌认可度,也让受众与媒体实现了共同成长。

融合新闻容纳了多重叙事声音,这些叙事声音之间的对话,叙事声音与受众、受众与受众之间的对话可以由融合新闻制作者这个隐含的叙事身份进行预设。这种对话是多样的、碎片的、互动的、协商的,能够让故事文本中的多重叙事声音相互影响、相互补充、相互博弈。在融合新闻这个开放式平台上,对话甚至可以从文本内部延续至现实生活,融合新闻制作者应当发现并利用好文本内部适合放置这种与外界进行开放式对话的关口,使融合新闻的传播更加高效。

---

① 华进.数码语境下新闻叙事的转型[J].当代传播,2013(2):29.

第四节　融合新闻的创新与局限

融合新闻越来越受到新闻传播业界的重视,各种融合手段已经出现在新闻制作的各个环节。在我国,新华网、人民网、腾讯、网易等互联网媒体已经开始了对于融合新闻的探索与尝试,并生产出了一批质量较高的融合新闻。

与传统新闻相比,融合新闻在叙事形式上有了很大的创新,但在内容方面,它也存在一些局限,这就需要我们在创作融合新闻时特别加以注意。

一、融合新闻的创新

融合新闻的创新不是无源之水,它是新媒体背景下新闻报道手段的丰富与发展。它的创新主要表现在以下两个方面。

(一)基于技术发展上的叙事创新

融合新闻的叙事归结到底,是互联网时代下,技术发展和创新对于传统新闻叙事的一次变革。新闻本身的形态在变化,不再局限于过去的文本叙事,多媒体形态与多媒体技术为新闻注入了新鲜的血液,使其可塑性大大增强。叙事方法的创新、产品化的生产形式,适应了技术变革下人们全新的阅读习惯。

融合叙事是技术发展的成果,也是不断适应技术变革的必要之举。2017年3月,腾讯谷雨实验室上线一则名为《逃出罗布泊》的融合新闻,回顾了一个埋藏在沙漠里名叫李中华的人物短暂的一生。该报道用文字、影像和出色的交互页面设计实现了一次高效传播。在关于《逃出罗布泊》的线上讨论会上,主创人员谈到融合叙事时,表示"融合叙事其实就是叙事方法的一种,是适应互联网的传播形式,早在PC时代就有很多媒体在做了。随着技术的发展和终端的迭代,融合叙事在移动端又有了新的可能。我们想重点围绕三个方面来突破:一是继续挖掘好的题材,创新叙事方法,尤其是强化短视频和数据分析及可视化的能力;二是形成标准化的产品形式,能够快速、稳定地生产出优质的融合新闻;三是开始平台化的尝试"①。

(二)基于传统新闻叙事的继承与发展

对于新闻而言,叙事的目的不仅仅是客观真实地传递信息,更要客观真实地讲好故事。为了达到最佳的叙事效果,传统新闻的作者会使用多重叙事主体、多条线索并行的叙事结构,凸显新闻事件中人的作用。从融合新闻的叙事特点来看,其内

---

① 2017年3月29日,腾讯新闻谷雨实验室负责人魏传举在《逃出罗布泊》的线上讨论会上的发言。

核与传统的新闻叙事是一致的,是对于传统新闻叙事的继承与发展。

例如,多重叙事主体在融合新闻叙事中体现为加入视频、音频,直接呈现事件中人物的声音,而不是转述。多条线索并行的叙事结构是融合新闻追求的"曲径交织的花园",只不过这种线索的层次更加丰富,而受众也能对这些不同的"曲径"进行选择性阅读。对于人的强调与还原也是融合新闻叙事的关键,由于融合新闻依托于互联网技术而不受版面、媒体形态的限制,无论是表现群像式人物,还是特写式呈现,融合新闻都能从人的面貌、声音、动作、情绪、性格等方面进行最直观的还原。

二、融合新闻的局限

虽然融合新闻满足了受众的碎片化阅读习惯,拓宽了新闻叙事的范畴,丰富了新闻叙事的呈现形式,将技术元素与受众话语囊入新闻之中,但是从目前的情况来看,以融合新闻为代表的这种新型新闻叙事模式依然无法取代传统的新闻叙事。这是由融合新闻本身的局限性所决定的。

(一)题材选择的有限性

时效性是新闻的必备要素之一,然而融合新闻背后复杂的技术制作环节决定了其时效性必然要差一些。融合新闻与传统新闻的目的是一样的——讲好新闻故事。但融合新闻即便拥有各种技术手段,如果没有符合这些技术传播的素材,依然没有办法支撑起融合新闻的叙事。相反,传统新闻只需要出色的文字写作,传播起来方便快捷。一般而言,只有那些情节复杂、故事性强、对于时效性要求较低的新闻,才有可能制作成融合新闻。这就是为什么我们看到的融合新闻大都是调查性报道、解释性报道的原因。

此外,融合新闻较传统新闻而言,制作花费更大。从成本上来考虑,不是所有的题材都值得花更多的经费制作成融合新闻。如 2013 年获普利策新闻奖的《纽约时报》的《雪崩》,它是由 11 个人的团队耗时 6 个月完成的,花费总计 25 万美元。这样的时间与资金投入、技术支持并不是普通的题材和普通的媒体机构能够承担的。

对于融合新闻的资金投入,媒体也有自己的考虑。腾讯新闻谷雨实验室负责人魏传举就表示:"我们不会考虑它的直接变现问题。因为这种严肃报道本身并没有直接变现的空间,它甚至都不是高流量的产品。我们更看重它对平台和腾讯新闻品牌的口碑和影响力的贡献。"①

(二)新闻真实的不确切性

如前所述,融合新闻的文本是开放式的,作者与受众以交互式叙事的方式来完成

---

① 2017 年 3 月 29 日,腾讯新闻谷雨实验室负责人魏传举在《逃出罗布泊》的线上讨论会上的发言。

新闻报道。虽然这种方式发挥了受众的叙事作用，但也相应地削弱了作者对于整个叙事的控制，从而增加了新闻失实的风险。

首先，在融合新闻中，受众时间和事件时间的关系的介入打破了以往传统叙事中故事时间和话语时间的平衡。作者可以预设整个叙事的"可能"，但无法把控交互式叙事中的时间，再加上对于沉浸式、场景化的要求，很可能让受众无法获得合理的时间线索，从而影响整个新闻中时间的真实性。

然后，受众通过社交平台参与新闻叙事，其真实性无法得到专业的把关，虚假信息有可能进入整个叙事之中。若作者不能及时地分辨与剔除虚假信息，就会把谣言当成新闻传播出去。这对于新闻的客观性和真实性有着极大的威胁，甚至会导致整个新闻叙事的失控。

最后，融合新闻一方面赋予了受众更多参与新闻建构的权利和交流的空间，另一方面也消解了受众的想象空间。想象包括"无意想象"和"有意想象"，[①]融合新闻对于故事本身的高度还原几乎完全消解了受众的"无意想象"，即没有预定目的的想象，瓦解了受众阅读时的独立思考环节，从而对受众实现了思维操控，而受众对错误信息的导入更可能对新闻本身的真实性造成伤害。

(三)内容导向的不可把控性

融媒体技术是融合新闻的技术保证，但过度强调技术可能会导致叙事两方面的失衡：叙事内容娱乐化和叙事节奏碎片化。

在互联网时代，新媒体频频以博取眼球的标题、网络化的语言来获取用户流量。在这种环境下，融合新闻通过社交、游戏、直播平台传播时，很容易因为没有把握好技术与内容、娱乐与严肃之间的度，而导致严肃议题轻浮化、深度内容娱乐化。

在融合新闻叙事中，受众参与是最重要的特征之一。学者华进在《数码预警下新闻叙事的转型》中发出疑问：如今的叙事里，"作者威权"已经走向"作者死亡"了吗？

非也。融合新闻内容导向的不可把控性证明，"作者威权"不会走向"作者死亡"。

首先，作者依然是整个新闻叙事的设计者，各种元素的安排和组合、故事的挖掘和讲述节奏、呈现界面的设计、受众参与的程度均是由融合新闻作者决定的。"作者"其实拥有了更大的叙事决定权。

其次，正是因为叙事对受众的放开，从内容导向上来说，融合新闻更需要强化"作者威权"而不是宣扬"作者死亡"。在"人人都是麦克风"的时代，人们意识到健康的融合新闻，是像平台型媒体这种既拥有媒体的专业编辑性，又拥有面向用户平台所持有开放性的数字内容实体。[②] 融合新闻的记者与技术人员要攻破的是：面对海量的受众

[①] 蔡琰,臧国仁. 想象与创造性想象：新闻叙事思维再现的蓝图[J]. 国际新闻界,2010(6):10.
[②] 喻国明. 互联网是一种"高维"媒介——兼论"平台型媒体"是未来媒介发展的主流模式[J]. 新闻与写作,2015(2):44.

信息和受众提供的信息，如何做好受众画像的建构，如何从庞大的信息库中明辨真假新闻，如何把握好受众参与的程度和广度，如何在"受众威权"面前，保证自身的专业度，承担起"把关人"的责任。融合新闻中的"作者威权"会转向"叙事威权"。融合新闻是作者、受众、机器三者博弈的共同产品，三者共同参与构建故事、接收故事和传播故事的三个环节。制作融合新闻最初的目的就是讲好一个故事，所有的技术、所有的受众参与都是为了这个目的而存在。融合新闻在叙事上的突破与创新，实际上是整个社会借由高速发展的技术条件，对真相的一种极致探寻与追问。

思考题

1. 什么是融合新闻？如何理解"融合"的含义？
2. 融合新闻的叙事元素有哪些？它们在报道中分别有什么功能？请阅读以下两篇融合新闻作品，理解不同的叙事元素在报道中所起的作用。

   作品1：美联社对东南亚"血汗海鲜"的报道《为奴22年》（2016年普利策公共服务奖）。

   作品2：澎湃新闻《寻路胡焕庸线上的中国》。
3. 为什么说融合新闻的文本是开放式的？它的开放式主要表现在哪些方面？它们在报道中起了什么样的作用？请阅读以下两篇融合新闻作品，理解开放式文本的叙事效果。

   作品1：《纽约时报》关于在美国卡斯卡德山遭遇惨剧的16位滑雪者的报道《雪崩》（2013年普利策特稿写作奖）。

   作品2：《信使邮报》对美国南卡罗来纳州女性遭伴侣暴力伤害致死的现象报道《直到死亡将我们分开》（2015年普利策公共服务奖）。
4. 融合新闻的局限性主要表现在哪些方面？这种局限性是由什么原因造成的？
5. 阅读腾讯新闻《逃出罗布泊》专题报道，学习其中的写作技巧。

主要参考文献

一、图书

1. 李良荣. 中国报纸的理论与实践[M]. 上海：复旦大学出版社，1992.
2. 樊凡，单波. 中西新闻比较论[M]. 武汉：武汉出版社，1994.
3. 洪天国. 现代新闻写作技巧[M]. 北京：中国新闻出版社，1986.
4. 艾丰. 新闻写作方法论[M]. 北京：人民日报出版社，1994.
5. 徐占焜. 新闻写作基础与创新[M]. 北京：新华出版社，1992.
6. 陈力丹. 通讯员习作点评[M]. 北京：中国广播电视出版社，2000.
7. 郑兴东，陈仁风. 不要这样写——对百篇新闻写法的商榷[M]. 北京：中国人民大学出版社，1990.
8. 郑兴东. 好新闻后面——编辑耕耘录[M]. 北京：新华出版社，1993.
9. 刘海贵，尹德刚. 新闻采访写作新编[M]. 上海：复旦大学出版社，1991.
10. 张惠仁. 新闻写作学[M]. 成都：四川人民出版社，1986.
11. 汤世英，薄澣培，劳沫之. 新闻通讯写作[M]. 北京：中国人民大学出版社，1986.
12. 刘明华，徐泓，张征. 新闻写作教程[M]. 北京：中国人民大学出版社，2002.
13. 时统宇. 深度报道范文评析[M]. 北京：新华出版社，2001.
14. 胡欣. 新闻写作学[M]. 武汉：武汉大学出版社，1998.
15. 熊先志. 新闻采写术[M]. 北京：新华出版社，2000.
16. 胡宏文. 新概念新闻学[M]. 北京：新华出版社，2005.
17. 杜荣进. 中外新闻采写借鉴集成[M]. 杭州：浙江教育出版社，1990.
18. 严介生. 美中不足——评析72篇好新闻的疵点[M]. 北京：中国广播电视出版社，1993.
19. 范敬宜. 总编辑手记[M]. 北京：人民日报出版社，1998.
20. 甘惜分. 新闻学大辞典[M]. 郑州：河南人民出版社，1993.
21. 郭光华. 现代新闻写作[M]. 长沙：湖南师范大学出版社，1996.
22. 郭光华. 新闻传播艺术论[M]. 长沙：岳麓书社 2002.
23. 郭光华. 同题新闻大比拼[M]. 长沙：湖南大学出版社，2006.
24. 侯迎忠，郭光华. 对外报道策略与技巧[M]. 北京：中国传媒大学出版社，2008.
25. 黎信，蓝鸿文. 外国新闻通讯选评[M]. 北京：长征出版社，1984.
26. 徐占焜. 中国优秀通讯选[M]. 北京：新华出版社，1985.
27. 布隆代尔.《华尔街日报》是怎样讲故事的[M]. 徐扬，译. 北京：华夏出版社，2006.
28. 曼切尔. 新闻报道与写作[M]. 艾丰，张争，明安香，等译. 北京：广播出版社，1981.

29. 里奇.新闻写作与报道训练教程[M].钟新,译.3版.北京:中国人民大学出版社,2004.
30. 福克斯.新闻写作——报刊记者指南[M].李彬,译.北京:新华出版社,1999.

二、论文

1. 梁衡.从消息到通讯[J].新闻战线,1997(12).
2. 方毅华.有效传播论[J].现代传播,2000(3).
3. 徐光春.注意正面宣传中的负面效应[J].新闻战线,1995(12).
4. 李楠.历史的追寻,文化的沉思——新华社与美联社新闻写作比较[J].现代传播,1996(6).
5. 张骏德.深度报道的运用与发展态势[J].中国记者,2003(7).
6. 张威.对国内有关"硬新闻"和"软新闻"界定的质疑[J].国际新闻界,1998(4).
7. 范敬宜.人到晚年学说话[N].中华新闻报,2002-6-22.
8. 梁衡.在春风中寻找破土的草芽[J].传媒,2001(1).
9. 陈芸.专题组合:通讯社报道形式的新开拓[J].新闻业务,1995(47).
10. 中央电视台新闻评论部.把握生活主流,遵循电视规律,增强传播效果——关于《焦点访谈》《东方时空·焦点时刻》的采访与制作[J].中国广播电视学刊,1995(8).
11. 李峰.矛盾、细节、提炼[J].新闻业务,1963(9).
12. 郭光华.媒介即讯息:报纸新闻文体演变回顾[J].湖南师范大学社会科学学报,2001(3).
13. 郭光华,朱祖纯.中西深度报道比较论[J].湖南社会科学,2004(4).
14. 郭光华."新闻炒作课"被炒作的背后——兼论"新闻炒作"对新闻事业的危害[J].新闻记者,2005(5).
15. 郭光华,贾茜.中外媒体对中国GDP下降的不同解读——以《经济日报》、香港《文汇报》和《纽约时报》三家媒体为例[J].新闻爱好者,2009(1).

后　记

　　关于新闻写作的书，坊间并不少见。可以说，学理性与应用性的兼备，是本书所追求的特色。

　　有位著名学者说过：新闻写作的问题太多不是出在技术上，主要是理念上对新闻认识的偏差，所以，要从理论高度来认识和指导新闻写作。

　　对于记者而言，新闻写作是每日必做的功课。这种大量的实践，会让理论的总结总是落于其后。新闻事业是常新的，新闻写作也是常新的，总结和指导新闻写作的书也应当是常新的。求新，也可以说是本书的又一特色。除了观点新以外，读者会发现本书所选用的案例也有不少是最新的，一些例子是近几年的中国新闻获奖作品，还有一些则是近期内报刊上发表的作品。

　　吴志文是我的硕士研究生。这是我与他第二次合作著书。第一次是合作《传播学是什么》（台湾扬智文化出版）。我们的合作是愉快的。本书同样凝聚了他的智慧和劳动。

　　在本书的写作过程中，我已从供职22年之久的湖南师范大学调入广东外语外贸大学新闻与传播学院。吴志文也毕业回到了他所供职的韶关大学从事新闻业务教学科研工作。这一变动，是写作之初所没有预料到的。这本小书，权当我们向各自单位所交的一份作业吧！

　　本书参考了诸多专家学者的成果，在此一并表示感谢！

　　最后还要感谢中国传媒大学各位领导和老师，使得本书得以在较短时间内，以如此高的质量呈现在读者面前。

　　由于笔者水平有限，书中定有不足和疏漏之处，敬请读者批评指正。

郭光华

2006年2月于广州白云山麓

图书在版编目(CIP)数据

新闻写作/郭光华著. -- 3版. -- 北京：中国传媒大学出版社，2020.8（2025.1重印）
新闻传播专业"十三五"规划教材
ISBN 978-7-5657-2731-3

Ⅰ. ①新… Ⅱ. ①郭… Ⅲ. ①新闻写作—高等学校—教材 Ⅳ. ①G212.2

中国版本图书馆 CIP 数据核字（2020）第 122366 号

新闻写作（第三版）
XINWEN XIEZUO(DI-SAN BAN)

著　　者	郭光华
策划编辑	张　笛
责任编辑	张　笛
封面设计	拓美设计
责任印制	李志鹏
出版发行	中国传媒大学出版社
社　　址	北京市朝阳区定福庄东街1号　　邮　编　100024
电　　话	86-10-65450528　65450532　　传　真　65779405
网　　址	http://cucp.cuc.edu.cn
经　　销	全国新华书店
印　　刷	北京中科印刷有限公司
开　　本	787mm×1092mm　1/16
印　　张	16
字　　数	360 千字
版　　次	2020 年 8 月第 3 版
印　　次	2025 年 1 月第 3 次印刷
书　　号	ISBN 978-7-5657-2731-3/G・2731　　定　价　49.80 元

本社法律顾问：北京嘉润律师事务所　郭建平